调查问卷
优化逻辑

The Logic of
Survey Methodology

柳旭东○著

中国社会科学出版社

图书在版编目（CIP）数据

调查问卷优化逻辑 / 柳旭东著. —北京：中国社会科学出版社，2023.10（2024.3 重印）

ISBN 978-7-5227-2664-9

Ⅰ.①调… Ⅱ.①柳… Ⅲ.①问卷调查—研究 Ⅳ.①C915

中国国家版本馆 CIP 数据核字（2023）第 192818 号

出 版 人	赵剑英
责任编辑	许 琳
责任校对	李 硕
责任印制	郝美娜

出　　版	中国社会科学出版社
社　　址	北京鼓楼西大街甲 158 号
邮　　编	100720
网　　址	http://www.csspw.cn
发 行 部	010-84083685
门 市 部	010-84029450
经　　销	新华书店及其他书店
印刷装订	北京君升印刷有限公司
版　　次	2023 年 10 月第 1 版
印　　次	2024 年 3 月第 2 次印刷
开　　本	880×1230　1/32
印　　张	12.25
插　　页	2
字　　数	295 千字
定　　价	78.00 元

凡购买中国社会科学出版社图书，如有质量问题请与本社营销中心联系调换
电话：010-84083683
版权所有　侵权必究

前　　言

　　社会科学量化研究经常使用问卷调查的方法来测量人的社会行为。人们在参考与此有关的研究文献时却时常遇到一些看似当然，却未必能够获得确切答案的问题，例如：为什么使用这些问卷问题来验证这些概念？哪些因素影响了问卷条目的选择？问卷测量的合理性逻辑在哪里？这些问卷条目在多少程度上可以帮助我们观察概念？被观察的概念还有多少变异没有被现在的量表问题所表征？另一个基本问题是：即使如此那又怎么样呢？也就是说，这些测量的终极意义到底在哪里？这些问题都触及问卷调查作为测量方法的科学依据。

　　具体到使用问卷调查等方法来观察媒介与人互动的传播学研究，如果我们对该领域的一些社会现象作些许观察，这些问题具体又是关于我们如何使用问卷来探究传播主体或是过程而又或者是传播文本与人的关系的。作为社会科学的跨领域学科，传播学的研究一直在从其他社会科学领域，特别是心理学等领域来借鉴方法论的工具。在借鉴之外，传播学同其他学科一样，也在努力构建属于本学科的方法论体系，寻找属于自己的理论与方法论范式，这也是该学科成为规范科学的过程。从理论上看，人类的行为在各种社会平面上的展演是相通的，在实践上一个世纪以前并没有如今天这样清晰的领域分野。随着学科范式的逐渐成熟，不同的学科在研究时似乎形成了部分排他的话语体系。这些独立的话语体系的一个表现形式便是使用工具上的或显著或细微的差异，有时这种话语体系的独立性甚至进入自我正统的模式，在并没有充分验证的情况下成为似乎的常识，也就是通过方法的合法化而努力脱离其他方法论的特定规范，以避免遭遇知识论挑战。

这种现象反映在研究上，常见的表现是我们在分析文献时，经常遇到对于同一概念许多相对独立的测量的文本的共存。这些文本可能存在着或大或小的差异，但是，大家的测量实践有时并没有详细讨论这些相互的差异，没有讨论这些差异所隐含的理论意义，或者疏于讨论这些差异共享的意义，放任这些差异反复出现而不加以解读。这种检视表现在测量上，则是许多构念在不同的学科领域，甚至对同一学科的不同研究问题使用不同的测量，而且这些差异有时缺失必要的讨论而自我合法化；而在逻辑上测量应该是稳定的，相同的测量适用于不同的研究问题，这是研究在广义上的信度要求。这种观察话语体系的多样化在自然科学观察中是难以想象的。后者的预期是工具的标准化，也就是对于测量存在一致性的量表，这在传播学的研究中经常难以做到，这也是传播学测量存在的显著问题。拒绝对于所谓常识化的知识体系也就是规范科学做出讨论，对于研究存在潜在的损害。对于讨论之外又需要形成大家都接受的最接近所观察事物意义的测量，也就是测量规范化或标准化的过程。对于测量仅仅批评或者讨论，以至于频繁挑战业已形成的测量，也可能对于研究有损害，因为其结果依然是没有形成科学的工具。与此相反，部分研究有时不加批评的对于不同语境中的研究方法进行完全移植，似乎在使用"普世"的研究工具以解释不同语境下的人群行为，这些语境包含文化以及观察领域等。这两种模式都有合法的理论支持，也都存在一定的合理性，问题是这种所谓合理性的科学背书并未获得充分的检视，或者我们似乎也忌惮于讨论已经成为所谓常识的认识。

在问卷设计的过程中，我们通常都在沿用社会科学的范式性的解决路径来准备文本，但是又经常遇到文本意义冲突或者矛盾的困惑，也就是我们的测量会得出不同的结果，以及由此结果导致的概念之间的关系难以确定的问题。或者说有时我们虽然做了，但又想当然认为本该如此，对这个"本该"的原因或者逻辑并没有深究。我们遇到的困惑有些是十分本源的，它们似乎在这种方法从创立至今已经得到解决，或者应该是可以获得最简单的回答，但我们又没有真正的获得肯定的回答。这些困惑实际上是本书思维的起源，我们讨论这些似是而非或者似非而是的矛盾，需要回到起始点来思考一下，这是本书背后潜在的指引逻辑。从功能来看，本书所讨论的是对长期存在的疑问的再思考，是一种对于研究中遇到的困惑的自我反省，或者称是对于普遍接受的范式性的研究方法片段的再读。

由此，该研究的核心目标并不是描述问卷设计的基本路径，对于后者我们已经有了非常优秀的教科书和系列具体问题的讨论与研究。例如几十年来方法论的学者们出版了各种问卷研究方法的系列专题书目，如弗洛德·J.福勒（Floyd J. Fowler, Jr.）的《问卷调查研究方法》（*Survey Research Methods*），这些都可以用作问卷设计的研究实施参考。问卷设计自20世纪40年代被政治学引入社会科学以来，该方法也总是处在发展、优化甚至革命性的变异之中。作为研究方法的经典实证研究的构面，问卷调查的固化表征在其对于社会科学研究理论的稳定贡献，也表征在其在这些研究中对于自身所存在的本质缺陷的审视与反复修正中，其在新的社会情境下加以应对与调适，而这些实证的研究话语又通过规范科学的形式被后续的研究所追随或借鉴。在这样的语境下，再重复书写与现存研究方法体系类似的文本，就与库恩（Kuhn，1962）所称的科学研究的拼图存在偏差。学术拼图是完成理论预设话语体系，这个体系需要反复验证，但是并非意味着对于已经确认的发现的重复，后者违背效率原则。而且研究方法已经成为社会科学研究方法中范式性的领域，对于其基本的过程以及语义描述都有完备的成果集合，具体的研究过程可以参考这些正式科学的成果，严格按照规程来进行即可。在这里，我们即将讨论的是这些规程的基本因素的逻辑背书，探讨这些逻辑在问卷上的细微表征。

但是，应当注意的是，包括传播学在内的社会科学各领域在固化自我研究范式的同时，也在反思本学科在研究方法上存在的范式性问题，并寻找解决这些问题的可能路径。例如 Lang（2013）和 Perloff（2013）认为，虽然传播学研究已有看似丰富的理论和方法，这些规范科学成果却没有很好地解决传播学研究的基本目标，如预测媒介效果。这种被称为"范式危机"的问题产生的原因之一是研究方法本身与生俱来的缺陷，它们在某些程度上原生性地遮盖了我们对于社会的观察，由此，研究方法需要进行反身性的审视。由此出发，本研究的目标并非是对已存的知识作简单的叙述，或者仅仅是文献综述，或者是提供问卷调查法的操作路径指引，而是对这些路径再作一些推理，或正确或错误地进行一些逻辑"慎独"观察。

我们也认识到，虽然这些科学研究方法的研究对社会科学研究实践提供"说明书"一样的指引，对于这种指引背后的理论解释却依然需要更多抽象的思维证据。例如我们通常使用社会统计来验证测量的信度与效度，但对于这种验证本身的逻辑我们有时并不去注意或者未加必要的讨论，由此造成的问题是我们可能夸大了这种统计所能承担的验证责任。当社会统计的学习分为数学理论导向与统计软件导向两种不同的思维方式时，对于研究方法的总结却通常专注于如何使用这些方法，而缺乏对这些使用统计的理论与逻辑的深入解读。研究方法中的逻辑拼图存在许多待探索的空间，需要在测量过程中再回转过来对于该过程进行重新审视，这是讨论问卷调查优化逻辑的原因。另外，实证研究方法本身的方法论研究的相关文献对于许多人有挑战，特别是其中复杂的数学运算，它是必须的却又是令许多人感到困难的部分，但是人们又不得不去使用这些数学运算。实际上人们有时也在困惑为什么某些数学公式是合理的，为什么某些指标能够反映某种关系。本书假设运用于社会科学的数学和统计中，在很大程度上区别于数学研究，但却使用数字这一直观的符号来表述概念之间的关系。由此，本书对于问卷设计的理论解读与逻辑分析的策略是将数学作为测量理论的工具，本身并不立足于数学计算，而是从社会科学的基本科研思维出发，通过理论来分析对这些逻辑进行译码，这样可以在一定程度上消解了社会科学的研究，特别是传播学等学科因数学逻辑相对缺少而造成的意义模糊，而社会科学所以被称为科学又意味着其必然以数学为基础的矛盾。

　　由此本书是在进行问卷调查的设计与分析过程中，对于相关议题的思考与梳理的集合。这些思考很多是因为在问卷设计的实践中遇到了困难，需要发现相关的解决之道，或者是希望发现这些解决方案背后的逻辑归因。如果这些解决之道不能在文献中寻到得到人们共识的文本，就要作另外的考虑，来弱化与期望和标准有关的借鉴困难（Whetten, 1989）。例如问卷的长度对于问卷调查数据质量的影响，虽然看似简单，实则需要更多的分析，来考虑其背后对于被测量者以至于测量质量的影响，而不是仅仅满足于表面价值。对于量表的基本建构路径人们有许多不同的建议，但是，其出发点都是一致的，都是对于所要测量的构念的科学定义。各种建议也基本遵从由定义到测量条目的生成与验证的逻辑。Furr（2011）提出，这个过程涉及5个具体步骤：定义构念和情境；选择反馈格式；排列最初的测量条目库；选择和修正条目；评估构念的属性等。在这些路径中都有许多有趣的构件值得更多审视，观察这些构件的背后原理也是必要的。量化研究长期被诟病的一个问题，是研究存在简单化和表面化的问题，在使用数据对于理论加以印证之外，常常被批评这些验证背后缺乏必要的理论思索和哲学讨论。如此说来，试图多一分分析、多一分逻辑推理、多一分故事的合理性论证，特别是小心翼翼地从理论的初始逻辑出发来进行这些探索，或许是量化研究所需要注意的。

当然，在具体的问卷调查研究实践中遇到的问题，有时似乎并非因为违背研究规范，而是恰恰相反：规范的遵循本身造成了对于规范在另外意义上的冲突。这一点在对于量表的借鉴与使用上比较常见，特别是在将量表使用在不同的文化情境下时产生的困扰会更大。一方面，我们需要按照同一概念的同一定义，甚至同一量表条目来进行测量，以获得所谓的信度与效度；另一方面，这种要求不可避免地在文化情境上造成困难：量表的文本本身以及被测试群体的认知等都对我们所希望的数据的统一以及稳定提出了挑战。这种挑战要求我们积极寻求某个平衡点，能发现挑战的数据，并在研究中直接加以考虑，而不是忽视这些冲突所产生的可能偏差。

但是这种思考不是预设合理的，更不是唯一的思维路径。

社会科学的研究也通常不存在唯一的解决方案，每一个解决方案都有个体价值，都对于我们理解人的行为本身增加解释力，但同时任何研究的效度都是相对而不完全的。我们所作的工作有时不过是在多种方案中通过比较来选择更加合理的、更加符合逻辑的解释；或者说只是在众多"故事"中寻找最有趣的叙事方式和文本；或者在别人的"故事"的基础上增加些许情节，建构更加合理有趣的故事，通过这些"故事"来组合成完整的对概念意义的解释。在测量上，这些"故事"的融合，就每个估计的集合来还原所测量概念的方差。在这个过程中，"故事"的"有趣"是我们所追求的，这个"有趣"通常是考虑研究价值的重要外在表现，它的外在表征完整同时又高效率地解释核心概念或问题。

有时这些思考甚至没有提供具体的答案，也就是没有呈现肯定的结果，而只是将测量中各种方法存在的矛盾摆布出来，使其相互竞争来引出更多的思索，这些矛盾包括如对同一概念的不同测量所出现的数值上的显著差异。大家由此可以一起来探究研究设计的"故事"，或者是测量的矛盾交锋的理论"故事"，在这些"故事"的基础上寻找对于社会问题的构成要素的最佳测量或者理论出发点，最终期望更大可能地解释人类社会的复杂概念。现在与心理学有关的问题探究越来越重视纵贯研究数据，而对单一的横断面观察提出了更多质疑，这也对问卷调查如何支持理论"故事"设置了更多议题。由此，本书的叙述更多是使用讨论的方式，在叙事过程中对于存在的矛盾的探索提供多种选择，通常未提供确定的选择，目的就是激起人们在问卷设计研究中，对于广泛使用的文本与问题的思考。如果这些文字更被认为是有趣的猜想，而且能够引出对于这些猜想的更多兴趣、更多的猜想，对于问卷的文本设计更多一分敬畏，在问卷调查设计时每撰写一个字或一个数字，多一分迟疑、多进行必要的斟酌，那就是逻辑正在其中制造动力。

这种对于测量逻辑的尊敬是理论对于我们所有人的规训。正如本书开始所谈到的，这些文字是许多人在问卷设计时对遇到的问题的思考，以及基于这些思考所做的对于更多文献的搜寻和分析的再探索，也是对于一些容易忽视的问题的再思索。以往的研究文献解决了其中的部分问题，弥补与修正了些许困惑，但也有许多问题依然没有被解决，甚至有些文献的相互冲突又导引出了新的问题和困惑。这些都与理论的发展过程一样，需要在完善拼图时求得更好的方案。这也正如库恩（1962）所认为的那样，范式定义的研究不是终结了科学研究的问题，恰恰相反，范式鼓励对于问题的探讨，并且也提出新的问题来验证既有理论以及范式的合理性。本书的讨论都是在以往研究的基础之上所延展的讨论，有些或许是有意义的，有些可能是对于原有原理的再确认，其中有些讨论也必然存在另外的更加准确的解释。对这些问题的理解可能会存在偏差甚至错误，虽然称为优化逻辑，却可能在这些优化过程中的推论本身即存在逻辑错误，这些误差甚至谬误也期望在不断的探索中得到修正，这也正如问卷调查作为一种方法，只能在反复的验证中来对所感兴趣的概念做更精确的解释，或者提升既有量表的解释效率，这种修正本身是自我否定之否定而得到进步的必要路径，是规范科学路径的理解过程。范式的效用并非是封闭问题和谬误，而恰恰是不断提出新的问题，我们在反复验证既有测量的过程中，同时试图寻求修正既有方法的认识论偏误。

以此作为基本的思维路径，本书各章尽量立足于理论，从理论阐释开始来讨论问卷调查的构件存在的原理、存在的合理性与不合理性，也就是各种现象背后的逻辑，从一个工具建构者的角度来探讨这种逻辑存在的具体意义。其讨论的内容主要是问卷调查作为一种方法论在范式意义上的问题,也就是问卷调查作为方法其操作路径中的理论内核。具体探讨研究:问卷所存在的实证哲学与其他哲学原理对于问卷测量的不同理解,调查中的原初的概念定义,测量中所涉及的测量理论以及意义理论、问卷文本中的陷阱,以及对于问卷测量本身的测量,也就是自我证伪的矛盾原理等。

目　　录

第一章　问卷调查范式危机 ………………………（ 1 ）
　第一节　问卷调查与理论验证 ………………………（ 2 ）
　第二节　问卷调查的误差 ……………………………（ 7 ）

第二章　实证观察的迷思 …………………………（ 18 ）
　第一节　作为建构的科学 ……………………………（ 18 ）
　第二节　经验与先验 …………………………………（ 32 ）

第三章　构念的解构 ………………………………（ 51 ）
　第一节　概念与定义 …………………………………（ 55 ）
　第二节　对构念的观察 ………………………………（ 66 ）
　第三节　测量理论 ……………………………………（ 78 ）
　第四节　定义与量表 …………………………………（ 102 ）
　第五节　量表与指标 …………………………………（ 111 ）

第四章　文本与意义 ………………………………（ 142 ）
　第一节　文字与语境 …………………………………（ 142 ）
　第二节　设计特征语言 ………………………………（ 153 ）
　第三节　遣词效应 ……………………………………（ 160 ）

第四节　问题类型的选择 …………………………………（183）
  第五节　单题测量的原罪？ ………………………………（198）
  第六节　问卷的长度 ………………………………………（207）
  第七节　选项的次序 ………………………………………（222）
  第八节　反向问题的问题 …………………………………（227）
  第九节　问卷中的视觉元素 ………………………………（239）

第五章　问卷反馈陷阱 ………………………………………（245）
  第一节　自敏问题 …………………………………………（245）
  第二节　问卷前测的策略 …………………………………（263）

第六章　测量证伪的矛盾 ……………………………………（276）
  第一节　因子分析 …………………………………………（279）
  第二节　信度检验的效率 …………………………………（287）
  第三节　效度检验的效度 …………………………………（313）

参考文献 ………………………………………………………（342）

第一章　问卷调查范式危机

问卷调查，作为量化研究的重要方法，在20世纪40年代被系统化引入社会科学研究，对于各研究领域都产生了革命性的作用（Brady,2000）。从发端到如今其大致经历了三个阶段：在第一个时代（1930—1960年），该领域的创始人建构了数据收集设计的基本组成部分，以及从调查中产生统计信息的工具。第二个时代（1960—1990年），特征为使用调查方法收集数据的巨大增长。这种增长得益于定量社会科学自身的发展，使用定量方法来观察研究人的社会行为变得逐渐普遍。第三个时代（1990年以后），见证了调查研究方法的参与率的下降、数据收集替代模式的增长、抽样框架的弱化，以及数字系统被引入研究平台特别是互联网抽样问卷数据的增长（Groves,2011），而AI等科学方法的拓展又为问卷调查的设计与实施提供了更多可能（e. g.,Fernandez-Fontelo et al.,2023）。

问卷调查方法在社会科学中被广泛的应用，社会学、政治学、管理学以及教育学，都使用此方法来获取数据验证所研究的问题。对于作为交叉学科的大众传播学，问卷调查和内容分析一直以来是最常使用的两种方法（Ha et al.,2015），而实验法则随着心理学在研究传播的过程中被用来分析心理机制进而逐渐被使用。研究发现，在1956—2005年被引用最多的200

篇传播学论文中，43%使用问卷调查法来收集数据，而只有15%使用内容分析，18%使用实验法（Neuman & Guggenheim，2011）。另外对于期刊《传播学刊》（*Journal of Communication*）在1951—2016年发表的全部1574篇正式论文的分析结果显示，29.8%的研究论文使用实验法，25.8%的论文使用内容分析法，23.7%的论文使用问卷调查法，三种方法使用的概率差异不大，而且在时间上保持稳定的分布（Walter et al.,2018）。

第一节　问卷调查与理论验证

作为一种研究方法，问卷调查法的优势是比较明显的。首先，研究中使用这种方法对数据收集相对可控。库恩（1962）认为科学研究应该是在理论指导下的系统操作过程，其特点之一就是研究对于工具、过程以及发现的可控制与可预测。这里说的可控制，绝对不是指研究者操纵数据，甚至人为的对数据收集的过程或者对内容进行的所谓修改，而是指在数据收集的每个阶段，研究者都是可以依据科学规范，参照研究的目的与问题，有选择地使用测量工具，根据概念定义设定具体量表，抽取符合统计要求的样本，或者包括全部人群个体。另外这种控制也指通过统计来计算误差，预测发现成立的概率，也就是对于研究过程可以有清晰的管理，并基于这种管理对于研究的误差加以评估。只有在科学控制的前提下，研究发现才有了科学的信度，而不是仅仅建立在描述、思考和解释的基础上。

问卷在操作形式上简单直观，但是，作为一种范式性的科学路径，它从设计到实施，都形成了系统的可验证、可重复的规范。通过问卷调查法获得的数据，参照了自然科学中的数据可以被共享，问卷调查法的规范科学的属性也更加明显。传播学作为一门相对新的学科，在概念的测量上还处在规范的过程中，但是传播学近来越来越重视测量本身的研究，传播学研究方法也成为重要的研究领域，这既为传播学研究提供了新的视角，更为问卷调查法的科学性提供了实证支撑。虽然问卷调查存在一定的自由度，但是，这些自由度可以被有效估计，从而保证最大限度的稳定性。因为这种可控制的特点，通过问卷研究得出结论才可能是科学发现，或者是直接观察所得，或者是在直接观察的基础上的逻辑推论。

问卷调查法第二个优势是与理论的关系密切。这是问卷调查对于社会科学最重要的方法论贡献。研究无论是从问题的提出，还是到逻辑的论证，以及发现的呈现，都不可避免地受到理论的指引和限制，脱离理论的研究消减了该研究的贡献。这种思想范式也同样适应于观察过程本身。研究问卷在最初的生成中未必一定与理论联系起来，但是，从研究变量的选择到测量变量的量表设计，理论都在其中扮演了主导角色。科学是理性的，遵从法则的指引，其中的理性的表现之一则是理论建构的理性（Gardner, 1979）。虽然今天的许多舆论调查问卷的问题目标是发现事实性信息，对于理论的载荷要求不是很高，但是这些信息的获取目的，通常也是为其他的测量以及后续的数据分析提供必要的支持，这种支持产生的合理性也有理论在背后指引。例如，虽然年龄性别与教育程度的测量，并不直接与规范的理论相联系，这些测量的过程或者说是类别的选择，却同样受到测量理论的限定，即使是简单的定序与定类的取舍也依然受到统计理论的背书。当问卷调查使用于社会科学来探索人的行为时，问卷从设计到实施的各步骤更加需要有理论的支持。而通过问卷调查所获得的数据的最终目的也是服务于理论：验证理论或者为理论发展提供实证支持。由此在问卷设计的理念中，与测量相关的维度在很大程度上取决于构成理论的概念，而对于这些概念的测量是否科学，最好的验证方法也是通过理论所提示的关系的确认来完成。

相对而言，社会科学的其他研究方法，如内容分析的类别设定，往往相对缺乏理论支持。虽然内容分析在对文本单位进行编码时也需要文献支持，如果有理论的引导则效果更佳，但是单纯的文本分析往往缺乏充分的理论背景，而通常只能使用已有的编码本规则来完成。当文献缺乏而需要构建新的规则时，测量的信度与效度往往可能缺乏严密的依据，由此使用内容分析来获得数据的科学性，只有在与其他概念进行讨论时，才能验证该测量是否真正观察了我们所需要观察的事物。实验方法在测量上对于理论的依赖要强一些，但是也往往存在于因变量的测量上，其对于自变量的操控，受类别的影响可能违背统计的预设要求，没有满足实验材料抽取的大样本的预设要求。对于因变量的操控方法与程度，也往往缺乏足够的理论支持，其观察的合理性也只有在结果概念或者与因变量的关系中来呈现。如果我们认同"科学之轮"的隐喻：一切研究来源于理论，目的是为了验证与发展理论，那么问卷调查中的测量的优势就更加明显了。从社会科学的理论贡献来看，这种贡献可以通过至少以下三种方式来展示：使用完全概念化的术语来提出正式的理论；或者使用有意义的方式来发展既有的理论；或者是测试现有理论（Laczniak, 2015）。在其中要求的每一个贡献方面，问卷调查都可以提供部分支持，特别是在第二或者第三个方式上更是可以依照理论建构的方向来验证关系。即使从最低一点的要求来看研究产生了什么新发现（Whetten, 1989），问卷调查至少可以从数据上，对于与理论有关的文献提供新的信息，每次的问卷调查无论质量如何都是关于人群的相对更新的观察结果。

进一步说，从与理论的联系来看，问卷调查对于理论的建构在各个维度上都可以被赋予高分：适用范围、与理论的直接联系、概念丰富度、对于理论的确认能力，以及与政策的相关性等（Brady,2000）。研究的主要贡献是对于理论建构的支持，最终是服务于范式的稳定（Kuhn,1962）。在传播学研究中议程设置的基本概念的测量优化，以及对于相关理论的概念的反复验证，就是问卷调查的经典案例。随着问卷调查法在问卷中引入了类实验的设计，以及再增加情境数据，这种方法可以在一定限度上克服量化研究的问题，从而更好地验证和优化理论（Brady,2000）。问卷调查促成传播学成为范式，而其本身方法的发展，也在自我强化与否定之否定中使自己成为与理论紧密联系的方法论范式。问卷调查对于理论的优化，也表现在问卷调查就是以理论作为指引，该方法长期以来的特点是使用严格的抽样理论作为数据收集的技术手段。

该方法同时以"问题艺术"作为另一显著特点，抽样理论以数学逻辑为基础，而"问题艺术"则包含了更多心理学、语义学以及统计学的理论内涵。问卷设计包含了策略与艺术共进的研究方法，其中策略是获取我们研究所需要的观察数据，其效果需要通过一系列的科学来测量这种策略的实现。策略是问卷之所以有意义的科学依据，概念定义和测量路径本身是科学，而艺术则是在具体设计问卷中实现这种策略的形式与内容，是我们真实看到的问卷呈现，其本身也是符合美学要求的。艺术是实现测量目标的表征，离开策略研究偏离了科学研究的价值，没有任何意义。而没有艺术策略，也可能影响策略的实现。例如，对于问卷的艺术化操控使得受访者进入合作模式，这与提供某种形式的激励一起构成了减少非反馈率的两种策略（Vicente & Reis,2010）。可以说，一份有效的问卷设计是美学与科学的完美结合，这正如一台运行高效的机器，肯定同时也是一件机械美学作品。

问卷调查法的另一显著优势就是测量的效率。相对于实验设计对于变量操控的复杂，而效率仅能达到对于几个变量的验证，问卷调查可以在有限的时间内完成对于几十甚至上百个变量的测量。对于传播学范式建立的讨论，我们有许多不同的观点，但其中之一是争论传播学现在是否存在整个学术社群（community）一起建构的成熟的理论和方法体系（Lang,2013）。单从研究方法的分类来看，传播学的问卷调查方法就缺乏这种学术社群都认同的量表和大家可以分享的数据。相反，在其他社会学科领域，问卷调查法被该领域研究社群一起优化，大家共同引用相关测量量表和数据发现，如美国全国选举研究（NES）定期推出涉及有关美国社会与政治的各个方面的数据，它们是美国政治学者主要倚重的数据之一，该研究每次的调查数据都可以丰富政治学研究的问题探索，研究社群也可以通过长期的数据比较进行纵贯性研究，这反映了问卷调查方法高效的科研推动力。因为问卷调查法被社会科学广泛使用，对于同一概念的测量在不同的研究中，通过不同的关系被反复验证和优化，形成了效度和效率都相对合理的测量方法，后者在未来的研究中可以被借用，测量工具被稳定而广泛的使用，也是问卷调查法效率的一种侧面体现，同时也符合库恩（1962）所定义的范式的基本特征。

第二节 问卷调查的误差

问卷调查具有看似简单和应用广泛以及有效的特征，同时规范科学鼓励人们遵从既有研究路径而努力规避质疑，因此，我们会有意无意地将问卷调查研究作为方法论的功能放大，有时甚至赋予它本身不能承载的责任，以至于在数据的使用上作出非科学的推论和判定。例如，今天我们频繁地使用问卷数据来测量人们的行为倾向，就是这种对于问卷调查的过度使用或者错误使用的例证之一：行为在实际上并不能通过问卷来加以描述，如果这种行为没有真实发生，甚至人的态度在逻辑上也不能直接通过问卷数据来加以测量。如果说对于客观世界的观察是为了还原，那么通过问卷来试图还原现实是非常不稳定的方法；更不要说有些概念在定义上都存在困难，对其进行实证观察则更加难以实现。即使是在理论定义可以被操作的时候，测量遇到的困难依然有许多。例如不但测量本身存在误差，被测者本身也存在误差，这两种可能的误差综合得出的结论，可能与还原的目标差距很远。

科学研究寻求谦卑的思维，避免对可验证或可推论的论述做出定义，任何发现都存在容错的空间，这种空间为未来的再验证提供依据和可能。由此，一方面，要承认研究发现中错误的存在可能，而这种错误正如我们在做假设检验时的一类或者二类错误一样，是不可避免的；另一方面，这种错误或者误差的存在也提醒我们，无论是在概念定义或者依据定义来设定量表时，需要在理论和实际上都减少这种误差。推论误差出现在哪里，由此找到减少误差的逻辑，最终避让这种误差，从而测量可以帮助我们对于世界加以有效的观察，也就是在某种程度上实现对于人类社会本身的还原,得到本体论意义上的描述、推论以及判断。在这里,所谓的放大假设的范围,为验证预留足够空间的观察思维,可能对有效的观察客观世界是有害的,尽管短期内会有看似重大的所谓发现。

任何一种方法都有其在解决研究问题上的优势,同时也有其受限定的、适用的角色与功能,如果超出了方法的边界就难以解决研究问题,或者使研究发现产生误差甚至错误。正如刚才所解释的,我们首先应该注意的是问卷调查法虽然并非新的研究方法,在现实生活中也在经常使用,但是它的科学化与规范化是在政治学和社会学中建立的,是随着公共舆论研究方法的成熟而成为科学的。它的发端与成熟暗示了它在测量事实性的信息或者是人的意见和态度上的优势,这些也是政治学特别是其中的舆论学所关注的主要内容。这种方法也无法直接分析文本,因此,只能是测量媒介效果的范式,而这在本质上也并不能单独通过问卷调查来完成,因为脱离了文本的实际分析,仅仅通过询问受众的自我报告和接触行为来推论行为关系,实际上假设这些效果的原生文本在态度或行为发生前确实存在,而且确实已经被接触。如果这种前提不能被证实,这种效果关系便失去实证支持。

更严重的是,问卷调查法适用的领域广泛,我们经常在生活中遇到各种问卷调查,这些问卷许多是带有倾向性的政治、社会和商业调查,或者是未经科学验证的"类"问卷。这种现象的出现导致了研究者在判断和决策上发生误差的可能性。人们通常在心理上有寻求问题解决的捷思程序,在研究中,这也是寻求最有效率的观察社会现象的方案。在这些方案中,我们容易获得问卷,随机可以产生的量表就可能成为最终的选择方案,当在思考这些方案的科学内涵时,容易获得的、低质的问卷就成为参考，或者称为模拟的对象，可以从中获得捷思，以及在锚定与调整捷思中找到理论依据（Baron, 2000）。这种广泛存在的、缺乏科学依据的调查研究，有时会使我们误解问卷调查法是设计最简单的工具，特别是在大众传播研究的初级阶段，尝试设计问卷，迅速收集数据是经常的做法。如果人们发现一个方案可以解决问题，这个方案会被锁定，而后续可能需要的验证将会被忽视，这也造成了很多问卷研究未被怀疑，而是被反复使用的问题，相对于心理学对于量表的严格研究，传播学对于量表本身的验证还有优化空间。当然上述论述并不意味着研究领域中充斥着低质的问卷和调查研究，而是说如果我们缺乏对于问卷质量的审视态度，将丰富的文本看作是符合科学规范的工具，这种思维对于社会科学研究或许会有潜在损害。

即使在设计严谨的社会科学研究中，对于问卷想当然地过度使用甚至误用的情况也是存在的，这一问题可以从问卷测量本身在多大程度上可以完成我们设定的研究目标而体现出来。在许多领域的研究中存在着错误的认知：问卷是很容易设计的（Fowler, 1995）。在现实中说到量化研究，人们首先会想到问卷调查法就是这种思维的展演。即使我们对待量表的规范特质，有时也难免产生问题。例如测量鼓励在量表设计时引用已有的研究设计，但是，这些问卷设计的量表可能存在很大误差，这在复杂的潜变量中确实存在。如在第三人效果研究中，社会距离是一个核心变量，现存的量表之间存在很大差异，即使我们引用其中较佳的测量依然存在偏差；而一些我们认为简单的概念，如对于"政治讨论"的测量稳定性也有改善的空间（Morey & Eveland, 2016）。在心理学中使用多维度测量是量表设计中的重要进步，其在统计意义上减少了误差的发生，使得不同研究在测量同一问题时更加有可能接近于统一，特别是对于测量潜在的心理构念时，这种方法的主要贡献是"走近心理学的普遍规范"以及构建心理学研究的普遍规则（universal law）（Shepard,1987）。包括传播学在内的社会科学虽然也在使用理论来指导测量，但是，这些测量的理论与实践上依然有改进空间。传播学作为相对新的分支学科，它通常将人的传播行为从人的其他行为中剥离出来，单独进行分析。这种方式对于心理学中的量表的使用强调了独立的个体差异，而在理论上忽视了人的个体行为是嵌套在总体的"人的行为"中的。由此仅仅强调差异，而忽视了对于高阶的心理学测量的借用，一方面造成了大量量表的存在，另一方面由于这些量表本身之间存在差异，可能反而不能对人的传播行为的真实数据产生准确的认识，由此在实际上也可能难以完成对于社会科学方法论和理论发现的泛化。

社会科学研究人类与社会互动的关系。测量通常是对作为独立的旁观者对客体的观察，如物理、化学是人类对于自然物质的分析，而社会科学是人类对自身的观察。这对于研究的科学性有正面或者负面的影响。例如在对其他人进行观察时，我们很容易从自己的客观经历和主观判断出发来解读这个客体，在观察方法中加入了个人价值判断，因为我们认为作为人类会有类似的认知、情感、行为或者态度，至少在对于事物的思维方式上存在着统一和平衡。这种以人类共性为基础而产生的"锚定效应"，可能阻碍测量的科学性。当然这种对自我的观察之于方法论也存在优势之处：在测量的初始阶段，对于自身的观察使得量表的设计有了内容效度的基础，研究者对于他人和社会的理解，在这时成为分布中的个体，受过基本的方法训练加上主观的对比，可以使测量在研究初始阶段留在正确的轨道上。而自然科学缺乏这种天然的优势，我们对于身体之外的物质的理解通常是后天习得的。例如，如果需要观察人的政治参与，我们很容易想到阅读报纸和同人讨论政治议题这些基本的维度，但是，如果没有学过专门的物理知识，我们对于量子的测量则可能完全难以驾驭。当然，正如前面讨论的，在对社会问题的观察中，个人的经历与知识储备，很可能限制了我们对于这个概念从更广泛或者更深层次的视阈去考察。

产生研究观察偏差的原因非常多，有些是设计本身造成的，有些是研究客体的客观或者主观因素造成的，这在以后的讨论中会依次展开。但是，在此首先要承认这些误差并需要引起研究过程的关注，承认这些误差的存在，之后考察误差产生的原因，计算各种因素对于误差的贡献，再通过各种路径来尽量减少这些误差。例如，人们从较早就在研究措辞对于问卷数据的影响，并且通过实验和实际的问卷操作，来反复验证如何通过修正问卷文本来减少措辞效果（e.g., Belli et al., 2006; Burden, 2008; Fowler, 1992）。

个人在研究中表现的自由度，很大程度上是造成测量误差的原因，这些自由度涉及研究者和被研究者。自由度表现在测量中对于观察个体的选定过程，如不同的样本数量造成了效果显著的程度的不同。研究自由度更表现在测量中方法选择的变化：在社会科学的各领域中，对同一概念存在着不同的测量，虽然有些概念通过方法论的研究形成的信度与效度都是比较高的，并能被学术领域所接受，在更多的领域中，这些测量并未聚合成获得广泛认可的量表。当一个新的研究问题刚出现时，新概念的解构需要认识的过程，此时对于它的测量存在差异是必然的现象。如新媒体出现后，人们的许多在线行为并不能被传统的概念所概括，对于概念的组成有了新的维度，这些维度的增加的必要性，以及如何进行增加，都有赖于研究的反复论证。也就是说，大家都在测量的样本库中，寻找最接近于概念核心意义的表征指标，然后再将这些指标综合筛选以形成量表。但是即使一些在学术领域中已经被广泛使用的概念，它们的定义和测量也未必是统一的。例如，健康素养（health literacy）是健康传播研究领域中的一个常规概念，这个看似容易理解的概念在长期的研究成果中，依照不同的测量理论以及具体实施规程，形成了超过100种不同的测量设计（Nguyen et al., 2015）。也有研究分析用于测量游戏者对于游戏中剧情角色的依附喜好的多种量表，发现这些量表包含从两点到十几点的多种格式，却缺乏对于这些量表本身质量的再测量（Looy et al., 2012）。不同的测量方法可以导致不同的甚至是相反的结论（Zhao & Bleske, 1995）。

这些异质的测量的存在，理论上给研究提供了更多的参考，可以部分增加该领域对于概念探索的广度，但也反映了对于同一概念理解上存在误差。如果把单个的测量，当成对于概念的科学测量的代表性样本，这个样本所构成的分布的中间值，也就是概念的"理想"测量尚未存在，或者已经存在但没有被确认。学术社群在讨论人们的健康素养时，实际上在讨论各个样本所显现的值。这些值一方面与实际值之间存在误差，也在相互之间存在误差，难以对社会现实有准确的观察；另一方面，对于单一概念的测量方法不同，得到的不同结果在与其他概念进行模型检验时，得到的关系效果值通常也会不同。虽然不同的研究可以通过元分析对实际效价进行统计学估计，但是测量上的不同造成的测量误差不能通过元分析消除。后者只是在一定程度上减少了这种误差，由测量问题造成的误差由此在客观上阻碍了对于理论演进的支持。

对于测量存在的误差问题,许多社会学科在一直关注并设法加以解决。在1978年4月的《市场营销杂志》(*Journal of Marketing*)中,Jacoby(1978)批评市场营销研究在测量上的低质量:"比我们测量的数字更愚蠢的是这些测量被轻易提出,又被未作批判地接受。一个事实是,大多数的测量是测量仅仅因为有人说它们是,而不是因为它们已经被证实满足了测量的标准(效度、信度和敏感度)。"实际上,在20世纪50年代,Tryon(1957)也曾经对于心理学研究中测量的科学问题产生过类似的担忧:"经过了50年的心理学测试,找到能够稳定区分开个人行为的客观测量依然是个令人迷惑的问题。"在随后的发展中,心理学的测量体系得到很大的优化,但是,在这个过程中,对于测量的科学依然存在担忧,有学者甚至认为,心理学的许多研究在测量建构效度(construct validity)的构成要件上存在错误认识。

虽然传播学研究对于问卷调查的自身批评比较少,但是这个问题仍然是存在的;甚至由于缺乏对于传播学测量的必要批评,在使用测量的过程中对于量表本身的研究不足,在某种意义上,这成为传播学研究中存在的方法论短板。相对于心理学等其他社会科学,传播学是后发的领域,在理论与方法上,传播学都借鉴了其他社会学科的知识。例如,在量化研究方面,传播学经常使用其他学科的基本概念,因为人的传播行为,从根本上来说是具身在人的其他行为之中的,媒介与信息的作用并不能脱离其他社会物质而存在,它们对于人类的影响发生在与其他社会因素的互动过程中。如果按照古典理论对于概念的分类,人的传播行为处于次级之中,处于被其他更泛化行为"载荷"的位置。传统传播学以效果研究范式为圭臬的视角，为认识人类传播行为提供了许多有趣的发现，但是其同样在测量或者在对于行为的解释力上，存在矛盾或者解释力弱的问题（e.g., Lang, 2013; Spector, 1994）。如果将传播学概念置于更高一级的社会科学体系中加以考虑，我们对传播学有关概念和社会问题的理解，可能可以更有效接近其真实意义。

即使问卷设计在理论上是科学的，并真实测量了所关注的构念的维度和意义，也不能对获得数据过分解读。问卷的答案看似简单直接，实际上，在意义上是难以解读的，其结果误差也远远比人们所认为的要大。例如当受访者在回答"非常不同意"时，并非意味着其不会对相反的论述做出"非常同意"的答案，他们的选择可能仅仅是一种没有态度的偏理性的回答策略，而不是其或丰富或单调的对自己态度的完整呈现（Kamoen et al., 2013）。如果不能认识到这一点，将"不同意"解读为对于逆命题的支持，可能犯了过分联系的错误，过分联系实质上也是唯心主义。人们对研究的一个通常的批评是，自我报告的数值是否是概念在被研究者身上的真实反映，特别是需要测量被研究者自己的行为和态度时，人们更加怀疑这种自我报告在构念上的载荷是否过高，也就是说，有理由认为，我们发现的所谓概念间的关系，仅仅是收集到的数据间的关系，与假设的理论无关（Spector, 1994）。

无论在理论上还是在实践上，要获得与自然科学相似的精确数据都很困难，我们需要认识到这种误差并努力消减它。例如在政治传播研究中，受众的政治倾向是影响许多社会问题态度的前置变量，通常需要了解民众将自己或他人归类为自由主义还是保守主义者。受访者习惯地将自由或保守这些抽象的意识形态标签，定义为对于变化的态度：自由主义者被认为倾向于接受变化，保守主义者却更加拒绝变化（Conover & Feldman, 1981）。这种对于意识形态和自我身份认同的再定义并不是稳定的，会随着情境的变换而产生变迁，受访者也基于个人对于不同社会政策的态度，来对意识形态类别做出标签，而且这些个人定义的参照政策是完全不同的，经济或社会或两者同时都可以成为参照物。当受访者自我报告的意识形态和身份认同，被使用来分析与其他社会问题的关系时，研究需要小心处理：他们所报告的自己属于保守主义未必符合研究者的定义，而只是他们按照自己的参照对此作的再定义，而且这个再定义也可能处于随机的变化之中，除非研究者发现了这种变化并使用工具来控制它，否则研究的发现可能是偏离真实情况的。

影响数据质量却容易被忽视的因素还有很多。例如许多时候受访者回答问题需要把有关信息从记忆中召回，这个会议过程通常是不精确的，其中不可避免会加入受访者的估计，只有记忆清晰时不需要估计，过度报告的问题也才不容易发生；在所从事的行为是稀少的且相当重要的情况下（Schwarz, 1999, p.97），记忆才会精确。在问卷中如果遇到记忆错误，受访者可能并不能投入足够的认知，来召回对于回答问卷所需的所有信息，此时认知的外围路径将在他们的判断中产生作用，这在许多通常的社会数据上适用。例如，如果受访者忘记自己在过去一个月对于手机的平均每天使用时间，可能会以当天使用手机的时间来对上周的时间做估计，虽然这种估计的依据可能是不科学的，但是，这种方法可以有效地帮助受访者尽快做出决策。

在问卷中，受访者对于信息提供的夸大或者人为缩减，有部分原因是这种内部路径的使用的停滞，而求助于辅助信息来激发相关联想，从而最终获得更加精确的数据。我们对于细节的很多记忆，经过时间的过滤变得抽象，在回忆召回中可能出现信源检测混乱（source monitoring confusion），而在召回的过程中代入片段细节（episodic details），就可以有效地通过抽象信息的逻辑关系将其他细节触发，从而呈现对于事实性信息的完整表述（Belli et al.，2006）。例如，有关研究在收集美国选民对于投票参与的数据时，问卷在测量核心变量问题之前通常提供长的文字表述，受访者首先要回答在投票当天是否开车或是乘车去投票站、投票日天气、与何人一起参加投票、在投票时观察到的事物等，然后回答关于投票的核心问题，如是否投票、想投票但没有投等（Belli et al.，2006）。实验验证这种提供细节提示的问卷相较于直接问投票可以提高数据的准确率。不过现在问卷调查存在的另一个严重问题是反馈率的降低，文本的任何增多都会增加受访者的参与时间。随着问卷调查在各种社会学科成为类似范式的规范方法，人们通常认为对于潜在变量测量需要多个甚至几十个题项，才能有效地表征构念的意义。问卷调查中文字的增多，可以帮助受访者更好地填答问卷，但也会带来反馈率降低。

而且，现在社会科学中部分学科的研究趋势，是弱化人口统计学变量在设计中的权重，在最先使用问卷调查的学科如社会学和政治学的研究中，研究问题对于年龄、性别、族群等人口统计学变量非常重视，毕竟这些学科直接观察不同社会人群在行为上的变化。而另一些学科如传播学对于问题的研究，在借鉴了社会学与政治学的基本方法后，在问题导向上越来越向心理学靠拢，其研究希望所得的发现对于理论建设有更多贡献。而理论贡献对于人口统计学变量的关注度下降，转而追求理论的适用度有更高的去情境化，这种导向促使研究更多去观察外在现象背后的、不可直接观察的心理因素。传播学如果不是特殊需要，通常将这些人口统计变量作为控制变量来分析，当这些变量在研究中扮演越来越弱化的角色时，研究对潜在变量的倚重在同时变得显著。潜在变量的增多与测量的维度的复杂化，也使得问卷提供有效数据的效率在下降。

第二章 实证观察的迷思

按照库恩（1962）的科学范式定义推论，任何社会科学在可见的方法之外，都有其作为支撑的理论依据或者是意识形态的准备，如此该科学方法才能有被称为合法的依据。虽然在实践的讨论中，这些意识形态的基础或者哲学的指引路径通常并不会在研究中得到明示，但也是无形之中的科学研究构造中最原始起点的部分。处在不同范式中的人们也需要在这些务虚的理论中劳作，以最终躲避或者走出自己所认可的研究范式的方法论陷阱。

第一节 作为建构的科学

社会科学的认知首先遇到的问题是，社会科学有固定的或者相对固定的法则吗？或者说社会科学是否与自然科学一样，存在自我限定和预测的规律，以供科学研究来发现和验证？这个问题看似简单，或者会被认为是自明性问题，其简单的答案相信大多数人的回答都会是有的。但是，在实际的研究中，我们有时或许并没有认真的思索，是否总是清楚地知道这些规则，是否在遵守这些规则，或者说如何做才是遵守了这些规则。既然社会科学有了理论和质化、量化的通用模式，在研究中，我们也不会对于这些理论特别是方法做出质疑。对于范式化的研究尽量避免质疑，甚至于规范科学也不鼓励质疑，这种做法是无可厚非的：因为在规范科学范式的情境下，所谓的科学活动是为了验证和强化已有的发现，而不是试图怀疑固有的、被接受的模式，更不是为了推翻已经建立的范式（Kuhn，1962）。如果科学研究对既有模式充满了怀疑和挑战，那么科学将不能稳定地承接已有的成就，无论这种成绩有多细微，也总是处在动荡与混乱之中。如此我们获得的被广泛接受的科学研究成果可能就很有限了，而且这些有限的成果即使存在，也仍处在被怀疑的处境中。如果比质疑再进一步，试图以"革命性"的推翻来抛弃已有的概念，以所谓新的概念来替代尚未成熟的概念，而不是对那些被怀疑的概念或者理论做深入地分析，通过反复观察来对各种非常的现象做出解释或者再解释，那么社会科学可能会被不停增加的不成熟的理论或者概念所充斥，这对社会科学是伤害，而不是贡献。然而，在现实的研究哲学中，这种怀疑思维也是普遍存在的，认为科学总是意味着发现奇思妙想，在研究上从理论到方法，再到具体的观察路径都需要些许不同，否则就不是所谓的科学，只是简单的重复，背离了所谓科学过程的真谛。这种总是试图以所谓新的知识，来代替已有知识的动议，并不是范式中的"革命"理论，"革命"理论恰恰是遵守研究的基本规范，以已有的知识来对新的现象进行观察，并最终增强对已有知识、理论的理解：革命性科学是规范科学的最终结果，而不是知识的起因。

　　自然科学发展的基本路径，是对于已有的理论或者计算法则做必要的优化，而绝非以革命性的推翻为特征。相对于自然科学规则的清晰和精确，社会科学所关注的人类行为现象要复杂得多。自然科学的正确性是相对易于判断的，有成熟的规则以资反复验证,所以,对于研究发现存在的争议较少,除非发现研究过程中存在与规则相违背的规程或数据。相反,社会科学没有固定的人们都可以接受的规程,也缺乏必要的标准来验证研究发现是否真正再现了现实,这种研究方法上的必要规范的缺乏,研究中数据的不稳定性,以及数据解释过程中的多样性,客观上为纷争设立了前提。这种纷争和由纷争所导致的异质的研究发现,以及伴生出的许多概念,可能并没有增加我们对于社会的认知,反而使我们对于客观世界的观察偏离了本源。研究的目标是找到一个概念与其他概念之间的有效的关联,概念的产生也是为了抽象而有效率地展演这种关联,而不是将创造概念作为目标。要避免由于对于概念的过分迷恋而忽视和消弭对研究问题中概念关系本身的观察,或者说是避免因醉心于生产或者借用概念,而放弃了对于概念的深入规范和阐释。社会科学不应该因为缺乏规范而创造论证,而是应该由于论争的产生而逐渐设立规范,最终形成社会科学对于同一议题的相对稳定的理论和研究方法,以及相关的系列概念,而由此得出的研究结果才可能越来越接近于社会现实的本源。简单说来,如果承认社会现实的存在,就承认了认识此社会现实的规则的存在,通过此规则所得出的自然结果也就逐渐趋于统一,而非总是处在相互对立之中。由此,社会科学研究的过程,一方面是对社会现象观察的过程,另一方面也是对观察本体进行观察的过程,这个过程可以模拟为对于砍树的斧头进行优化的过程,最终结果是制造出伐木最有效率的斧头,这样伐木的结果也就自然形成了。

不鼓励对抗甚至是怀疑范式和理论的思维本身,也是尊崇规范科学的具体表现。我们在开始问社会科学规范问题时,实际上是假定社会是可以被观察的、被实证的。如果认为社会现象有自身的复杂性以致达到难以观察甚至推论的程度，而只能依靠批判和阐释来完成分析，那么这个问题就变得没有意义。在实证研究中，法则在解释、理论、确认、预测中都扮演重要角色。对这一问题存在二元制的分歧：有些观点认为，社会科学的发现是可以扩展的，必然存在不可或缺的"若其余情况相同"的法则。另一些观点认为，社会科学甚至不能试图产生扩展或者理论，因为一切社会问题都只是历史的或者在地化的。由于对于社会科学是否存在规则这一问题所存在的争议，社会现象是否可以被理论所预测也就变得不再确定，这种预测只能在理想状态（idealization）下进行，也就是所有的社会条件必须满足理论生产过程中所假定的情境；而显然社会总是处在变化之中，整个社会以至于个人无法在理论上满足这种状态。基于社会中复杂的现实依据，许多社会科学主义者也就认为世界是不能被理论所解释以及预测的，而且反身性观点也拒绝这种使用理论进行预测的企图：任何对于观察的事物进行理论化的行为，都可能影响被理论化的事物本身，这与研究的客观原则是相违背的（Pfeifer & Sarkar, 2006）。

对于自然世界和人类社会的认知，同样是知识的积累过程。虽然对于知识的概念的认识存在许多差异，但是，哲学家普遍认同知识与生产知识的社会环境之间的关系，这种共同认同可以称为"经典知识图景"（classical picture of knowledge）（Boghossian, 2006）。按照这种图景，经典哲学理论不否认研究者所处的社会情境的影响，人们可能会对于缺乏证据的所谓科学生命产生偏离的探寻过程，以及由此带来有偏见的发现：当我们在坚持知识独立的时候，我们也承认认知这种独立知识问题的提出与探寻的研究过程是依存于社会而存在的。由此经典知识图景包含三方面的意义：第一，对于实施过程的客观主义、客观世界甚至是主观世界都是客观存在的，人们的认知过程只是反映它，而不能否定其存在。第二，确证合理解释（justification）的路径的客观主义：不但世界是客观存在的，对于世界的这种客观存在的确认方法，也是客观的，也就是说，对于世界的任何问题已经存在了认识其客观性的工具，研究工作在试图发现这种问题的解决方案的过程也是发现这些工具的过程，对于问卷调查研究方法来说，设计问卷量表的过程即是寻找这种工具的过程。承认自然世界与人类世界的现象是客观存在的，也就是间接自信可以在实践中也确实能找到这种客观存在的过程，也就是寻找研究工具的过程，或者说是探求测量方法的路径。社会问题有其内在规律，这种内在规律有预设的工具来完成发现。第三，理性的解释也是客观主义的。在寻找到科学的工具以及使用这种工具方法的情况下，我们可以找到解释实际的证据，证据就有完全的能力解释为什么我们相信所相信的事物（Boghossian，2006）。

与经典知识图景不同，建构主义认为，知识的主体总是受到条件的影响。建构主义认为，知识与世界的本原并无必然联系，思维活动对于世界的再现是知识的来源，因为人们认知的多样化，所以所谓世界的"事实"也是多元的，而且事实作为建构的结果只有适宜而无真实性的意义。经典的认知论认为人们可以无限的接近真理，或者说知识的目标就是为了努力获得现实世界的真实图景。虽然科学发展的许多理论也认为这种图景也许是不可能的，科学哲学依然相信我们至少可以与绝对真理越来越近（Von Glasersfeld，2005）。然而，建构主义并不愿意认可这种乐观的真实图景理论，相反，它认为，这种努力可能是徒劳无益的。如果认为科学是为了表征真实的世界，这种表征不能实现。作为这种表征的替代，人们对于世界的认识以至于知识的积累，或者是科学发现在理论上的进步，并不是哲学中的本体论或者绝对真理。人们认知世界的过程并非再现社会现实，而是在发现中对于自己或者现实世界进行了改造（adptation）。实际上，建构主义甚至认为真理并不真正存在，知识无非是人们对于世界的某种解释，是个人学习过程中对于世界的合理建构，这种知识在某种情境下是可行的，但与真理无关。正如生物在演化或者生存时必须依据自然环境对生物体本身或者行为过程进行改造，以获得与自然相协调的中心点。生物的改造过程是自然互动的过程，而社会问题解决的过程，或者称为意义的建构过程是社会互动的过程，通过动态的渐变的意义的调试，来最终获得对于社会现实的适合的解释。由此看来，建构是建立在社会环境的基础上的与各种因素互动妥协的结果，并没有脱离社会现实。但是，建构过程也显示，人们对于自然世界或者人类的认识不可能是一致的，物理学等自然科学的发现并不是完结意义，而是承认意义依然处在循环的运动中，这种运动是人与自然社会以及人类社会互动的表现：我们无法完全地认识世界，即使一定程度上的认识也并非真理，只是建构出来的所谓真理，这种真理在不同标准下可能价值完全不同。

如果使用建构主义来讨论社会科学的研究，特别是测量过程，具体到本书讨论的问卷调查的方法论，那么首先需要认识到所有量表的条目都非原始存在的，而是知识生产的产品，是知识体系衍生出来的意识产品。这种产品在逻辑上需要最大限度地接近于现实，但是又不可能是现实的翻版，甚至即使是翻版也不会是原版本身，因为意义在不同情境下是变化的，任何表征都无法完全再现真实，而所谓真实无非是建构出来的。更加危险的是，测量在逻辑上禁止进行同义反复，例如使用"高度"来测量高度,这样在语义上没有任何解释的功能,由此"翻版"理论的测量是不被鼓励的。相反,在测量时,我们需要通过各种指标来反映概念的各构面,例如使用微笑次数来表征快乐的某一维度,这种侧面的表征就与直接观察产生了偏差可能,不仅概念本身不能被直接观察,甚至这种直接观察在概念测量中也是不被范式所鼓励,甚至是不被容忍的,这种思维适用于概念和概念的维度。这种产品既然是建构出来的,也就必然受到各种因素的影响,在以后的讨论中会具体解释这些因素。从某种意义上说,问卷设计存在的误差是建构过程的偏差,如果认为建构是主观的,那么也就难以否认问卷设计存在的误差,甚至错误是难以完全消除的,因为主观反映虽然是基于客观世界的,但是,不同的人对于世界的感受存在差异,这种差异也是建构主义的基本论述。但科学研究又需要可验证和可复制,意识的多样性和科学的统一性成为一对不可调和的矛盾,因此,如何保证测量过程可以复制,结果可以验证,成为了对抗建构主义所要解决的议题。

也就是说,与理性主义和经验主义对于知识的认识都不相同,建构主义对传统知识观加以异化,认为确定的知识并不存在,除主观知识之外无客观真理存在。认知论的客体都是建构的产品,建构是人理解世界并将这种理解通过自我建构或者共同建构的符号来表示的过程。任何人都在通过某种形式的表征来呈现实际的行为:语言、文字、舞蹈,或者科学模型以及数学符号等,这些表征行为是人的基本构成(Fosnot & Perry, 2005)。如果表征是在社会中都通用的符号,人的行为就容易获得其他人的解读,例如使用文字和数学模型的表征便利了其他人相对精确地观察这些表征背后的行为,因为文字与数字作为抽象的符号拥有较为统一的意义。但是,有些表征缺乏统一的意义，例如保持沉默是表示支持还是反对在不同的情境下存在很大差异。作为表征人的行为的主要符号，文字更是有变化的意义，例如问卷测量中的选项"非常喜欢"在不同的人的界定中所包含的对于事物的态度是不同的。因此，不但表征是建构出来的，这种建构还是不确定的，对于建构的问卷条目的理解也是建构的结果，受到多种因素的影响。

社会建构主义者甚至认为，知识不是独立存在的：首先事实（fact）是人们依照相关的需求或者兴趣所建构出来的，不同的人群建构不同的事实，并不存在单一的不变的事实；与此相对应，对于事实的确认，也是建立在社会情境的基础上的反映个体需求或者兴趣的结果。对于我们的知识的解释依然不能完全依靠对于所获得的依据（evidence）的接触（exposure），相反，这个解释的过程必须有相关需求以及兴趣的参与才能完成。按照社会建构主义的逻辑似乎可以解释许多社会现象，例如为什么社会期望媒介信息可以引起第三人效果，对于这种判断偏差出现的心理学解释依然缺乏证据，但是，对于该现象产生的原因已经在各社会科学领域促发了许多研究，这些研究虽然不能完整解释理论成因，但是都在一定程度上存在合理性和理论意义。这可以说是不同的兴趣引发的解释，这也似乎验证了社会科学发现以及发现的验证过程是社会建构的结果。我们应当注意的是，这些解释的多样化可能是由不同的兴趣引起的，但兴趣并不能否认该认知偏差以及其发生原因是客观存在的，在验证过程中存在社会情境的参与，并不能推翻科学依据存在的单一性，即可以完成对于社会现象的解释。而社会情境不过是为这种解释提供了可能的控制因素，如果没有这些控制因素的存在，人们对于知识的积累会更加清晰。

建构主义既然认为任何社会意义都依存于条件，这种条件在多大程度上影响知识生产又成为议题。虽然建构主义者通常认同知识是受研究者本身调节的，但关于他们能在多大程度上控制对于思想对象的建构却存在不同的观点，也就是对人能够完成的对于事物的建构能力存在分歧：有些人相信人类的这种能力，相信人的理性可以通过表征来认识相对抽象的行为概念，或者确信这种表征依据和对表征观察过程的合法性；另外的人却不但否认所认识事物得到的知识的独立性，对于这种知识生产的思维策略也存在怀疑。在研究设计中，人的主观能动性受到人自身的认知能力的限制，这客观上为测量等过程中的误差提供了可能。社会科学的问题中，特别是人的行为构念是复杂的，其中各种构念间的关系逻辑只能通过长期的观察，并且使用多种理论方法来指导，同时提高测量的精度来逐渐加以解构。即使如此，由于人类的进化本身也客观导致了这些行为在发生量上或者质的变迁，可能人类对于自身的认识会永远处于动态的调整之中，而难以获得静止的真理。但是这种承认人类对于社会观察的限制并不意味着否认所做研究的努力，或者是否认我们接近真理过程的科学内涵。相反，通过反复的对于社会现象的观察，以及对各个维度的现象的考虑，如果每次观察都遵循了严格的理论指引，这些观察的均值就是在无限地接近真理，或者说对于真理的估计在可测量的、可容忍的误差范围之内。所以，对于思想等构念的测量问题需要怀疑的并非是测量是否最终可以真的发现客观规律，而是每一次的观察是否按照客观规律的要求来进行的。

在认识论的层面上，建构主义对于社会科学研究的最重要贡献，可以从科学研究中的核心探求目标的概念来看。在社会科学中发现概念和构念并验证它们间的关系，是认识客观世界的有效路径。其中的构念（construct）的概念本身就暗示了社会科学研究的建构主义特征，这个概念有效地显示了我们认识人类社会甚至是自然世界的基础，是将纷繁的社会现实进行抽象的再建构，用以进行抽象观察，正如使用地图来再现山川。构念并非是自然存在的事物，而是我们在世界抽象化的过程中逐渐聚合成的概念，它依赖于客观存在的可以观察的事物，其中既包含了客观事物的本质含义，同时由于其抽象度的不同又必然剥离出丰富的个体间的非本质的差异的外在呈现。这种本质意义与个体事物丰富独特性的区隔，需要在观察构念时首先加以有效界定。由此构念是对于客观存在的事物的抽象概念化表述，是有待于理解、定义和测量或者间接观察的建构主体。对于世界的认识，从理论上看就是被建构和对于这个建构重新测量的否定之否定的螺旋式层进的过程。承认建构主义，就是承认了人们对于世界的认识是在具象与抽象之间互动进行的，是科学认识的必然路径。

认知等微观层面，也可能上升到诸如影响世界经济的政治与社会因素等宏观层面。但是不论这些问题的复杂度如何，其最终的出发点首先要涉及认识未知世界的世界观问题，在社会科学中这种最初的世界就是科学研究的基本哲学问题：世界现象是真实存在的吗？我们如何认识真实的社会现象？Guba 和 Lincoln（1989）认为知识论作为自成体系的信念系统，主要解决三个问题：真实的本质是什么？我们如何确认我们已经知道了这种本质？我们如何认识这种本质，也就是知识如何被科学地认知？社会现象的测量模型不过是科学哲学的在地化（local）。这种在地化指的是社会科学的测量通常只是关注非常具体的问题，如人在特定任务实现中的自我效能，而不会关注科学理论的基本功能等抽象问题（Borsboom，2005）。

辩证唯物主义认为，世界是由物质和意识所组成的，物质是意识产生的基础并且通过意识来反映。不过意识能反映物质，却不能改变物质的主体性。但是我们对于物质的认识，必须通过意识的最初处理才可能被感知，而且知识本身的传输，也就是人们对于物质的认识，在本质上也属于意识的传输，而不是物质的真正展演。这样，意识如何来反映物质，或者能在多少程度上反映物质成为了认识世界的本源问题。人的意识是复杂的过程，意识生产的过程多变，而且其影响因素也多半难以控制，甚至难以预测，这些都会影响测量的稳定。在社会科学特别是传播学与社会学等学科所要解决的问题中，物质的问题也就是社会事实性数据，通常是难以产生争议的，如某地区发生暴力犯罪的比率、社区人群的统计学构成等，构成这些概念的物质因素通常是可以被直接观察的，对于这些物质信息的测量也有相对稳定的工具。但是，社会科学的复杂性表现在对于意识的发现与解释中，例如人们对于遏止暴力犯罪的政策的态度等。我们认为，意识是主观的，似乎是虚幻的，而且是具身的，与意识主题相互嵌入在一起即具身的。由于在理论上不能获取意识主体的所有物质，所以也就无法知道经验主体，就是意识拥有者的主观意识。这种理论是与科学相对抗的，社会科学的目标之一就是通过研究个体来推论出整个社会的运作机制，否认人类社会的活动是无序的，是没有规律的，失去了对于个人的认知以及对于人类世界的解构的自信，最终整个世界也不可避免地陷入不可知论。

不可知论是解释主义的理论背书。解释主义认为，人的行为是不可知的，人类的主观能动性对于我们认识能力的提升没有任何帮助，也不能提升对于世界意义的认识，我们所对于个体行为的解释无非是对于行为的分别解释。在社会科学被认为是科学研究的有机构成部分之前,对于人类心理的解读就依赖于解释主义,这种理论将预设直接用于分析人类行为产生的原因,将另一种行为看作是所研究行为的前置条件,例如将成年人的行为解释为童年时所受的家庭压抑。因为人的行为的多样性,各种因素相互勾连而共同产生影响,每个因素对于构念的影响在缺少研究样本的情况下只能通过概率来解释,不存在绝对的关系,因此每一个可能因素的发现都有其合理性。在理论上,如果将整个自然界和人类社会看作一个整体,任何因素间都存在着联系,将任何因素解释为人类行为的影响因子都是合理的,都不应该被认为是唯心主义的思维。这样看来,解释主义对于认识客观世界是有价值的,绝对意义上不能算是错误的。例如,将"如果别人伤害了我,通常会恨他(她)很久"作为利他主义的一个测量指标是合理的(Smith et al.,2006),而如果将"我感觉自己可以通过工作对民众有正面影响"这一测量社会影响感知的指标(Grant,2008),也借用作测量利他主义的指标,也不能说是完全错误的,因为它们之间存在着逻辑上的相关性。研究的问题不再是因素间存在的联系,或者说解释是否是合理的,根据以上的分析这些都有肯定的答案,解释主义也可以帮助我们来做出这种肯定的回答。问题是这些联系在多少程度上是有意义的,或者该解释在所解释的行为的影响因素的可能分布中处于什么位置,如果其接近于这些分布的中间点,也就是行为的本源,那这种解释就更加有意义,相反如果所提议的因素是远离该分布中点的,这种解释就显得牵强,或者说是缺乏意义的。

与不可知论相对抗的是现实主义的意识形态。现实主义者认为,无论是物质世界还是意识世界,其运行都是存在固定规律的,这种存在的规律不以人们解释的不同而变化。随着自然科学的发展，许多我们难以解释的现象都被科学验证，如许多疾病的形成原因，这些是自然科学中理论和方法演进的必然结果。按照现实主义的观点，在理论的构成中，概念是存在的，构成概念的属性由此也是现实存在的，我们否认它的存在在很多情况下是因为我们的意识没有感知到它，或者不能准确地观察它，但是，构念正如空气是可以被测量和观察的。对于现实主义来说，理论在字面意义上或者是正确的或者是错误的。而对于工具主义来说，理论是分析或者通过符号来表征（代表）纷杂的物质的标尺或者原则，但在同时是从其他论述中推论观察论述的工具（Nagel,1961）。

现实主义的论述与科学哲学中的工具主义相对立。现实主义认为科学理论应该从表面价值来理解：尽管它们"超越"了经验数据，但它们应该被看作是对宇宙的描述，这些描述在通常的对应意义上可以被判断是对的还是错的（Worrall,1982）。工具主义的概念由杜威清晰设定，虽然该主义在长期以来作为意识形态在背后推动科学思维模式，该主义认为，科学理论的出现并非是作为对自然世界的描述，而是应该被单纯地用作工具（tool）或仪器（instruments），以进行经验预测并达到其他实际目的。其基本的理论是，即使我们部分或者全部地否定理论对于存在的关系主张，或者甚至不管该理论是否是最先提出这种关系的，人们都应该充分地使用科学理论来引导实际科学验证。工具主义（instrumentalisim）避免讨论理论的本身或者概念本身是否存在，或者是理论所要应对的社会现象是否存在。这种回避也显示出其在理论上拒绝理论或者概念的存在，或者是反现实主义的论断，该主义转而观察理论是否能够帮助我们再现与预测客观世界的现象。哈贝马斯将工具主义看作为意识物化（reification of consciousness），而物化是社会中的事物特别是人为地被动遵从商品社会法则的结构化过程（Zuidervaart,2003）。工具主义在意义上最终倒向了实用主义，其差别是前者否认或者回避讨论理论中假设或者概念的存在，而实用主义承认但是不关心理论的存在，将视角投向了理论的有用性，认为有用与否是观察理论的出发点和归宿。实际上，工具主义所认为的工具并不是指理论就是对现实世界的表述，而是我们可以使用理论来探究客观实际，也就是说，工具是探究工具，而不是指客观世界的关系本身，或者说理论所预测的关系本身就是工具。

当然，理论本身会为研究者的观察提供非常具体的工具，也就是可以具体观察的例证。工具主义和实用主义都主张，真理或者理论的正确与否是由其能否成功地解决问题来判定的，而理论或者概念的价值是由其在人们经验中的功能实现与否来决定的。在工具主义发展中得到的推动力量，是实证主义或者逻辑实证主义（后实证主义）反对现实主义者的论述，理论无非是构成形而上学的无意义的词汇积聚，因此应该从科学研究中将理论摒弃。由此推断，如果理论或者概念是抽象的或者哲学的描述，这种描述则难以被人们直接经历，也就无从测量理论或者概念是否会有效地在人们的经验过程中被验证，也就是没有意义的。人们的态度或者信念都不是我们可以进行探求思想的科学发现的出发点，通过比较其他群体是否有信念而不是直接承认观察信念本身才是正确的探索路径。工具主义与科学现实主义（scientific realism）的主张完全对立，后者认为科学研究的任何对象都是真实存在的，与我们是否可以感知到其存在无关，与其功能是否达到我们的标准无关，甚至与我们的思想是否能够意识到其存在无关。

第二节 经验与先验

Guba 和 Lincoln（1989）对于知识的论述，是我们如何感知到客观世界，也就是认识的标准。我们所观察的构念通常是抽象的，就像理论物理中的现象无法直接通过实验来对自身进行检验，也就是缺乏直接标尺的存在，而如果存在这种标尺也就不需要深究各种统计工具的有效性了。正由于构念的抽象性，社会科学量化研究中所谓真理是相对的，是由研究社群共同定义的，而并非是统一的、绝对的准确。只要是研究发现严格验证了提前设定的参数，那么就可以被认为是真理，真理可能只是在某情境中被认定是真，到了另一情境或者范式中完全可能会被认为是谬误。正如大家对于理论的定义在不同的范式中不同，不能将在符号上相同的理论借用到其他范式中来观察问题。

真理简单说来要遵从准确原则（accuracy principle）：如果一个陈述是真理，那么使用测量误差的方法，它在允许的误差范围内就是准确的，或是近似真实的真理（Weston, 1987）。在这个论述中，精确与不确定，模糊或者不完整在概念中是不同的，不确定的论述可能是精确的，模糊或者不完整的论述，同样可能是精确的或者属于真理的，如"我很少指望会有好事发生在我身上"是测量生活倾向的条目之一（Scheier et al., 1994），对于其回答使用 5 分的李克特题项，这在测量回答选择上存在着不确定性，受访者可能难以界定自己在多少程度上同意该论述，所以也就存在模糊或者不确定的情况，但是，这种不确定性是研究者所提前预测的。虽然希望去除这些不确定性，但是同时又容忍它们，因为这样得到的数据在总体上测量了生活趋向的基本意义，所以被认为是准确的，也就是接近于该构念的所谓真理。按照 Weston（1987）的解释，精确原则将真理与距离两个概念相勾连：精确被认为是距离；真理是距离被测量的起点。也就是说，真理是将设定的距离加以测量，对这种距离的承认以及在测量中将其有效地测量或者估计，就是发现真理的过程，这比看起来精确实际却远离构念意义的测量更加科学。

对于所谓真理的认识，科学工具主义与哲学工具主义存在差异。科学工具主义来源于科学哲学，科学哲学认为纯科学（pure science）的目标是发现真理，而对于被称为真理的发现的有用性则未必加以考虑（Mattessich, 1980）。Sober（2002）将科学工具主义定义为"科学的目的是提供精确的预测，而不是告诉我们什么理论是真理"：这实际上是一种规避真理定义的策略，语义学上的科学真理变得无关紧要，只要能够预测社会现实，就是科学的理论和概念，意义的正确性以至概念的符号定义都并不重要。

按照科学工具主义的解释，理论是被验证的真理。理论是关于概念的关系的论述，其在形式上是人类意识的产物，是人类对于客观世界的认识。理论有时被解释为是现实主义的，也就是客观世界的真实反映，即真理；有时它又被解释为是工具主义的，也就是理论并不能表征真理甚至不能接近它，理论无非是将已经观察的部分事实加以概括以及系统化，或者加以演绎（Gardner, 1979）。对于测量来说，认为理论是现实主义的，这种基本的认识论提示人的社会行为是有科学规律的，任何对于概念表征的观察必须符合理论所预测的关系，我们在设计测量工具必须完全反映理论所提示的构念特征，以及与其相关的概念特征之间的联系。如果测量获得的数据不能确认这些关系，则不能怀疑理论的意义存在误差或者错误，而会怀疑可能是测量发生了错误，可见在使用统计来分析测量的质量时，就已经在假设理论作为测量的前提了。在社会科学特别是心理学的测量中，努力寻找最能有效解释核心构念的量表，就是探寻最能确认理论所指示的特征与关系的文本。严格按照理论来设计测量以及评估这种测量的误差，不是教条主义的思维，而是规范研究的基本要求。

相反，如果将理论解释为工具主义的，则可以给予测量更大的自由度。工具主义的思维认为理论并非真理，只是将科学研究的既有发现加以概括，理论对于测量的指导只是提供大致的方向，在既有文献的指引下选择能够印证已有发现的测量，但是理论绝没有将测量的选择限定于这些既有发现所呈现的特征与关系中，由此理论是辅助的，测量可以在此辅助之外做更多的猜测和扩展。如果将现实主义的测量比作寻找正态分布中的人群方差，那么工具主义的测量则像非正态分布中探究人群方差时的不确定，它只提供了基本的趋向，这为测量提供了更大的空间。这些测量是否正确，也不存在确定的标准。由此看来，将理论从工具主义来考虑，虽然对于测量提供了探索性研究的可能，但是这种思维与规范科学相对立。科学研究的特征之一是规范的标准化，从研究议题的选择，到数据收集分析的过程以及结果的呈现，都需要在稳定规范的模式下进行，这种不能提供误差数据的工具主义式的测量是不被鼓励的。工具主义认为理论确实有一个重要的、不可简化的作用，但理论的意义并不是对于世界的直接的描述。理论作为一个整体，是科学中唯一真正具有描述性的部分，即那些可以通过观察直接检验的陈述的编码方案或框架（Worrall，1982），也就是说，理论是对于可实证的直接观察的部分所提供的抽象观察思维。因此，理论要么在经验上是充分的,要么在经验上是不充分的,要么是简单而有效的,要么是复杂而低效的。它们既不是对世界的真实描述,也不是对世界的虚假描述(Worrall,1982)。

如果从建构主义来观察,则存在着各种影响因素,制约了对理论的能指与所指的理解。由于理论的抽象性,对其理解受到情境的调节,这就必然导致人们对同一理论的解读会产生或细微或显著的差异。这种差异包含着核心理论的定义差异,也影响到人们对于与该理论相关的其他理论构成概念的定义。例如由于理论认识不同,长期以来人们对犯罪感有着多种定义,这些定义在意义的宽度、核心、交叉以及对于背后的影响因素上都存在巨大差异(Kubany et al.,1996)。由于对作为理论构成因素的概念解读不同,造成了对其测量的方式不同,这样也影响了对于其他理论认识的差异。只有通过理论内涵的再定义,人们才认为犯罪感的核心意义是非愉快情感,而这种情感涵盖的认知差异是自己原本应该想象感觉的,和行动与已经实施的行为过程完全不同(Kubany et al.,1996)。犯罪感定义的例证显示,在测量过程中,建构主义需要尽量摒除概念叙事中情境的调节作用,只表征在剥离了附带因素的构念的本质意义。再例如虽然患者信任对于研究医患关系、公共卫生的效果以及政策考虑很重要,但是对于患者信任的详细概念分析以及实证数据出现得比较晚,长期以来人们并不深刻了解信任所产生的差异、影响信任的因素、以及信任如何与其他类似的态度或行为相关(Hall et al.,2001)。

现实主义、建构主义、自然主义以及唯心主义只是为科学研究的出发点做了抽象的哲学准备。对于测量影响最大的,以及直接对社会科学研究做背书的重要思维,是实证主义或者是更加具体的、可操作化的逻辑实证主义。实证主义强调对于认识的四点论述：感官可以认知的个体是唯一的实在；只有感官体验是认知的来源，感官体验通过理性和逻辑来加以抽象成为知识；本质上互有区别的认识方法并不存在，人类的知识和真理是统一的；价值中立要求去除研究中非客观描述的文本。逻辑实证主义在实证主义认为的感官经验作为真理认识的唯一来源之外，增加了理性主义，也就是推论这一可能并非直接来源于观察的构件。逻辑实证主义认为科学理论可以分成可观察的和理论化的这两个部分（Borsboom, 2005），这两部分是构成一体而不是分离的，我们通常认为的理论只是理论化的部分，而忽略了可观察的文本在理论中的构成，实际上只有两部分都存在的理论才有科学的确认。科学理论首先是一段关于逻辑关系的语句，其中包含概念化的术语（term），社会科学的许多理论如建构水平理论和社会认知理论等，都清晰地使用概念描述社会现象的复杂关系，这些语句成为"理论语汇"（theoretical vocabulary）。

另一方面，理论的叙述并不是以概念的形式出现，而是以可以验证的可观察的形式出现的，例如，"从总体上我认为自己是一个快乐的人"，受访者据此描述判断自己的快乐程度并具体地以数字呈现结果，这种可观察的语句被称为"可观察语汇"。为了建立理论语汇与可观察语汇的联系，需要一系列的应对规则（correspondance rules）来验证可观察语汇在多少程度上确认了理论语汇，这种规则发挥了"词典"的作用：可观察语汇是理论语汇的实证解释。由此规则出发，被可观察语汇验证（verified）的理论语汇才被认为是被确认的科学理论，因此逻辑实证主义又被认为是"验证主义"（verificationism）（Borsboom, 2005）。在这里，逻辑实证主义本身可以被认为是"理论语汇"，而"验证主义"则是按照规则与该主义产生逻辑联系的可观察语汇。

科学工具主义也是与扎根主义相抵触的，它们基于完全不同的研究逻辑思维。扎根理论自形成以来就成为一种有趣的替代研究思维，是对于数据的概念化的抽象处理方式。在方法论的研究路径指导这一具体贡献之外，其成为一种科学哲学的思维出发点，而不仅是像其他更加具体的方法那样提供具体的路径。诸如问卷调查或者叙事分析方法等，提供一套完整的研究规程以及供参照的物质化主体，扎根理论则以抽象的意识引导看似合理的想象。相对于科学工具主义所认为的理论研究，其中必然包括测量中的意义，扎根理论并不承认理论的先验作用，更不将研究的目标定义为对于理论的解释、再解释或者发展。相反这种理论认为研究与理论是相对独立的两种行为，是相同过程的两个部分（Glaser,1978）。当科学哲学要求以理论为参照来分析数据时，扎根理论认为理论存在于数据之中，理论的进化是数据与数据的分析过程互动的结果。这种互动是反复的，理论在此过程中自然地产生出来；科学哲学则坚持从理论出发来确立预设的假设关系，以及指引研究的方向，在提出和验证这种理论假设之外，对于数据的分析是没有意义的。实际上，科学哲学不但认为数据分析需要在理论先验的引导下进行，数据收集的依据也是理论。数据所表征的事物、数据收集的数量、数据的基本构成都需要由理论来设定。从概念的选择，到概念的定义和观察，直到数据的获取与分析以及得出结论，理论都扮演了核心的角色，而数据不过是理论各个构成的体现。数据本身没有正确与否，如果数据收集过程是完全按照理论指引的构成过程来进行的，其结果应该是响应理论本身，至少在科学的理论范式下是如此。数据的价值也并非是有用，它的所谓有用无非是部分或者全部地呈现了理论的现实意义，而这种有用也不过是理论的有用：如果理论失去了解释世界和预测世界的价值，那么数据作为理论的另一种表现形式，也就不能再现这种所谓的有用性。工具主义认为研究需接受理论的指导，同时认为，任何理论都在实践中存在特定的限制，但是，这不能被解释为科学的进步：当研究在使用被实证研究新证实的理论时，人们似乎抛弃了原有的不够完备的旧理论，但是，很多时候新理论是以旧理论为基础加以改良的，所以，在承认原有理论缺陷的同时，使用新的理论也意味着在逻辑上接受了原有理论的有价值的部分（Worrall,1982）。

探讨理论与验证理论的工具，还需要厘清建构主义的思维在研究中的影响。从表面上看，理论与工具都是建构出来的，工具从更宏观的角度来看不但验证了理论，对工具的使用过程所卷入的劳动也创造了人类本身，可以说人们在创造和使用工具的过程也在建构自身。建构主义的核心根源在于神经生物学、知识社会学和哲学。生物神经学建构主义导向的研究者认为在人类感知的过程中，大脑不能直接接触环境，因为在这个过程中神经系统关闭了处理系统，感知不过是大脑通过单一的语言来构建一个无限微妙的意识世界（Maturana & Poerksen, 2004）。社会建构主义强调文化和语境在理解社会中发生的事情及在此基础上建构知识的重要性。对于社会建构主义来说，现实是通过人类活动来建构的，社会成员共同创造世界的属性，而现实在社会构造其之前并不存在，也无法被发现。我们对于世界的认识也就是知识，并非是独立真实（independent reality）的复制或者完全的反映。因此，知识在逻辑上并非是自然存在的，而是人类思维活动和社会互动的产品，人们通过相互间以及与环境的互动来创造意义：意义是被制造的，而不是被发现的。

由此，真理被定义为世界的客观反应并不存在，因为任何反映必然带有人类的主观解读，这种解读受到个人以及社会文化环境的中和与协调（Fox，2001）。Chiari 和 Nuzzo（1996）认为，建构主义试图在理论上勾连现实主义与唯心主义。现实主义认为，物质对象存在于我们的外部，独立于我们的感官经验，而唯心主义则认为，没有物质对象或外部现实存在于我们的知识或意识之外，整个世界都依赖于心灵。相对于这两种认识世界的绝然分野的思维范式，建构主义既认为世界是客观存在的，又认为这种客观存在只能通过人的思维活动加以重现，也就是需要人的大脑对现实加以主观的再生产，客观世界的物质通过主观认知的产品而实现。也可以说，我们感知的物质世界是否定之否定的产物：既是物质，又是意识，物质是基础，意识是依存于物质的产品。

尽管扎根理论通常被认为是质化研究的重要方法论，受到女性主义、政治经济学、现象学等思潮的影响，其在社会学等学科分析人类现象时扮演重要的角色，但其并非对于实证主义量化研究没有影响。正如所讨论的，扎根理论并非提供了现成的研究工具，它仅仅在思维上引导了人们思考数据和理论建构的关系，将这种关系分解为并列的并存或者可能是独立的，而非是单向的先后影响的关系，取消了理论在研究中的权力，仅仅将它作为目标或者研究的最终归宿，而这种归宿的作用却被加以否认。以逻辑实证主义为引导的量化实证研究在思维方式上与扎根理论有许多不同，其讨论重视观察或者数据对于理论的表征作用，不是通过孤立的分析数据来简单推出理论，而是相反，也就是理论来指引推导过程并最终反复确认预设的结果。但是随着实证主义对于数据的相对单调的分析，现在研究也开始借用扎根理论来更加深入地探究所有观察所获得的信息的意义，而不是只观察理论所限定的事实。虽然库恩（1962）的范式理论反对没有理论或者更加抽象的范式的指引研究，将研究限定在规范研究（normal research）的范畴之内，也就是任何的观察都建立在已有研究的基础之上，藉以验证和发展已有的理论。甚至革命性科学研究虽然看似脱离了范式和规范研究的窠臼，是对于已有的范式的完全推翻，这种推翻也标志着所有的规范科学，包括理论方法甚至是研究问题的重新建构，这种革命性的研究在结果上虽然是对于原有研究范式的完全否定，其出发点和过程本身却依然遵从旧有范式的运作路径，是依照原有理论和方法的观察。由于总是不能验证范式所预定的结果而接受非"正常"的发现，或者是在原有方法难以回答研究问题时尝试使用新的方法，所以，革命性科学的过程也是遵循了规范科学（normal science）的基本思维，为新的理论和范式的来临准备了足够的数据基础，才使革命科学成为可能。

而且，相对于规范科学的研究，革命性科学构建是非常短暂的过程，在研究问题得到解决后便已经结束，其后虽然新的范式替代了旧的范式，人们使用新的意识形态来观察世界，这种新的意识形态的实践过程依然遵循了原有范式下的基本模式，也就是依据理论和范式所设定的科学叙事方式来观察议题。范式的更替只是内容的更替，更替之后的维持过程依然是既定的，也就是说，范式的建立、强化以及更替本身也遵循了不变的方式，这种不变的范式过程本身也是范式，类似于否定之否定的真理发现的过程。但也应该承认，在范式主义的语境下，并不否认在某些阶段或者某些内容上需要有脱离范式的自我尝试，特别是在缺乏必要理论和方法的情况下，或者原有的范式主体难以达到预定发现时，需要扎根理论推动下的理论方法探寻，革命性科学的部分内容的构成元素就是扎根理论方法的具体展演：在既有理论和方法遇到阻碍时，以未知的或者未被验证的理论方法来支持研究设计，就包含了扎根理论的因子。

即使在没有遇到阻碍的情况下，测量也会给无理论引导的过程留出空间，例如在问卷设计中，当对于影响构念的因素缺乏足够的理论和文献支持时，可能会使用开放式的问题，给予受访者对于问题回答的叙事自由，然后才通过对于文本的再解码得出对于概念的测量，这在问卷设计的初始阶段更加可能被使用。在问卷中增加"其他"的选项，一方面是简化测量数值的低概率个体，另一方面是有时研究并不能知晓所有可能的方差变化来源，但是将这些可能保留，相当于在模型中增加测量误差。这种扎根理论的方法与严格范式规范的方法的组合，给八股文式样的研究模式提供了有趣的变化空间，也可以得出一些规范研究所难以发现的关系。

即使理论已经对问题有了比较系统和科学的研究路径，其研究发现也总是存在可以优化的空间，甚至也存在可以完全推翻替代的可能。例如传播学构念测量中被接受的量表存在许多非同质的情况，就说明这些测量为更科学的测量提出了挑战，在这种情况下，扎根理论的思维也就可以被加以借鉴，或者可以作为类扎根理论予以使用，因为这个过程融合了经典范式的基本操作。这些非同质的量表，可能显示出研究对于理论的认识存在异质的内容，由于对于概念和理论的定义不同而造成了测量的变化。内容的异质可能并不意味着哪个测量是错误的，这些测量都可能从某些方向上对理论或者概念作了解构，解释了概念和关系的部分方差，这是范式理论出发的过程，但是对于范式以及范式的构成部分如理论的解读，则是扎根理论的展演。因为范式虽然对于科学的基本构成在抽象的层面上做了框架，其具象的因素却是贫乏的，需要研究者从抽象出发，将范式过分浓缩的概念做详细的解读，或是对模糊的关系的方向和数量进一步进行量化界定，这其中包含了丰富的扎根理论的思维。不受框架限制地对于范式的构件进行探索，然后才有可能在丰富数据的基础上找到所有解释核心构念方差的维度，并从中判定有效率的测量。

实际上量化研究与质化研究只是在数据的定义、获取方式与分析上存在差异，其目标都是为了探究人类社会的生存状态，如果这个目标可以达成，按照实用主义的观点来看，是没有真理价值的差异的。而且即使科学强调理论对于数据获取的指导作用，杜绝无默认方向的数据，在实际的社会科学研究中，我们也在经常进行这种缺乏理论支持的研究过程。虽然我们的研究通常遵循理论所建议的基本情形来进行，但是数据总是有出现反常的可能，或者虽然主要数据验证了默认的假设，部分数据却不能达到这种结果。另外，理论是抽象的，它要求研究来验证其对于社会的解释力，但这种抽象的论述并没有提供具体研究的问题，这样我们也就不能简单地依赖量表的测量问题条目来具体表征这些关系。这些表征都围绕理论来进行，理论扮演了科学探究核心的角色，测量或者观察过程在核心的周围进行挖掘，这些挖掘出的数据有些是直接表征理论的，有些只是间接地、遥远地反映理论所表述的关系，也有可能是与理论不相关的偶然现象，或者假像。对于这些数据的可能的分析是测量过程的重要组成，不但数据的分析是研究的过程，数据收集与分析之前的所有活动也都是研究过程，这些过程与理论的距离到底有多大，理论本身不能给出解释，这就需要其他理论来支持分析，甚至需要在没有任何理论支持的情况下进行初始化分析，这就部分展现了扎根理论的具体应用。

也就是说，虽然科学实证研究拒绝扎根理论的基本思想，在科学研究中却恰恰在使用这种思想来支持具体研究过程。例如在研究模型的建构过程中，经常会进行因子分析，在理论支持下的理想方式是进行验证性因子分析，但是很多情况下理论并没有对概念的测量提出符合信度和效度的量表，而是仅仅提供了概念的模糊定义，这时需要对概念做出更加清晰和可操作的界定，并进而发展适合定义的量表。这种量表所产生的数据则需要进行探索性因子分析，确认测量对于概念的贡献力，验证其在研究模型中的适配程度。这个过程遵循的就是扎根理论的思维模式。在问卷设计的初始阶段，如果对于概念缺乏完整的认识，可能需要进行前导研究（pilot study），在这个阶段有时需要使用开放式问题，如对于"组织环境"定义的认知。如果不能获得有效的成熟问卷，除了研究者自己根据定义设计的问卷问题之外，可以以焦点小组的形式询问参与者"你认为一个适宜的组织里的和谐的气氛包含什么内容？"来获取有关该概念测量的条目构成。由于参与者是组织传播的亲历者，其选择的内容比概念的抽象定义所能给予的信息要丰富的多，这种开放式的回答也可以帮助研究在正式研究中修正概念的定义，将概念意义与受访者的解码过程有效结合，从而增强测量的信度。而这种问卷修正的过程，虽然也包含理论的指引作用，更多的却是扎根理论所建议的生产方式，由研究的被试来参与研究过程，是将理论与数据收集过程并列的表现。

对于表征主义知识观来说，知识概念和其与现实关系的剧烈变化有很大的冲击：该理论认为放弃表征就等于放弃了事实本身，但是对于建构主义者来说这是非常自然的，任何的所谓的现实在我们建构它之前都并不存在，知识是我们建构了事实本身，而非人被动反映现实的结果。简单来说，建构主义者认为，事实在认知之后呈现，而反映主义者认为，现实在人的认知前存在，没有存在便没有反映，这是知识的基本思维方式，而不是相反。当人们在设计研究的时候，通常通过建构条目来试图反映现实，这种反映的依据是理论对于观察的指导，即观察工具是理论导致的结果，在具体观察以前已经假设我们可以观察到理论所预测的结果。而且研究并没有假设涵盖事物的所有属性（attribute），也就没有观察到所有的属性，只是使用已经假设和观察的数据，来预测和表征概念或者现象的全部，并且认为，这是确认的表征。这正如"无奈夜长人不寐，数声和月到帘栊"的文本，仅仅是复杂情感的部分外在表征。但是，Van Fraassen（1980）认为，没有观察事物而生成的结论虽然有理论价值，但是，只能有理由确认并且相信这些理论在所观察的事物上是足够的，却不能将此推广到理论的层面，即认为由发现得出了真理。因为任何的发现都有相反的解释，或者假设，在不能将这相反的假设推翻以前，研究工具并不能被认为是科学的，而所谓的理论也就缺乏完全的验证，由此，理论和测量都不能被用作研究工具。笛卡尔认为，理念 A 代表对象 B，前提是理念 A 的客观实在起源于对象 B 的形式实在（Cook,1987）。这从本体论上指证了客观存在的事物，对于人们通过意识对其再现的基础意义：任何建构无非是客观的外在认识形式，或者是过程；建构存在正确性，或者存在知识与谬误的清晰分野，这个分野就是建构本身是否完全而又效率地反映了存在，在测量上这个客观存在就是概念。

由此看来，不同的哲学思想都对研究的基本思维方式提供了视角，这些思想有些是相对立的，但是每一研究主义都包含了部分科学内核。即使是唯心主义的思想，认为人的意识是虚无的并不可分析的，我们依然不能否认唯心主义的价值，它与唯物主义同处于一个光谱（spectrum），只是双方居于光谱的两端。人的心理概念并非完全处于这种极端的位置，人的心理在抽象考虑上只有程度的差异，而并没有绝对的数值。从不同的角度看，这些程度也处于不断的变化之中，例如民主的概念从政体方面可以分为清晰的种类，可以使用类似于物质性的角度来将政治体制进行分类。但是如果将民主看作一种思维方式，它又是多变的，我们只能将个人的思想大致地在思想观念光谱上对其进行定位。简单来说，人的心理过程不能简单地被认为是物质的或是意识的，是主观感知还是客观存在，在测量中即使坚持其物质的本源，我们也需要认真地将其特征进行区分。仅仅简单地使用有限的数字来表现意识，正如问卷调查所经常做的那样，其使用有限选项的方法本质上是将复杂的心理简单化，忽视了人心理的复杂表征。虽然测量中有等距测量方式，人的行为在观察时却很难被等距测量。研究也发现，随着问卷选项的增加，测量的信度会下降，测量标尺越复杂，在理论上对于观察也就越精确，越接近于实际的人的行为值。但是问卷调查的完成并不依靠直接测量，而是由受访者根据记忆和心理自估等来完成。人们的直接观察存在很大误差，记忆与自估更可能远离实际数值，而且随着情境的变化而产生误差，这种误差造成的因素也是难以测量的。标尺越大，发生潜在误差的可能性和绝对值也会越大，因为测量的数值域正向影响标准偏差的范围。

  影响准确性的更大问题是，测量通常不是使用等距尺度，而是使用定序方式来测量人的态度和行为，这在逻辑本质上是违背定量研究的预设前提的。问卷调查通常使用的李克特量表和语义差异量表都是定序量表，其数值虽然有数量上差异的含义，但在严格意义上是特殊的分类符号，与文字等符号更加接近，在理论上并不能进行数学运算，也就是说，并不是真正的量化，只是使用人们通常认为的量化符号来代替了语义描述。这里的数学符号并没有严格的数学意义，社会科学计算却通常将其类似于等距的数学符号来进行统计运算，这实际上掩盖了这些数字的具体意义。进一步说，即使是有限的选项，对于这种测量数据的获取也存在着很大的不确定性，稳定性难以保证。这种定序符号的定义，在每个受访者的理解中有很高的自由度，例如对于玩暴力游戏的人，可能观察所有的电视节目都认为其内容是温和的，因为其对于传播内容暴力已经脱敏，但是对于接触暴力内容较少的受访者来说，前者的电视节目内容则可能被认为是极端暴力且应该被限制的。由此可见，光谱模式的测量存在很大的误差，或者说在实施中存在很多的随意性，需要在研究中加以控制。受访者对于自己在某测量上的估计只是在对自我信息做了简单考虑后，对于文字本身的估计，可能与测量的概念没有任何关系。例如对于利他主义的标准的测量中有一个问题是"我同意一句谚语：给予比获取更好"（Smith et al.，2006）。受访者可能同意这句谚语，但是同意本身并非支持其所蕴含的意义，在社会期望中，给予他人帮助总是被认可的行为，但同意谚语与其是否愿意从事利他主义的行为倾向可能无任何关系。

如果借鉴唯心主义的虚无观点，既承认人的意识可以被验证，同时又承认其与教育程度、收入等更加物质的概念的不同，从光谱的角度来看待抽象概念，我们可以获得更加准确的对于抽象概念的测量。从另一方面看，对于心理构念的测量过程就是唯心主义的，无法判断受访者在填答问卷时的思维活动，一切由他们自我决定，研究者只能假设其在完成问卷的过程中是按照理论中概念的定义及相关的含义来进行思维的,并且完全客观地反映了其真实想法。如果受访者的回答过程是随机的,其回答的信息并非按照研究者的定义来进行,那么认为测量可以有效得到构念的基本数据的假设本身就是唯心主义的,没有得到物质的支持,也就缺乏科学的意义。

这也给科学研究提出了需要注意的问题,就是即使人的意识可以短暂脱离可观察的物质存在,其与其他存在依然有广泛的联系。测量过程的理想状态是所观察到的数值仅仅是构念本身的外在表征,而不掺杂其他的概念方差。这种假设很难得到满足,对于构念测量的任何回答都受到各种因素的关联,模型的完备只是提高对于构念的解释,却不能解释全部的意愿,构念的方差可能只是解释了这些测量数据的很少的一部分。广泛联系的世界的逻辑,指示着看似简单的事物背后蕴含着复杂的关系,不仅构念的外显因素很多,即使是事实性信息的获得,也会受到问卷设计本身以及受访者个人因素的影响。受访者的意识与构念直接关联的因素,仅仅是这种社会存在的部分,其他社会存在与数据的关系可能也是显著的。唯心主义所坚持的世界可以脱离物质而存在,虽然存在争议的空间,或者说夸大了人的大脑对于世界认识的能动性,将物质世界与意识世界完全割裂开来,但不能否认人们的有些认识是脱离客观世界的,并不受物质的影响,至少部分意识是如此。即使意识在与物质发生勾连的时候,这种勾连也可能是随机的,甚至意识的主体也难以自我区分,到底是哪些物质在这种意识的形成中起到了主要作用。由此看来,唯心主义并非完全是反科学的,认识人的唯心思维形成的随机性,至少可以帮助我们更加注意测量中存在的误区,并尽量控制和修正这种误区,在测量数据的分析中将这种误差一起呈现。

对于建构主义来说，唯心主义是假设前提，建构主义本质上是唯心主义的，是唯心主义在科学实践中的具体表征。理论化和概念化，以及操作化定义的过程都是建构的过程。实际上从研究动议开始到数据的分析都是建构，事物本身并不能自我呈现概念的属性以及其产生与发展，必须经过人的大脑的重新解释，并最终以抽象度不同的符号表现出来。这种对于客观事物的建构，通常是将不可直接观察的构念，通过研究者的解释，以相对可以直接观察的方法呈现，至少在量化研究中遵循这种路径。具体到问卷测量，问卷问题的设计是操作概念的过程，这种过程是科学建构的，并不存在"从整体上看我是一个快乐的人"是利他主义的一个重要维度的理论依据，我们无非是建构出一个相对合理而且相对更加具体的条目，来解释另一个更加抽象的但也是构建出来的概念而已。以构念来抽象人的行为是建构，将构念以直接观察的量表来表意也是建构，而受访者对于问卷条目的回答同样属于建构的过程——按照研究者的规范来试图呈现自己的具体意义。所以建构主义在操作上接近于测量的逻辑，只是建构的过程在多大程度上表征了人的行为是需要验证的。问题不是建构与否，问题是如何建构以及建构的标准和结果。

由此，这里需要注意的是，虽然我们通过建构量表等测量工具，来间接观察意义隐含的概念，这个建构却只是在表面意义上是唯心的，也就是需要人的主观能动性来找到概念的真实表征，并使用这些表征值来定义概念的意义。其所建构的条目以及这种建构的评估标准，是而且必须是客观的"真实"的，是唯物的，条目本身也就是不以人的客观意志所转移的客观本体存在，受访者者的回答也是客观存在，应该是表征了所观察的概念的固有意义。而且这个意义也是客观存在的，它依据理论的指引存在内涵和外延。只有当建构的表征指标广泛反映而又不超越这个意义，测量建构才是有效的。也就是说我们依据所建构的测量来观察概念，从而达到意识与现实存在处在"交叉点"，这才是对于概念认知所获得的知识。从这一点来看，建构在表面看来是意识的，但其在本质上是科学真实的外在特征，所以是客观存在而不是主观生产的对象。人们在测量的这种建构过程中，没有创造或者生产某种并不存在的物质，而无非是将已经存在的，能够有效表征概念的文本通过科学的意识来加以选择。

建构主义认为，对于客观存在（reality）的反映（reflection）是错误的，因为不论是物理的、行为的还是意识的，我们没有理由相信任何一种进化的结构能够证明变化确实是在最佳的科学观察路径上。实证主义的理论不否认未来的研究可能得出不同的发现，也并不否认现在的发现可能未必是真理，甚至认为现在的、对于个体的认识也可能存在谬误，甚至全部是错误的。但是，这种承认也并不妨碍现在对于所观察事物的解释、对未来预测的可能性，以及对于理论的贡献，因为新的经验总是可能的（Bridgman，1991）。这种情况经常发生在自然科学和社会科学之中，当科学实验遇到新的研究领域或现象时，通常会期望有新的发现，但是这些新的发现并不意味着对于以前认知的推翻，而仅仅是强化我们的认知，即新的关系或者秩序确实是存在的。这种新的秩序预示着这些新的发现，可能是对之前世界认识的补充，而非替代。对于这种新的发现，既不能立刻接受，也不能立刻抛弃，不管看起来其如何微小和无关联，都需要在决定以前做多次的验证（Bridgman，1991）。真理处在不断的发展之中而不是孤立静止的，真理和科学原则不能预测所有的现象，经验只能由经验本身来决定，真理只可能预测它而对其没有决定意义。但是有一点可以确认，每一次新的经验都是对真理的验证，是与动态真理的动态互动。直接观察的社会现实不等于真理，但是，每一次观察都帮助认识对于真理的理解更接近一步。而因为现在发现没有考虑到能否适应未来现象，就否认现存研究得出的结论的价值，否认理论甚至真理的存在，是形而上学的思想，是对认知过程理解的孤立与割裂。

而且，按照库恩（1962）的范式思想，理论所支撑的研究中，范式对于值得研究的有趣问题、解决问题可能的解决方案、获取这种解决方案所经历的路径，以及评估解决方案是否成功都做出了清晰的界定，科学研究是按照这些预设来进行的并最终达到这种预设。因此，按照这种思维方式所进行的研究，就称为规范科学研究。我们获得的结果无论如何都与通常意义上的"有趣"无关，因为这种科学发现与提前所预设的高度重合，重合的程度本身也被认为是判断科学研究成功的标准。规范科学的目标是为了发现默认的假设，想要获得超出了理论期望的发现不但可能被认为失败，甚至可能在研究起初就被认为是错误的。如果我们的研究超出了理论所能预测的范围，规范科学会鼓励研究停止进而尝试其他数据来继续新的观察，直到验证理论的导向结果。如果在研究中多一个选择，反思这些发现出现非正常值的原因，重新审视理论，而不是怀疑数据收集的过程存在错误或者误差，我们就可能获得革命性的科学发现，并带来科学范式的根本改变。这种过程当然是更加有趣的，但这种过程违背了科学哲学的基本实施逻辑，而这种违背，也恰好是扎根理论所推崇和建议的、实践科学研究所应该遵循的路径。

第三章 构念的解构

社会科学研究的贡献在很大程度上是归于对理论的贡献，也就是扩展了我们对于理论逻辑的认识，或者将抽象理论的核心和外延做了更清晰的界定，或者厘清了概念的意义，或者将理论的应用的情境加以阐明等，最终将理论建构的更加完善。测量作为研究的重要组成部分，是在科学之轮中对于概念进行观察的中间阶段，直接关系到对于理论中概念观察过程的科学度，由此测试得出的结论质量必然也影响到对理论的贡献。

到底什么构成了理论贡献？什么科学发现似乎拥有意义，却可能对于理论的意义很小？Whetten（1989）认为理论贡献关注四个因素：被认为是应该被考虑的能够解释社会或者人的现象的因素或概念，也就是哪些概念应该被包含进入理论探索中；这些因素之间的关系；这些有关系的因素之所以重要的原因，也就是需要为所提出的导致关系提供心理学机制等解释；这些因素以及关系有效运行的人、空间以及时间情境，这是为理论的适用范围划定界限，防止对于理论的过度使用。理论不仅仅帮助我们增加对于研究论述中的用于解释社会现象的狭义的概念关系的认识，也能对验证过程的优化进行背书。方法论的优化可以从不同构面来帮助观察概念间的关系，在一定程度上表明了理论在研究中的兼容性。而且，理论不仅仅是科学研究中对关系的论述和观察的指导工具，它也是测量工具本身的工具，在某种意义上，可以说是观察或测量过程的指导意识形态，帮助研究设计来观察研究过程中测量的科学性，验证理论过程中的测量同时在验证测量理论，而对于测量的有效调整本身就是理论贡献的构成部分。

理论贡献是研究价值的本源考虑因素，其中首要是选定构成理论的概念。概念是理论的核心因素，也是理论贡献所考虑的核心因素，社会科学研究的过程无非是围绕着定义和观察概念来进行的。在研究的任何阶段，理论都扮演着显性或者隐性的角色，测量的目标概念是理论构成的基本物质，概念从定义到测量绝不是独立自发的，同样是理论建构过程的有机部分。首先，概念的定义在很大程度上是为理论服务的，虽然客观世界的事物的抽象化有时是孤立的存在，我们只是满足于对该概念的独立观察，或者创立某些概念的起初目的只是为了有效的分类，还未深入到分析其形成与变迁的过程。但是，在更多时候，我们设立概念是为了观察其在社会中的角色与作用，以及和其他概念间的互动关系，这个时候必然借用到各种理论来对互动进行有效观察，理论就变得重要起来。而且即使我们只是关心概念的独立意义，没有关注它在社会中的影响与互动关系，这个过程可能同样需要理论的介入，因为在很多时候直接观察概念是困难的，意义只有在与其他概念的相关勾连中才得到显现。

所以，概念的定义过程以及测量过程都是理论的展演过程，而理论贡献在很多情境下，也可以被用作考虑测量的贡献的重要标准，而这种特征也确实可以被有效地应用到测量上来。测量质量首先考虑测量中条目是否包含"正确"的因素，这里正确的标准是全面（comprehensiveness）和俭省（parsimony）。全面是考虑测量是否涵盖了概念的所有相关构面和维度，俭省是考虑测量是否将不能增加概念认知的测量构面和维度全都删减完毕（Whetten,1989）。全面通常发生在测量设计的最初阶段，人们倾向于将与概念意义相关的测量因素都集合在内，之后再对这些因素按照某种标准进行必要地筛选，以求得测量质量与效率的平衡。这个过程类似于从抽样特征推论发现人群特征或者关系的基本路径，在抽样以前需要寻求到符合定义的所有可能个体，否则抽样不能反映或者表征整体特征。在这个过程中，对于全面和俭省两方价值的敏感是测量所需要的特质。不过，在理论上并没有固定的标准，来回答什么必须被包含进所设计的测量体系中，同样也没有必须的标准来限定删减的边界。虽然科学研究通常存在普遍遵循的指标，但这些指标通常也并不是绝对的真理，只是人们一般认为，"至少"或者"最好"以这些指标作为研究的基本规范。由此，研究者需要在这些规范的基本框架下，以富有逻辑和创造性的设计来使用这些标准，或者设定更加富有说服力的科学指标。

理论的构成要件之一是选定的理论构成概念之间是如何勾连的。Whetten（1989）建议使用方框和箭头来标识这些要素之间的逻辑关系，即使理论的研究者没有实际测量，也首先要确认它们之间关系的存在。在测量设计的过程中，测量条目选择的背后已经承认了它们之间的关系，虽然没有被清晰地表明，问卷调查中无论是形成型测量还是反映型测量，都可以勾勒出核心概念与所观察的变量之间的关系图。其中反映型指标与测量的关系，更加符合我们对于理论的期望。这些指标之间应该是有高度相关性的，而核心概念对于每个指标也都有高载荷。在统计上，这两个标准的理论贡献可以在效度检验中得到体现，而这也是检验测量质量的最重要的方式。如果满足了这两个要素，理论贡献就拥有了成立的基本，而同样使用到测量上，测量也可以被认为是建立了有效的文本。

理论贡献的第三个标准有时会被忽视，但同时它也可能是最有意义的。在这种理论讨论中，概念关系存在的逻辑是什么？理论故事的讲述的有趣性可能比故事本身更重要。一个充满戏剧性的故事如果被讲得支离破碎或漏洞百出，该故事就会缺乏吸引力，或者说缺乏实用主义意义上的价值。理论的建构需要陈述概念间的关系，而这种陈述本身也需要理论的支持。理论的发展需要挑战或者延伸我们对于原有理论的认识，而不是简单地重复我们的已知。这对于理论建构的要求似乎是应有之义，但对于测量可能就显得困难了。如果测量已经存在并且被证实有令人满意的质量，我们通常会被要求尽量直接地使用这些测量而不是试图去挑战它，而任何可能的改动都会带来发现的变化。毕竟研究的直接目的是使用这些测量来验证假设的关系，从规范科学的假设来看，这些改动并不总是被鼓励的。但是，从测量发展的角度来看，原有的测量虽然可能是令人满意的，其他的研究也可能多次使用它对相关理论做了验证或者延展，但是，即使这样，这些测量也绝不是完美的。如果有理论可以支持增减的条目的原因，我们观察概念就可以更加有效，这种增减，甚至是完全的改变也是可以成立的，这是前面两个贡献的构成要件之所以有意义的逻辑支撑。库恩（1962）的范式理论重视规范科学对于知识"立"的积极作用，但同时也承认革命性的研究范式的改变对于知识"破"的有效推动，这也是重新成立规范科学的重要步骤。

第一节 概念与定义

社会科学作为科学社群的互动场域,其存在交流和理解的一个重要前提,不是对于现实社会的观察,或者理论与方法的使用,而是在理论的解读过程中首先得到社群成员对于同一概念的共同理解。在不同的社群或文化情境中,概念的理解很容易产生异化,因此,概念与概念化是研究的重要步骤,甚至被定义为包含人文科学和社会科学在内的科学研究的最基础一步。没有完整而清晰的定义,研究者无从找到问题的出发点,因为概念是理论的核心构成要素;而缺乏大家认同的能够在同一层面上理解的概念,在学术社群内的学者将难以理解其他人所研究的问题的意义,而社群之外的群体看到的是纷乱的、缺乏相互联系的研究个体,无法获得对于学术的共同欣赏与借鉴。但是也有学者批评,许多论文在研究的开始缺乏对研究中核心构念的定义,研究的起初,文本专注于纷繁的但同时经常是互相冲突的概念、定义的审视,此时应该的工作是深入考虑并解构这些概念和定义,最终合成或者替代这些概念化(conceptualization)(MacKenzie,2003)。

在数据的使用过程中,研究分析经常要将概念与数据联系起来,这就需要我们清晰地知晓概念的意义以及如何来定义概念。概念的准确设定与定义可以用"子非鱼安知鱼之乐"来做模拟:庄子与惠子在鱼的情绪变化能否被认知上产生争议,惠子认为,庄子非鱼,所以难以理解鱼在当时是快乐的还是痛苦的,而庄子则反驳惠子并不能确定别人的自我决策过程,所以也就不能否认别人已经理解鱼的情感。这个简单的论述中间蕴藏了许多有趣的逻辑,同时提供了多个研究问题,其中核心问题是人是否可以理解自我身体之外的外部世界，即人是否可以准确地认知自身、认识自身之外的现象，以及现象背后的影响与决定因素，或者说能否抽象或者概念化地认知人自身之外自然界或人的自身行为。对于这个问题的回答本身已经存在很大的争议，阐释主义心理学坚持人与社会的存在与变化不能被科学观察，只存在于合理的解释之中，也就是客观存在于主观。今天社会科学存在的原因就是认为人类社会是可以被认识的，但是即使认为我们可以认识我们之外的客观与主观世界，我们依然要问认识从何开始，在何处结束？就庄子与惠子的矛盾论证而言，首先这个问题我们可以同时驳斥庄子与惠子，庄子非鱼但是可以观察与理解鱼，惠子虽然不是庄子但也可以观察与认知庄子的态度与行为。

　　下一个问题就遇到了本质问题，如何认知？庄子可以知晓鱼的快乐，首先要理解快乐这一概念的精确定义，这个定义是由研究者庄子自己来完成的，如果这个定义被惠子或者其他学者清晰理解，这里应该注意的是其他人理解而并非一定要接受这个概念，我们才能理解庄子对于鱼的研究的其他过程和发现，否则鱼还是那条鱼，庄子还是庄子，惠子还是惠子，三者都生活在各自的、排他的自我世界中而不能理解相互的观点。简单地说，庄子如果将"鱼之乐"定义为"出游从容"的行为，那庄子通过观察濠水中鱼的运动情态得出的结论是合理的。惠子虽然可能不能认同庄子的定义，但是可以理解与此定义相关的推理过程，他们可以在此基础上对于鱼的快乐与否进行更加科学细致的观察。相反，如果庄子没有清晰定义或者该"出游从容"的定义没有被公开，惠子认为的快乐是"鱼戏莲叶东，鱼戏莲叶西，鱼戏莲叶南，鱼戏莲叶北"，如此惠子或者其他文人无从理解庄子的研究逻辑与最终"鱼之乐"的结论。

　　社会科学描述和解释甚至预测人的行为，在很大意义上是通过抽象的概念来将具象的人的行为联系起来，概念是社会科学范式的结构骨架，是人类具体观察到的社会现象的背后基因。概念是对社会现象的分类，从而将复杂与混乱的社会现象、体验划分为清晰的部分，以便于我们对观察的过程加以管理，并能使社会现象之间进行抽象而有效率的沟通和理解。在这种意义上，概念是社会科学领域的核心理念并在科学中系统性地重复回转，或者反复被加以清晰化观察，与具象的社会现实互文却又独立存在。社会科学研究首先需要将概念的抽象与具象都分析清楚，大家都熟悉概念的基本意义，但是在研究中概念却又往往容易被混淆，在定义上产生偏差，与引起争议的概念化以及概念化过程（conception）交叉使用。概念化为量化研究以及可持续的学术争论打开了路径（Jensen, 2013）。

　　根据概念在理论验证和建构的关系中的不同，定义分为概念性定义和操作性定义，这两个定义类型在逻辑意义上是相反的，概念性定义是抽象地表述概念的意义，并通过文本来具体表述所框定的概念的基本属性。而操作性定义的方向则相反，它是描述概念的基本观察、测量和操控的方法，是抽象定义扎根为具象的过程。虽然有些概念在学术上有比较一致的定义文本，也就是大家共同认定某概念由何种域来构成，但是在具体的研究中可以根据研究问题提出不同的定义，实际上在不同的学科中甚至是同一学科的不同研究间概念的定义不同，需要根据定义来具体设定操作性定义。在某种意义上，同一构念在不同研究中的定义可能是重合的，也可能是交叉的甚至是分离的，所以首先需要对于概念的定义作区别归纳。概念的操作化定义"被用作把抽象概念与它们的现实世界所指（referent）

产生联系以使其可以被适宜的方法观察的过程,既包括归纳也包括演绎推理。它可以被进一步分成意义分析和实证分析"(McLeod & Pan, 2004)。这个过程是从抽象到具体,也就是将理论中的基本要素分解,使其变得可以观察。在这个过程中,抽象的概念被系统地关联到这些构念中可观察的变化,这些变化是现实世界中人们所熟悉或者是可以被直接感知到的,例如服务质量可以与服务过程中微笑的数量相关联。

在哲学和心理学等社会科学中,通常有关于概念化和概念的自然状态的理论,其中古典理论和原型理论对于社会科学的概念定义影响最大(Forker, 2016)。原型理论作为一种分级归类的模式,认为在同一范畴中,某些项目相比其他项目更为接近核心。按照这种理论来定义概念,每个具体物质或者属于某个概念,或者在概念之外,但是,对于概念来说,不会存在模棱两可的归属不确定的个案。而且,归属于同一概念下的物体都是概念的合理成员,是概念存在逻辑的组成部分,这些组成部分依照某种规则而产生联系(Forker, 2016)。按照古典理论,概念里的个体成员仅仅存在归类关系。例如动物的种类包括鱼的种类,后者又包括淡水鱼的种类。类别关系可以转移,比如淡水鱼都是鱼,鱼都是动物,所以淡水鱼是动物;相反,这种关系是非对称的,在逻辑上这种关系不能反转,例如,判定所有动物都是鱼是错误的。

对于理论,概念定义的模糊带来理论关系的模糊,或者使得该理论失去解释意义。对于测量,粗劣的概念化会产生更多严重且根本性的负面影响:第一,因为概念从来没有被足够定义,也就难以发展出有效的测量来诚实地表征概念的所有蕴含领域(Mackenzie, 2003)。再回到"子非鱼"的论述中,庄子必须清晰地知晓自己对于"鱼之乐"的定义,才能够借由观察获得的数据来证实鱼是否是快乐的。缺乏了准确定义，也就无法知晓到底要观察鱼的哪些行为来推测鱼的情感状态。而在现实中，人的心理概念存在着表面看似相同，实际上却差异甚远的现象。例如在健康传播中，风险感知与风险恐惧可能会被混淆，人有时自己都难以分清是在认识社会，还是在对于社会进行评价。定义不清则测量不清，其造成的首要后果是对于类似的变量的测量域的相互交叉，由此发现的关系往往是被夸大的，也就是我们在试图解释另一变量的方差时，实际上是在直接观察被研究的因变量的方差，而不是通过另一个变量来表征它，真正的关系被掩盖了。第二，缺乏对于核心概念的清晰定义，难以准确地表明概念是如何与测量产生联系的（Mackenzie，2003）。第三，不完整的概念定义损害研究假设的信度（Mackenzie，2003）。科学研究在多数情况下需要直线思维，也就是概念间的直线联系的稳定化，在研究设计的每个阶段，概念都需要能稳定地存在于抽象的路线图中，其定义和相互关系的方向也被设定为不会发生变化，这个路线图的验证过程仅仅是按照定义来具体操作的。如果缺乏准确的定义甚至没有定义的概念，这个结构路线图就缺失了稳定的"锚定"，我们对于概念的理解可能处于动态的游移之中，这种关系在多大程度上存在也就失去了确定性。例如，第三人效果的研究中包括感知和行为两部分（Sun et al.，2008），虽然效果感知得到一般确认，感知对行为产生的效果却存在很大的变异，这在很大程度上归于相关研究对行为的定义缺乏统一的清晰界定。不同的研究游弋在具体的行为倾向中，缺乏抽象的、清晰的行为界定，其关系也就缺乏稳定的预测，这在一定程度上削弱了对于第三人效果建构的贡献。

在研究中，科学而有效的定义应该具有以下几个特点：

(1) 使用清晰而不是模棱两可的术语;(2) 采用与以往理论相一致的方式;(3) 并且清晰地与其他概念进行区分开;(4) 具体地陈述概念主题(Mackenzie, 2003)。可见概念的定义首先是限定其意义,并且这种意义是在与其他意义的互动中表征出来的,这种互动同时又意味着概念之间存在清晰的分野。互动与分野的设定依据是理论,理论指引了概念的意义以及概念在呈现这种意义时的自由度。理论的优越性部分反映在它适用的广度上,理论的预测范围与情境越广泛,理论也就越具有价值。但同时理论也不否认自己适用的范围是有限的,存在对于关系意义的核心论述,并在潜在的假设前提中暗示这种范围,以避免人们对于理论的过分甚至是错误的使用。作为理论构成要件的概念同样具有这一特点,脱离了具象信息的概念,需要最大限度地概括相关的物质。而概念的抽象程度在一定意义上反映了这个概念的价值,但是概念存在层级,在物质的总体框架下,形形色色的物体类别使得人类对其的观察更有效率。过分抽象和虚无的概念定义与此相反,造成我们对于世界的认识无从开端,因此需要在适当的空间里找到区分他们的标准,这种标准就是由概念的定义来完成的。为了科学地完成这个目标,一个好的定义也会具体列明该概念的价值在多大程度上会随时间、空间、案例以及条件发生变化。如果概念是多向度的,下级维度以及上级概念之间的关系也将被具体陈述(Mackenzie, 2003)。

对于概念的定义不能太宽泛,因为具体度不够的概念在测量中缺乏核心领域,这样测量难以真正地观察构念的意义,观察获得的关系可能存在欺骗性,因为我们无法知晓是构念本身与另一概念有关系,还是构念中的具体因素与其他概念有显著关系(Rosenberg, 1968)。一种似是而非的定义方法是通过陈述该概念的前提条件或者它所产生的效果来间接地表征其要素构成，也就是呈现前置条件（antecedent）与后果（consequence），而实际上没有阐释概念的构念内容本身。如将代理人效能定义为由第三方群体或个人产生的能够引起个人信心的心理状态还是不够的，因为该定义只是设定了效能产生的主体以及对于后续的心理或行为的影响，实际并没有触及相信第三方认为"我"拥有有效行动能力这一核心构件；代理人效能由此可以被定义为"个人对第三方个体或者人群有能力来为了该个人利益有效发挥功能的自信程度"（Bray et al.,2001），这个定义表明了构念的核心域"对他人能力的自信程度"，该构念的前提条件和可能导致的效果并非定义必须涵盖的内容，这些因素可以在对于构念的解释中通过与核心构念的联系来间接验证构念的意涵，但其本身并不是属于构念的域的内容。增加了前提条件和结果以及核心构念有关的其他概念，混淆了概念间的界限，对于核心概念本身以及涉及核心构念的理论也是有损害的。

对于足够有效的定义特征，Rossiter（2002）认为，概念的定义应该涵盖三个因素：目标实体（object），包括要素和构成部件；特质（attribute）；以及评估实体（rater entity）。例如广告参与度可以被定义为"人对于广告的感知关联度"（Zaichkowsky,1994）该定义具体表明了目标即"广告"，特质是"感知广告相关性"，而评估实体则为"人"。如果缺少了这些因素，概念在测量时将缺乏操作性检验的具体路径。这个定义实际上将概念本身没有包含的特质也囊括其中。例如上述例子中的"人"是广告参与度的解释对象，其本身并不是参与度的内容，仅仅是提供了观察的情境，或者说是前提假设，是对于人所组成的社会中的广告参与度的解释。抽象来看，火星人对于广告相关性的感知也是广告参与度。

通过清晰的概念化和操作化定义,概念应该对于理论的构建有强力的解释和巩固作用(Nah,2011)。社会科学研究存在着两种截然不同的对于理论本身的定义,规范化理论(normative theory)论述社会"应该"是什么样的,其从批判出发来观察社会,对于社会现实的观察并非最终目标,而是作为比较的对象,通过比较来验证"应该"的事物,甚至该研究思维也并不关心社会现象产生的机制,其研究发现结果是"应该",而不是观察的社会本身,社会现实存在对于其研究发现只是参照物。与此思维相对应,实证主义理论(positive theory)对于社会是什么的问题做出回答,其对于社会是否"应该"如此,或者对理想的社会想象不关注,而只是观察现存社会存在的原因并基于此对未来社会做出预测,但这个预测绝非"应该",而是现实社会的逻辑延伸。在量化研究中,理论被认为是可观察、可验证的,所谓研究无非就是按照理论的指引方向来对理论中的概念进行操作化解读,然后通过某种工具来进行具体观察,并最终推论回到抽象理论的过程,这种过程是操作主义对于理论的贡献。规范化理论也有类似的论证体系,对于理论中的概念加以阐释,通过逻辑关系的推演来支持这种理论。虽然"应该是"是尚未发生的现象,不能被直接观察,但是在解释主义的语境下,概念也是建构理论的最有效构件。

概念化定义是概念发展与清晰化的过程,也就是使用文字对概念做出内涵与外延的界定以使得概念有精确的可抽象感知的意义。这个过程是对具象的世界进行抽象化的过程,使用相对抽象的文字来对社会现象做出高度的概括和总结。研究的目的是有关理论建构的验证与扩展,理论是概念所构成的抽象的关系,而概念是抽取了具体时空构件的抽象"抓手"。在概念的定义中,概念的含义有时不能使用单一的语义类别来进行区分,此时我们将概念的不同意义分为不同的组也就是"维度"。例如远真(telepresence)是一种虚拟的"在那儿"的感觉,是人们感受到并将人转移到一个虚拟的环境中而产生的真实感(Lombard & Ditton,1997)。从不同角度理解,该概念的定义有多种,因为这些定义又产生了多种维度的解读,其中的重要争论是远真是否必须与媒介有关,因为人类对于世界的建构及感知自我,处于这种建构的虚拟世界中是长期存在的心理现象,数字媒介的出现使得这种虚拟真实更容易形成。现在人们一般称脱离了媒介中介而产生的虚拟现实感为在场(presence),存在媒介引导作用而产生的虚拟真实感则为远真(telepresence)。而 Lombard 和 Ditton(1997)将远真分解为六个维度:社会丰富度、真实、移植、沉浸、媒介中的社会角色、媒介即社会角色等。这些维度解释了这一抽象概念的各个侧面,今天传播学研究通常从这个定义出发来分析与其有关的社会问题。

另一种对于构念定义的误区是提供例证来代替抽象陈述。仅仅列明例证存在的潜在问题是,包含在定义中的例证是否是全部意义的展示,或者新的例证是否需要被排除在概念的范围之外(MacKenzie,2003)。例如将政治参与定义为"包括参与政治问题的讨论或给政府写信表达意见"是不够的,定义的基本原则是提出能够将这些例证结合在一起的、具体的背后主题。实际上如果没有抽象的论述而仅仅提供例证,研究通常无法判断到底需要多少测量条目,来有效地考虑概念的每一个侧面,因为这些构念并没有列明这些抽象侧面,越抽象的构念越需要清晰的概念的领域和范围。从理论上说,在定义中列明例证混淆了概念和对于概念的定义,或者将两者的功能混淆了,试图使用概念本身来测试概念。而概念测量的基本逻辑,是使用概念定义之外的科学工具来指证其意义，类似于物体与镜子的关系，而例证化的定义是将物体和反映物体的镜子合成一体，变成了同义反复。

对于概念的定义，我们可以以游戏者身份识别为例。在虚拟游戏等在线或者非在线游戏中，游戏者往往会与游戏中的人物产生一种虚幻的合二为一的感觉，在潜意识里将自我物化成游戏中真实场景的参与者。例如在射击类游戏中，随着对于游戏的浸入度的提高，游戏者会感觉自己就是处在激烈的枪战场景之中，自己被媒体视觉因素所导致的卷入感虚拟移动到现实景观中，周围一切都是正在发生的社会现实，而自己就是参与制造这种现实的人，是场景中的主角。这种人对于个体和自我认知的位移，很像庄周在梦中幻化为蝴蝶，逍遥遨游于天地间，完全忘却何为庄周这个本我。此时我们可以更进一步分析，庄周在感觉自己是蝴蝶后，即拥有了蝴蝶的无忧无虑的情感与遨游天地的倾向，不再以人的身份来考虑周围的事物，虚拟游戏的作用也会产生类似的效果。这种"天地与我并生，而万物与我为一"的精神状态消除了人与物的间隔，破除了主与客的分离，是一种人的自然状态，在任何情况下都可能发生。其中媒体所创造的"远真"对于它的形成有很大的影响作用（Lombard & Ditton, 1997），也是许多媒介效果产生的核心因素。但是对于这种"万物与我为一"的感知的定义，却并不存在统一的文本，缺乏学术社群都认可的定义，甚至对于与这种概念有关的社会现象进行抽象的概念化也存在分歧（Cohen, 2001; Looy et al., 2012）：相对于身份认同对于媒介效果影响的研究，对这个概念的研究并非令人满意的。例如有些研究将游戏身份认同定义为参与到角色行为过程中所产生的情感体验或是艺术感受，这样的定义将认同理解为"与我为一"之后的结果，实际上这个定义落入了被批评的定义的方式类别中（Bray et al.,2001），以前提或结果替代了意义本身。

在另外的时候，身份认同与超社会交流、仿真以及模型化等概念会发生混淆，没有特别地呈现这个概念本身区别于其他类似概念的特质（Cohen,2001）。虽然身份认同在概念意义构成与人对于自我的认识过程中，与想象（imagination）和意识（consciousness）都有关系，但是他们在本质上又有着区别：认同需要我们忘却自己而承担认同目标的身份（Cohen,2001）。这个过程与想象的不同是后者是对于别人的特征的认知，是外化的行为。无论对于别人的形象在认知上的呈现如何接近于现实，所想象的结果依然是"他人"，而与自己无关。而认同是将他者身份内化成为自我，他人即为自我，或者说经过认同的过程后，他人特征消失而只存在自我特征，内化后的自我成为内化前的自我与目标他者的单一复合体。

在社会科学的研究中，对于有许多核心概念，大家似乎知晓其基本含义，也在研究中使用这种大家都模糊知晓但其实尚未被明确界定的概念来分析社会现象。或者大家基于自己的认识，对于概念做明确的或者模糊的界定，却可能出现对各种定义间区别的忽视，这在某种程度上造成了研究从观察方法到研究发现上的错接，甚至出现矛盾的发现。例如，对于媒介接触中的脱敏效应，特别是非社会期望的媒介信息频繁接触产生的脱敏以及其他相关影响是有趣的课题，但是对于脱敏在传播学中的定义，有可以优化的空间。例如 Wilson 和 Smith（1998）认为，"脱敏指重复的刺激导致刺激反应减少的过程"，这个定义比较精确地表明脱敏的"反应减少"的核心领域，但是反应减少未必是重复的刺激造成的。而且"反应"本身是一个需要测量的潜变量，其很多意义不能被直接观察，例如情感、认知以及与这些有关的行为等。另一个定义认为,"认知脱敏指人们越接触暴力越认为暴力是正常和可接受的行为的想法"(Huesmann et al.,1997)。这个概念将概念产生的影响或者效果等同于概念本身,实际上混淆了概念之间在域上的差异,将相关的事物误解为同一个事物。

当然,概念既然是被建构出来的,其以抽象文本来再现社会现实,对其理解允许有不同。但是,这种不同需要做清晰的界定,而不能未加任何阐释的留在黑暗之中。社会科学研究可能没有统一的答案,但是,对于问题的理解应该是统一的,否则研究讨论没有稳定的基础。概念越抽象,对于概念定义的差异就越可能发生。例如社会现实主义是人们在接触媒介信息时的一种意识反应,它可以是人们稳定地对于媒介信息的总体评估,也可能是随着情境变化而变化的具体认知,或者说是人们将被媒体报道的事件的感知判断为完全的真相(Liu et al.,2021),而在其他研究中它完全可以有其他的意义限定。只要不同研究对于这个概念定义清楚了,人们可以理解在不同情境下该概念的意义,以及这个概念与其他概念间的关系,未必一定需求得概念意义的同一;相反,这种对于概念意义定义的不同,可以被看作为概念作为变量在意义上的维度,人们对于这些维度的认识,为最终获得概念的单一意义准备了数据支持。

第二节 对构念的观察

构念和对于构念的测量是两个概念。构念是引起人们理论兴趣的、对于社会现象的概念化术语(Schwab,1980),它是构建出来的但同时又是脱离人们意识的客观存在,是意识对于客观世界现象进行归纳后的抽象再现。在社会科学中，构念测量是通过观察访问等各种方法获得的，对于可直接或间接感知的事物的表征数据。我们对于社会的研究的理想状态，是直接观察抽象的构念之间的相互影响，例如社会资本与幸福感的关系。但是，这种对于意义的解读如果只停留在抽象层面上，则进入了解释主义的范畴，在没有证据的情况下可以有多种文本，很难产生甚至是永远不会有人们都认同的结论。这种情况的出现违背了科学的基本假设：可验证、可证伪。对于包括传播学在内的社会科学来说，如果我们需要实证概念与概念之间的关系，就需要将这些抽象的构念再具象化，也就是对概念进行"操作"，使其在实际观察中有具象的标准和路径。

由此，在实证研究中，我们实际上并没有直接观察构念与构念的关系，而是观察了被"测量"的构念之间的关系。但是，许多时候我们将这种测量的构念等同于抽象的构念，实际上测量的构念只能无限接近真实的构念，却永远无法与之重合。例如使用每天微笑的次数或者时长来测量人的快乐程度，如果我们假设快乐可以使人产生微笑的行为，或者说微笑就是快乐的外在表现，那么对于这个微笑的观察，以及与其他的快乐表现行为的算术和，就可以被看作快乐指数，我们在研究中就使用这个指数来代表快乐。通过微笑数量等可观察的指标来代表抽象的构念，虽然不能完美解释构念与构念的关系，但是，这些可测量的指标为社会问题的讨论提供了可验证的依据。通过研究，对于这些指标进行优化，使这种依据更加具有可复制的稳定性，以及对于反映构念的准确性，如此观察获得的数值会越来越接近于构念本身。但是，同时也要表明，测量依然不是构念本身，我们在使用测量来验证关系时，需要定义这种测量与构念之间的关系，包括其在多少程度上表征了构念，以及没有被测量所解释的构念同样需要有实证的数据。

在探讨问卷的优化以前，需要对于测量（measure）做清晰的定义，测量是通过自我报告、观察或者别的方法所获得的观察数值（Edwards & Bagozzi,2000）；测量不是测量过程或者工具本身，而是这些手段所获取到的分数（score），无论工具的质量如何，我们都会获得有关构念的测量。这与我们通常认为的测量在意义上存在差异，我们习惯将测量看作过程，而在社会科学研究中，测量是结果，我们看到的问卷或者编码的过程是测量方法或者测量路径。由此，我们对于测量质量的考虑是对于测量过程所获得的数值，能在多大程度上反映概念意义，或者是解释了概念。如果获得的数值表征了概念的意义，则测量是科学严谨的，相反如果通过各种检验工具，发现得出的数值不能有效地表征所需要测量的概念，那么该测量的过程不论在实证过程中看起来如何精确，都是缺乏科学意义的，可视为观察的失败。

为了达到观察数值对于构念的准确表征，一个简单的逻辑过程是每个概念在定义时都需要界定其域，也就是其主要矛盾，然后在对概念进行观察时，需要根据域来试图探求可行的测量工具。这个域就是概念的"中"，即本体的意义。观察社会现象和行为，就是希望通过观察外围的各种表象，最终发现居于中间的潜在的构念意义。测量域只存在于理论之中，在实际上是寻找最能具有代表性的测量项目，也就是集中趋势中的理论值分布的中心值。从统计学的意义上看，如果将构念的所有意义模拟为分布，那么域则是这个分布中离平均值最近的范围，这个范围的均值就等于构念的最本质意义，也就是所谓的真理。由此看来，将概念进行清晰的定义，在测量过程开始前界定域的内涵与外延是首先且必须的步骤，没有清晰的定义，测量的设计就缺乏表征的依据,不能将域的具体意义通过具体的文本展演出来。而坚持了"中"的原则,便在实际操作中将偏离概念的意义尽可能减少到更小的程度。

按照调查问卷的设计理论的不同,问卷的生成原则可以从多个角度来进行分析。其中,隐性测量(implicit measure)和显性测量(explicit measure)是从问卷设计是否是直接获取受访者的态度和意见的策略方面来进行考虑的。以对于态度的测量为例,隐性测量可以使受访者测量在记忆中自动生成的(automatically activated)态度(Goodall,2011),这种态度是没有被各种因素控制的"纯"态度,测量构念使用最多的即为这种方式。例如测量利他主义时,如果直接询问受访者是否愿意从事有利于他人,同时又可能对自我的利益有潜在威胁的行为时,受访者可能会受到社会期望的限制,而提供有悖于自己实际态度的数据,但是如果以多个反映该构念的条目来反复询问受访者,则可以在很大程度上消减无效数据的产生。而显性测量是直接询问受访者对于某个议题的看法和支持度等。在对于构念的测量中,我们通常以具象的条目来实际观察构念的各个维度。这种观察可以是直接观察,也可以是通过推论的方式进行观察,而后者通常也基于直接观察得出的数据进行描述或者推论,因此在多数情况下也可以理解为直接观察的延续,而非抽象的数学推论。因为构念通常已经是抽象的不能被直接观察的完整表征,也就是直接观察通常只能感知到抽象的外在呈现,在对于构念进行操作性定义时,通常使用具象的能够反应抽象的信息来呈现构念的所有意义,这与理论只能通过实证来确认而不能再单纯依赖其他理论来验证在逻辑上是一致的。因为推论中没有完全反映构念的相关因素,观察与实际的构念在理论上永远存在不能被解释的误差,有观察存在这种误差就不可避免，如果继续使用推论的方式来观察则可能会造成增大的误差。例如，在关于社会事务的问卷中，可以直接询问人们对城市生活用水质量、城市环境的整洁度、垃圾处理的质量等问题在多大程度上满意，调查研究方法中使用的李克特量表和语义差异量表通常是这种方式的。显性测量可以直接获得受访者的态度，回答的过程需要投入的认知能力较小，但是，正因为投入的认知较少，仅使用浅层次的认知所获取的数据，可能存在很大的偶然性和不稳定性，不同情境下的同一问题获得的数据可能完全不同。

这种显性测量方式的另一优势是，如果受访者可以真实地表达自己的观念与态度，后期的数据分析则可以直接进行统计运算，从而发现构念之间的关系。但是，这种测量的假设前提，是受访者的态度表达是自然的，是仅仅基于记忆所做出的直接判断。在理论上，可以使用一个简单的二元模型来表示 $Y = a + bX$，这里 Y 是观察得到的对于问卷条目的选择数值，而 X 则是真实态度本身，也就是说，对于问卷的选择只受概念本身影响。例如，我们对于捐献造血干细胞的态度，如果受访者只是考虑捐献造血干细胞的影响，而且认为这种捐献可能对自己造成损害，可能在 5 分量表中选择表示态度低的分数，这种选择是自动的、只受自我真实态度影响的直线反映，我们可以把这种选择过程定义为自动或者直接的认知反应。在实际的问卷参与过程中，受访者的态度表达在许多情境下并非如此，而需要经过对于各种因素的仔细考虑论证之后，才做出他们认为的最理性的解答，也就是受访者的回答是复杂的、多元模型的综合体现，如 $Y = a + b_1 X_1 + b_2 X_2^2 + \cdots + e$ 等。这个模型中除了 X_1 代表实际的态度之外，其他因素如社会期望等都可能对于条目的选择判断产生影响。显性测量的另一假设前提是真实的态度解释了100%的条目选择,而通过模型可以看出,这个影响因素对于模型的回归系数可能会比较小,其他未发现因素扮演了更重要的影响作用。例如在上面的例子中,即使受访者本身态度负面,但是,社会的责任心、周围人可能选择的压力,甚至是受访者当天的心情都会促使其选择其他选项。这个模型中还有 e,也就是随机的该模型不能解释的其他因素对于选择方差的贡献。由此,当这种假设前提不能满足的情况下,显性测量所获得的数据就存在许多表征构念的信息之外的影响因素,除非我们可以发现影响模型并加以统计、分析和验证,否则我们无法确定反应构念的正式数据。

因为 $Y = a + b_i X$ 是观察构念的理想模型,我们需要寻找能够实现这种模型的问卷调查设计,隐性测量可以在理论上更加接近于实现这种模型。这种方法在实验中经常被使用到,例如心理学实验中经常出现的投射方法(projective techniques),该方法通过对被试者的行为呈现,如对所描绘的图画的解码来分析其性格。这种测量策略的目标,既是观察到与所测量的构念相关的表现内容,同时控制住其他因素对于这种观察的影响。由于受访者的自动激发的态度(automatically activated attitudes)与有意识地认真考虑后获取的审慎态度(deliberate attitude)是截然相反的信息处理过程,测量需要避免受访者有意激发对信息的过度建构。需要对受访者的信息处理过程进行直线引导,希望的结果是直观的、单向度的认知或者态度的形成;而单向度反应呈现在问卷选项的选择中,就是完全用直接反应来表征问题,而不是反应与回答偏离直观反应。

测量条目的选择在理论上是在所有可能的、能够表征概念的、能够覆盖部分概念领域的条目中选出的样本。构念通常以潜在变量形式出现,但是其表现形式和内容很丰富,对这些信息进行直接观察就是渐进的可行的方法。这里包含了两种因素：观察什么和如何观察。观察什么的问题可以通过概念的定义来确定，例如代理人效能指的是个人对于他人（代理人）代理自己完成任务的能力的信任程度，我们通过与这个"信任程度"的核心意义组成有关的系列问题来对他进行测量，任何一个问题的增加只要是反映了这一核心，都可以被认为是测量的选择之一；但是，观察什么的过程，也就是要观察构念的那些维度，概念本身并不能完全解决。例如测量苹果的质量如果被定义为颜色与甜度值，测量得出的数据可能只是表现了质量的部分意义，至于还有什么意义没有被观察，需要对于概念做更具体的定义，也需要通过与其他构念，如顾客的选择标准，从侧面来进行模拟检验。

如何进行观察包含的信息可能更加繁杂。传播学等学科现在对于同一概念的测量，很少会出现完全相同的量表，即使是研究参考了大家都认可的量表，也会根据研究的具体情境如研究问题、文化背景甚至研究预算等对问卷进行或多或少的增减和文字调整，这样就形成了非常大的，测量同一概念的量表池（scale pool）。假设对于构念的测量存在着完整的列表，我们在实际的测量中可以使用这些量表，这是最佳选择，观察所得的总和就是测量的概念的完整精确数值。但是，这种构念的测量列表是不存在的，我们有的只是文献提供的，已经被证实是能够部分检验变量的量表，以及后续研究中基于概念的定义所建议的域，以及新增加的量表条目。按照统计学理论，这些条目的选择构成了构念的量表群（population）的样本，如果群的量表的每一条目都覆盖了构念的某一领域，我们可以使用分层抽样的方法，得到一定数量的关于构念测量的代表性样本。按照这种方法对量表群进行反复抽取，对每次抽样构成的量表取复

第三章 构念的解构 73

合值来代表该组量表个体，然后这些复合值构成对于该测量条目的抽样分布。在样本量大时，这个分布接近于正态分布，在样本量小时，这个分布虽然会随着样本的减小而远离正态分布，但是这种分布在理论上也是左右对称的，该抽样分布的平均值应该是构念的实际值。这个假设成立的一个最重要条件，是所使用的测量条目都部分覆盖了构念领域的一部分。如果违背这一前提，我们对于构念实际值的估计就不能完成。所以对于测量方法的科学性检验，一个首要的步骤，是发现根据测量条目所观察到的数值与构念的实际关系，考虑其在多大程度上能够反应这些域（domain）。

域作为一个抽象的概念，在不同的学科中有逻辑上类似但现实定义不同的含义。在数学中，定义域是函数中的自变量所有符合条件的可以被取得数值的集合，对于两个非空集合 A 和 B，集合 A 中每一个元素 x，按照某种关系模型都对应 B 集合中的有且仅有一个的元素，这种对应关系被称为 A 到 B 的函数或映像，这种映射关系用 f：A→B 表示，或者使用方程模型 y = f（x）表示，A 是函数自变量所有可取值的集合，这里 A 被称为定义域，与 A 相映像的 B 集合则是对应域（codomain），而将 A 集合中的所有数代入函数 y = f（x）所获得的数值集合则成为 f 的值域。由此看出 f（A）即 f 的值域都可以在 B 集合中找到对应的值，也就是说 f（A）⊂B，但是应该注意的是，对应域的值包含了定义域中的每个可取值的对应数值，同时该域也可能有些数值与 f（A）无关，值域仅是对应域的一个子集。只有在 f 是一个满射函数（surjective function）时，f 的对应域和值域才相等。在从广义上认识社会过程中，需要对相类似的社会问题进行必要的分类，这种分类被称为域的区分，例如可以将教育、科技、军事等作为研究的域，这些域的划分就限定了社会科学研究的每个具体范围。每个范围有固定的与其他域不同的话语体系，包括理论和研究方法以及具体的研究问题的设定等。在生物学中域的种类分为细菌、古菌和真核生物，域是最高的生物分类单元，其他分类方式包括界、门、纲、目、科、属、种等都是比域低的分类层级（Woese et al.，1990）。

域的理论意义包含许多内容，依据其反映的层面的不同，可以分为概念域以及对于概念域的测量域。概念域是对于该概念的所有意义的完整再现，其内容由概念的定义所限定。在数学上，域是有限维度的向量空间中的任何相互连接的开放子集。由于概念的抽象程度不同，有时一组相对具体的概念可以共同被一个更加抽象的概念所替代，因此概念域可以是由多级构成的。例如，认知作为一个抽象的概念可以由注意、执行功能、语言、记忆等次级的域所构成（Costa et al.，2012）。而对于概念进行测量的域，在理论上则是能够反映概念域的所有数值，在逻辑上概念域限定了测量域，他们之间的关系可以用反映型模型来建构，概念的任何变化都会带来测量的相应变化，而测量域之中的量表应该存在很强的相关关系。从另一方面看，测量域中每个条目都成为该域的一个样本，这些样本的逻辑总和构成了对于概念的测量，但是这些条目并非一定存在内部的一致性，在理论上它们只是构成测量的全部的条目分布中的某些个体。这些个体在数目上应该是无穷的，理论上这些无穷数量的测量个体就构成了测量域，在分布上随着数量的增大接近于正态分布，其均值也就是测量域的实际值。

域的概念很容易与维度（dimension）相混淆，在研究中也确实发现这两个概念有时被认为拥有相同的意义而被交复使用。域和维度都指代概念的部分特征，都被用来指代概念的所要包括的因素。但是，二者虽可能有交叉，但所涉及的因素不同，在意义上存在极大的差异。域是与范围相关联的，某范围内的所有物质都是域的构成部分。因为域的范围特性，通常需要对其周围的边界作清晰的界定，这就是相当于效度分析中的区隔效度。超出了该范围则成为另外的域，而在域内的物质同时又满足限定的特质，也就相当于收敛效度。在测量中，概念的域也可以限定其范围的主要属性。概念必然有域，域的范围的大小与概念的抽象程度直接相关，越抽象的概念其域的范围越广，而包含的域的种类也越丰富。而维度则是组成向量空间的任何基础的元素数。相对于域与范围联系在一起的意义，维度是离散的构成概念的各要素。域与维度的关系是：当构面通过理论的指引构成概念时，这些构面本身又必然是由不同的维度构成的。概念可能是由单构面构成的，也可能是由多构面构成的；类似的概念也可能由多维度或单维度构成。而构面也可能由多维度或单维度构成，当构面是单一维度时，该构面与维度重合而不再有意义上的差异。

在对构念进行观察研究的过程中，首先也要对于构念的意义的域进行界定。从数学定义域的角度来看，任何构念通过定义都对其核心定义域中有关构念的属性进行了突出表述，例如感知自我效能被定义为"人们对其能够产生指定水平的表现的能力的信念"（Bandura,1994）。在这个定义中，自我效能是个人对自己能力水平的评估，所有"信念"之中有关自己有能力完成某工作的能力都是定义域中的因素，对应满足这种函数关系的所有"信念"，就是自我效能构念的对应域。在对于潜在构念的解释中，对于抽象的文本的定义与限定、方程模型，人们无法实证地理解这些意义构成的输出值，也就是在对应域获得的数值，需要被重新解码才可以获得对于构念意义的认知，这种观察实际是低效的，也就是说，对于构念的概念化定义不能有效地帮助人们认识构念。现实的观察实际是将构念的定义进行实体化定义，即通过操作化定义来对构念意义的定义域的值进行限定。这样，在研究中我们是以具体描述来替代抽象描述的，这种具体描述使抽象事物实体化，从而变得可观察。由此一个潜在的问题是，用来表征抽象概念的事物并不等于抽象概念本身，按照符号学的基本概念，能指与所指在很大可能上是存在偏移的，观察或者对于观察信息的传播失败，在测量中则导致测量的结果远离了实际的数值。由此，我们在使用这种替代时尤其要非常小心，要阐释这种替代的理论依据，同时要解释这种替代与构念间的差异。

以患者信任（patient trust）为例，患者对于医疗机构或者医生的信任，是公共卫生研究领域的重要概念，但是人们对于信任的广义定义或者患者信任的微观定义却存在分歧。基于对于患者信任以及更加广义的人际信任的实证研究，患者信任被认为由五个相互重叠的域所构成：忠诚，也就是对于患者福利或者利益的关心，并且避免冲突；胜任力，指被信任的对象有良好的实践和人际交往能力，能够做出正确的决定并避免错误；诚实，也就是说实话及避免故意造假；保有秘密，即正确的使用敏感信息；以及总体信任（global trust），这是信任作为构念的不可或缺的核心意义，是将各个维度的单个或者多个分散的元素结合起来的综合体（Hall et.,2001）。

由于定义在测量中的重要作用，对定义的清晰表述是必要的。定义的清晰化过程，是对于概念的意义界定更加清晰的过程，也就是界定概念的内核，并将这种内核与其他并非本质的意义区分的过程。社会科学发现在多大程度上接近于社会现实，或者真实反映了现象以及概念间的关系，是将概念界定完整并完成观察和确认的过程。在这一点上，心理学相对于其他社会科学领域走的比较稳健：心理学将纷杂的人类行为首先进行抽象分类，将具体行为抽象概念化，并在这个过程中作严格定义，然后再通过观察实际的行为来表征这些概念，通过抽象—具象—抽象的、看似循环的路径获得我们对于人类行为自身的更清晰的自我认知。其他社会科学如传播学借鉴了心理学的范式思维，或者直接将心理学的概念移植到了相关的研究问题上。但是，传播学的有些概念存在清晰度不够、交叉甚至意义重复的现象，这限制了传播学研究拼图的完成效率。意义上的交叉使人们难以理解概念的真实内涵，重复的概念则产生了类似于多元共线性的结果所体现的研究冗余。例如第三人效果的"假定影响"，通常被定义为人们认为的媒介信息对于自己或者他人的影响，有时这种影响又被分为"担忧""害怕""紧张""小心"四种情感状态（Liu & Lo, 2014; Witte & Morrison, 2000）。从概念来看，这些情感状态是构成影响的部分维度，但是，离通常意义上的媒介影响在内容构件上还是存在一定的差异。这就如我们在讨论中国菜时，只摆出川菜来展示虽然不能说是意义错误，但是它涵盖的意义还不够全面。当然，在社会科学的研究中，概念的定义的完备只在理论上存在可能，在现实的研究实践中则难以完成：科学的研究只是在无限接近于真理，然而却可能永远不能达到真理。

在问卷问题条目生成的过程中，需要在选择过程开始之前考虑一些因素：包括选择项目的基本原理和选择项目的标准。单个项目的选择与子域相关，而子域需要与系统内的其他条目一起进行通盘考虑。如 Schwartz（1977）研究认为，利他主义必须满足两个构面，首先，利他主义的主体人必须知晓自己的行为可以给别人带来福利，也就是结果知晓；另外，该主体同时需要将这种行为结果的责任归于自己，也就是责任归属。从这两个构面来看，虽然它们是构成利他主义的必须同时满足的两个条件，但相互之间却可能并不存在必然的联系，即可能是相互独立的，一个构面的变化并不影响另一个构面的数值。进一步说，如果其中的构面值对另一个值产生影响，他们就可能存在共变性，在一定的标准下总是趋向于可以被共同因子所替代，也就是说可以倾覆成为一个构面。所以在逻辑上，变量的构面的理想共变系数是零，也就是应该不存在任何逻辑上的相关性：核心概念与构面之间的关系类似于形成型指标而不是反映型指标的关系。

第三节 测量理论

在社会科学研究范式建构中，人们通常认为，概念测量如何概念化有相对固定的核心意义，甚至坚持大家都使用统一的理论来引导这种测量，因为社会科学的教科书规范了这种研究的路径。但在实际的研究中，使用的理论是多样化的，正如人们探索具体社会问题时所沿用的解释理论的多样化（Borsboom，2005）。研究一般使用测量理论模型来解释实际观察到的数据和构成构念的领域所承担的表现之间的关系（Champlain，2010）。构念是描述社会现象的抽象术语（Edwards & Bagozzi，2000），其指代的现象是不以研究者的认知和解释为转移的客观存在：人们可以而且应该找到能够反映这种客观存在的测量。与之相对应的是经典测量理论（Classical Test Tehory，CTT），该理论认为我们根据测量观察到的值（X），可以被分解为被测量的构念的真实数值（T）与一个随机的误差（E）：$X = T + E$（Champlain，2010）。T在理论上是概念的实际值，在统计上是所有可行测量的抽样分布的均值，该实际值的前提是每个测量都不存在测量误差（Champlain, 2010）。测量这种观察值和实际值之间的关系的统计通常是信度系数（reliability coefficient），它评估构念的实际方差在多少程度上会被基于测量条目的观察的方差所解释。

经典测试理论的前设思维是潜在变量模型（latent variable model），前者是后者的具体实现路径。潜在变量模型假设是将潜在变量概念化为理论属性（theoretical attribute）。该模型认为潜在变量是不能被直接观察的，但是，它是可观察的属性的导致原因。在社会科学的测量中，我们经常观察的概念就是关于人的意识认知或者态度等不可直接观察的变量，而通过定义判定其属性并对这些属性进行测量则是潜在变量模型的主要目标。为了验证所定义的属性是否是变量的有效组成，以及对这些属性的观察是否科学，需要在物质化（substantitive）理论的指引下加以验证，建立统计模型来验证相关的属性指标是否适配。只有在数据与模型适配的情况下，统计才允许判断我们所观察到的数据是否为假设中的对于潜在变量的测量（Borsboom, 2005）。

在这里，有必要再重复和分析下理论的作用。研究从理论出发并最终确认和解释理论，研究价值的通常标准也是研究在多大程度上对于理论有显著的贡献（Laczniak, 2015）。这种论证解释了理论的核心以及其他的辅助作用。对于理论的认识，从不同的研究范式出发，可以获得完全不同的定义，这些定义从意义上来分至少有上百种。对于实证研究范式而言，理论需要对社会问题的现状进行抽象表征，更需要对于该问题存在的原因，以及可能的发展方向提供解释和预测。因此，从实用主义的角度出发，理论必然是有用的，而这种有用的特质可以被观察和测量，并能进行有效的比较。相反，如果理论仅仅是提供思维上的指导，而不能通过某种途径来观察和验证，则这种论述不能被称为理论，或者更严格说不是量化理论。此外，因为理论的这种有用而且必然被要求使用的特质，理论成为了社会科学研究在提出问题、分析问题、解决问题过程中的必要工具，也可以说成是社会科学研究在每个阶段，都需要被考虑的因素。

按照实用主义的观点，理论之所以称为理论是因为它"有用"，这种作用使它能够反映社会现实，或者更重要的能够预测社会现实，也就是可以用来指导人们观察社会，而且帮助人们认识尚不能被观察的现象。由于理论对于学术研究的广泛作用，理论成为学术上区分其他人类活动的基本特征：即理论是我们对于其他事物进行观察的基本工具。理论的作用也可以从库恩（1962）的范式思想中得到解释，该科学哲学理论认为，普通科学的目标是维护和发展范式，任何研究都只是建立在范式既有理论和方法之上，社会科学的研究基于已有的理论研究新问题，最有效的科学测量通常是别人已经反复验证的测量，此即为平常可行之道。测量也是遵循这一基本规范，在表述规范的基础上使用既有方法，立足于改良而非革命性变化。

中庸是一种实用主义哲学，而实用主义在主体上属于实证主义。实证主义主张将各种概念和命题还原为经验事实加以观察，也就是将抽象的事物具象化，通过具象验证抽象。我们说中庸，实际上，已经暗示了人的行为是可观察的、激进的、保守的中庸，包括其前验、过程实施以及所产生的效果。朱熹："中者，不偏不倚、无过不及之名。"儒家对于"中庸"的理解：一解"庸"为"用"，中庸即为用中；二解在"庸"为平常，即认为"中庸"为平常可行之道；三解庸为"恒常不易"，中庸之得与天地之道紧密关联。整体科学范式的意识形态就是中庸的表征：范式是所有现存的科学发现的所有相关知识，科学就要求用既有的理论，观察和验证社会问题；科学发现的目标不是发现超出人们估计的结果；而且最后的发现在现实中也并非新奇，这里讲的看似普通的发现是指科学发现通常并不是通过扎根理论的无理论指导的探索归纳而得出的，恰恰相反，科学研究建议在提出研究假设和设计时，首先要对于理论的论述做详细的解读，并将该理论应用于具体的研究设计之中，根据理论的定义和预测方向来设计测量和观察过程，而最终的研究意义也是看该发现是否验证了理论的预测。研究从理论出发，以理论作为研究的恒常不易的平常可行之道，是科学哲学所建议的研究路径，这种路径避免了研究在初始阶段出现方向性错误，或者说引导研究沿着范式所要求的方向来进行。如果研究依据理论而进行测量设计，又按照理论验证了预测的结果，那么通常会认为研究成功了；如果研究发现与理论的在地表征也就是假设发生矛盾，或者仅仅是简单地没有确认理论预测，研究也通常被认为是失败的。

尽管从逻辑上说，具体研究发现，与理论不符，可能是研究设计本身产生了系统性误差，导致得出的数据与其他概念之间的关系被污染，但是还有一种可能是研究设计所基于的理论本身存在错误，如果完全按照理论规程进行，最终如果验证了理论，恰恰说明理论是错误的。而如果通过规程得出的发现不能验证理论，而且这种验证失败总是被重复，反复出现发现与理论冲突的情况，那么研究发现，至少可以部分提示理论有存在错误的可能。科学哲学思想承认研究的目标是强化范式，通过不同的研究来完成科学拼图。这个过程既说明科学研究是依照先前的理论进行的，对于每个研究都提前有预设，同时也说明，范式为研究提供未解决的问题，这些问题同样也可以有类似的结果。但是，在既有理论反复不能解决问题的情况下，范式需要通过推翻自己来进行革命性的前进。应当注意的是，这种革命性的科学设计通常不被鼓励，科学哲学的范式规范拒绝这种对于理论的怀疑，因为以范式为出发点的研究目标是强化与发展范式，对于理论乃至范式的怀疑乃至推翻是革命性科学的目标。居中是一种社会期望（social desirability），特别是在集体主义的意识形态之中，当我们涉及价值判断时，社会态度的气候促使人们取中间之道，认为在中间之道离左右皆为平衡的情境下，真理可以得之。

但是，社会科学各领域在与社会现实的接近度上存在差异，例如经济学和心理学更加抽象，其研究的问题更加趋向于是跨情境的，也就是理论解释和预测的范围更广。而有些领域则更加接近于社会现实问题，理论的适应范围受文化与政治等情境的影响，例如在传播学的许多分领域如新闻广告中，信息的效果经常会被情境因素调节，我们可以将这种理论按照其适应的环境分为强理论和弱理论（Laczniak，2015）。在社会科学的测量中，既要参照强理论如心理学的预测，按照其验证的关系来观察测量是否可以确认关系，又需要在具体的量表设计中充分认识到情境的调节作用。例如心理学量表在传播学的研究中通常是研究设计的出发点，心理学的量表具有跨情境的适用特点，但是，在某些传播学问题的观察中，有时可以直接借用，有时则需要根据情境的不同做出必要的调整，否则可能遇到收集到的数据难以反映现实的情况。例如，利他主义和整体自我效能是关于人的特质（trait）的概念，其在定义与测量过程中，将人作为脱离了社会情境的生物意义上的个体进行观察，通常不考虑个人文化等背景对于概念和相关理论的影响，量表也被直接加以使用。但是，组织承诺相关的理论，则受到具体组织所处的社会环境以及组织中群体的个体差异的影响，因此，在概念的测量中，需要对于量表做符合情境的具体信息的调整。

但需要注意的是，理论符合实用主义的功能趋向，也是工具主义在时间中的测量的导向前提，但是理论本身也是建构出来的，自然界和人类群体原本并不存在理论这一物质存在，即使是原始的公理也是人们长期总结的知识产品，并非本源的原始存在。理论本身的建构主体决定了其在测量的指引中难以被直接引用，需要重新对其中的概念和关系加以解码，这种过程也可以被视为假设检验的过程：验证假设不仅是验证理论意涵中关系存在的概率，也同时在验证这种假设论述是理论论述的一个合理样本的概率。从理论出发，可以提出许多假设，如果观察所有可能的假设的分布，可以发现有些假设非常接近理论的核心论述，有些却会与这些论述有很强的偏离，这些假设虽然也来自理论，是理论的合理表征，但是，其对于理论的验证，相较于接近理论核心论述的假设，只有弱的验证作用。这些远离理论核心论述的假设的提出，不能被认为是研究方向的错误，因为获得概率的降低不等于不可能被获取。理论如果没有限定这些范围，其概念和概念关系的边界是模糊和延展的，正如正态分布中极值出现的概率不能被阻止。这种抽象理论造成这种关系延展而不确定的原因有三个：一是理论在论述上的悭吝，使得理论通常并无清晰具体的语言描述以保证完整观察理论中所有的原则或概念；二是在对理论的演绎中，观察也不能完整地表征理论中各部分的逻辑关系；三是理论总是不完整的，往往是关于某些概念的某些关系的割裂的叙述，这些不完整的叙述可能因为缺乏情境而造成表征困难。

正如所讨论的，理论的功能分为两个部分：一个部分理论清晰解释概念与概念间的关系，这是理论的宏观指引和预测作用；另一部分，大家可能会忽视，理论也描述概念以及测量之间的关系（Bagozzi & Phillips, 1982）。McLeod 和 Pan（2004）认为，解释理论是对于出现的具有研究趣味的现象的解释，作为测量的基础，理论功能包括：（1）提供关于某领域内或者具体条件下的分析单元集合内的概念关系的陈述，或是（2）为理论陈述提供前置条件或假设（assumption），而或是（3）两个或多个可变概念以及它们的概念化和可操作化的定义；以及（4）是把包含在理论中的操作化定义连结起来的具体研究假设。理论对于测量的引导作用显示，概念与测量间呈现辅助理论所预测的关系，理论为这种关系提供支持，而这种支持比实证本身要重要得多。在这里，理论在关系的测量中间接指引测量方法，以及帮助观察这种测量是否可以有效再现概念的元素；概念与其测量之间的关系作为关系的一种，被称为辅助理论（Howell et al., 2007）。

　　社会科学也要认识到，理论不能对可观察现象背后的不可接触的现实做出声明承诺，科学理论没有必要为这些现实做预测，也不应该对此做出预测。也就是说，基于理论的解释应该是保守的、吝啬的，只对应该预测的事实做出分析，而不应该超出了可观察的范围，将臆测（speculation）作为事实来加以分析和判断。这种唯心主义的幻觉不应该是科学理论的正确分析，其在本质上是错误的。理论除了提供可作为依据的论述，使我们安全地从直接观察的事物或事件推论到别的内容，没有包含任何在此之外的语义内容。

　　对于测量来说，发展量表条目的目标，是将一个物理的、可以直接感知的维度投射到一个抽象的维度上，也就是从测量域投射到其反映的概念域上。在这个过程中，理论是这种投射的指引，因为投射本身即暗示了可直接感知的维度和抽象维度之间的关系，如果理论没有支持这种关系的存在，这种投射即不能发生。而且理论也是投射成功与否的标准，如果投射得到的数据与被投射的构念处于共变之中，我们可以部分地认为，这种投射是科学的，这是投射成功的第一层构成。当然共变不等于同质，或者说，不能说所观察的值就等于实际的值，还需要与其他的投射统合验证，才能确认最终这个投射是否真实地表征了行为构成。在社会科学的假设检验中，我们希望测量的数据可以验证关系论述是成立的，因为这些论述都是理论的具体表征，但是在实际的研究中，验证失败的情况也经常发生。发生这种情况的可能原因有很多，其中可能的原因是在样本的选择和测量中出现了错误，而不是误差，使得在验证中关系难以达到显著的程度，当然理论错误导致的假设方向或者数量错误也可能存在，但是，这种可能性是很小的，远远低于测量错误的可能性。

　　传统的测量理论认为，多项测量的项目的选择是在构成测量的所有的可能指标中随机抽选（Nunnally & Bernstein, 1994），这样基于误差概率理论，我们可以估计这些指标的平均值的范围。在这里，通常指标有多少构成是未知的，只是在逻辑上随着每一个构成域的指标增加，如果该指标与其他指标不存在多元共线性，我们测量的构念的值就会更加接近于实际值。但是，我们在实践中只能估计某测量对于构念的解释程度，在这种情况下，减少估计的误差就成了更加可行的策略。多条目测量的预设是每一个增加的条目可以增加一些内部代表性（internal representation），也就是反映了需要测量的构念的实际内涵，但是，系统内噪音的存在，使得同一个条目在不同回答中可能并不能产生相同的代表性。由此，我们使用多个测量从而产生多个回答,这些回答获取的数据提升了代表性分布的可能性(Nosofsky,1992)。如果我们把构成构念的指标进行代表性抽样并组成理论上的分布图,因为样本数比较小,所以,这种分布有很大可能是非正态分布;每一次抽取样本,所发现的构念指标均值,一般都与构念的理论上的全部指标的实际均值存在误差,当抽样分布形成后,这个分布所显示的每个样本的平均误差可以用 $S.E. = sigma/\sqrt{N} + e1$ 表示,在这里 sigma 是构念测量的所有指标的标准偏差,N 是抽取的指标样本数,e1 是随机误差。从这个模型可以看出,在构念的真实数值固定的情况下,随着抽取的可能的有效指标样本数的增加,这种分布的标准误差就会减少,也就是我们对于构念的测量更加精确,测量的信度越高。这种代表性的样本分布,适用于存在大量噪音的测量系统中,以及受访者对于记忆内信息召回困难的情况下(Nosofsky,1992)。经典测量理论的典型思想是使随机误差最小化,而减少随机误差的有效方法是将不同的测量集合起来,使用的测量数量越多,则测量会更加有信度和效度(Borsboom,2005)。在测量题项的过程中,许多研究更加重视信度质量的提升,而忽视了信度是否可以因为这些题项得到改善,所以,这个问题值得注意。

经典测量理论在关于测量的研究中有时被认为是一种模型(Borsboom,2005)。所谓测量模型就是人们在测量时所遵循的基本路径,是测量概念时的基本方式之一,正如生活中认识某个问题所使用的基本思考方式,如去到某地是参考地形图还是使用路标指引。至于这种路径或者图标是否真正反映所测量的概念,模型本身并不能加以验证,需要另外的测试理论来证明其精确性。经典测试理论或者模型的核心概念是真数(true score):真数在测量理论中是期望的观察值,也就是我们使用观察到的数值来预测构念的真实值（Borsboom，2005）。经典测试理论存在的假设是，无论是人的情感、态度还是行为倾向，都存在固定的稳定值，只是由于其抽象的含义不能被直接观察到。我们的测量也像其他科学研究过程那样，通过有效的工具来发现这个客观存在的数值，完成对于测量"拼图"的形状的预测。但是，相对于其他观察，作为"拼图"的真数难以确定其具体的数值，我们通常只能通过数据之间的关系来间接观察这些概念。建立在统计理论的基础上，真数是我们已观察到的数值为基础所预测的数值。但应当注意的是，某一概念的真数即使是观察所预测的值，我们所观察的值在理论上应该是概念的全部属性或者是构面的值，也就是在概念的属性中选择样本再进行预测的数值。例如定义限定自我效能有 N 个属性，测量或者选择对于全部属性的观察方法，或者在 N 个属性中随机抽取符合统计预测所要求的一定数量的样本。这样在对每个样本属性做有效观察后，我们可以准确地预测自我效能作为概念所得的数值，而且这种统计也可以同时提供测量概念所发生的误差，特别是随机误差。但是在理论上，我们无法获取某个概念的属性的范围，如果知道这个范围，那么对于测量预测的必要性就降低了，由于期望获得测量的准确值，我们可能会趋向于对于全部的属性做观察，来从理论以及实践上消除随机误差。但在现实的测量中，我们无法完全正确的界定概念的内涵与外延，甚至每个人对于同一概念的定义都有不同的理解。对于潜在的心理概念尤其如此，我们也就无法获得关于概念属性的母群信息，缺少了这一抽样的出发点，抽样的数量与质量则无从谈起。即使我们有了大家都认可的定义，对概念属性做了清晰规范，如果在实际的抽样中使用数个量表条目，数量过小使得抽样分布远离正态分布的可能，这对于预测也是有损害的，增大了误差发生的几率。

我们在测量中，通常使用多个被测客体的平均值来作为预测的基础。例如，我们使用不少于100的N个受访者样本来获取数据，然后对于每个受访者样本取平均值来预测概念的实际数值，在此获得的推论统计值理论上是受访者对于条目的平均值。可是受访者的平均值与操作化概念的平均值在很大可能性上是不同的，或者说几乎是不可能相同的，当我们使用人群在概念测量的属性的平均值来预测人群，实质上是对概念的调换。通过观察获取的变量的值来间接指代潜变量的数值，获取的对于概念测量的质量评估并没有实际完成，而只是"建构"了潜在变量的数值，或者说是"建构"了科学发现。这在逻辑上看来似乎是违背科学精神，或者说混淆了科学期望与研究概念间的关系，在实践中以"虚拟"的概念观察所获得关系来替代真实关系。但这是社会科学必然经历的过程，无论是质化或者量化的实证研究，我们所观察到现象都只是社会现象本质的部分表征，这种观察的目的绝对不是要决然地判定所观察到的就是真理，而是通过系统的过程性的反复观察，来确认所观察到的概念关系的稳定性，从而逐渐使得发现接近于真理。

社会科学是在被控制的状态下按照范式性的路径来观察社会和人，我们所获的发现也是在提前设定的概念系统内的，并在对这些概念作了界定之后的观察。如果人们接受这些概念的合理性和科学性，认同对这些概念的概念化定义以及操作化定义，并按照共同认定的规范科学的实施路径来对相关现象进行观察，那么得出的发现就是在规范的范式下的科学发现。经典测量理论是对于系列测量而言的，也就是使用多次测量来预测概念的意义数值，这样误差可以减少。但是，该理论所使用的公式是对于单一测量而言的，我们只是用一次测量来做预测，这样预测的范围实际上并不是完整的，而只是某次测量的描述值，是用样本的均值或者方差值来替代概念属性以作为群体的平均值。例如，我们使用 11 个问题来测量利他主义，看似使用的问题比较多，在每个题项都是概念意义的有效代表的情况下，11 个测量条目的均值当然相比较于 10 个问题更接近于概念的意义，但我们预测的概念依然只是这 11 个问题的平均值，是 11 个条目作为样本获得的描述统计值本身，而非预测统计推论获得的概念值。其实即使我们使用系列的测量，在经典测试理论的逻辑下，如果只是使用不同的人群作为样本进行测量，而不是将测量的条目本身作为样本，那么这种重复依然是偏离了测量概念所应该基于的抽样人群，所以也不能改善测量的质量。而由于人群样本的增大而可能产生更大的误解，也就是使用似是而非的测量更加可能掩盖逻辑上的错误。

经典测试理论的另一个潜在问题是其对于误差的解释，该测量模型预示只能使用这个理论估计一个误差来源，例如可以使用再测信度来发现在不同的测试环境下测试获得的数值的变化。当使用样本来预测人群的时候，单一个案存在很大的误差，其进行预测时的自由度为零；由此，单一条目对于概念的测试缺乏稳定性，对于一个条目的回答受多种因素的影响，这些随机的因素在理论上都应该加以控制，如果不能有效控制，那么这种测量是缺乏可信任度的。同一个受测者在不同状态下会得到有差异的测量数值，我们需要发现这些随机误差的来源，然后通过必要的手段加以消减，特别是需要发现对测量准确度影响最大的因素，经典测试理论显然不能满足这一需求。

经典测试理论得以验证的另一个前提是代表性测量模型（representational measurement model），或者称为抽象（abstract）测量、公理（axinomatic）测量或者本质（fundamental）测量理论（Borsboom,2005）。代表性测量模型核心构成是量表，也就是使用一系列的数学符号来表征实证观察到的表象。这种模型的前提假设是我们所观察到的社会现象的数据，代表了抽象概念的逻辑关系，如关于人自我效能的测量中使用多个指标来反复表征人在完成某项任务时的自信程度，我们可以用多个问题来测量它。例如四个各为5分的问题，如果A在这四个问题上各得分2、2、1、3的数值，那么这个由四个问题所组成的量表和被测量的个人的关系就被认为是反映了自我效能这个概念，这个关系在A而言就是2分，而2分就被认为是A的自我效能值，其在自我效能指标上的综合指数是2，而B在这些指标上获得3的数值，则在逻辑上B比A在对于完成任务的自信程度上高1个水平。这种测量成立的前提条件首先是这个1即使对不同的人来说，其意义也是完全相同的，每个人对于其理解也不存在任何差异，并且与研究的定义完全相一致。当然这种完全相同的意义，并不代表所使用的量表确实真正测量了概念本身。例如一种绝对的可能性是每个人从研究设计的定义到对于观察题项的理解也就是解码过程，都没有反映概念的真实意义。这种情况在科学研究中经常出现，我们在规范科学中对于未知领域的错误判断，同时影响了以规范科学的定义作为基础的测量，以及在测量实施过程中受测试者的个人判断。

由此看来，代表性测量模型来源于代表主义（representationalism），该主义认为知识代表或者表征的不仅是物质世界也包含了精神世界（Weber,2010），也就是人的精神世界是可以被表征的，而且是完全的表征；这种主义也特别意识到知识对于现实的代表并不是对于现实事物客观看起来的样子的代表，而是客观存在事物自身（Rockmore,2005）。我们在测量时，科学的表征结构再现了社会现实，而不仅仅是使用某种可见或者可观察的事物来代替抽象的事物，测量就是所测量的事物本身。

现在包括传播学在内的社会科学的测量大多基于经典测试理论，因为它相对直观地反映了条目与被测量的构念间的线性关系，而线性关系是最直接的关系。但是，经典测试理论存在固有的缺陷，除了前述讨论的，其第一个显著缺陷是经典的计分方法不能保证测量精度在感兴趣的域中的平均分配（Fraley et al. ,2000）。该模型成立需要测试的条目和被测试者，就是问卷调查中的受访者满足固定的模式，而这些模式的满足难以实现。简单说来，经典测试理论是假设被试者的回答只受其本身能力的影响，或者说只受所测量的潜在变量的实际指标值的影响。而在现实的测量中，人们的回答中除了有能力作为直接因素以外，各种偶然的因素也对于回答的数值有影响。经典测试理论只是考虑了被测试者的潜在特质对于测试数值的影响，其直线模型仅仅将测试值对于潜在特质进行了直线回归，当然模型可能未必是二元回归，也可能是涵盖了多个特质的多重回归。但是，经典测试模型假设这种回归不包含测量本身的质素，一个显然的例子是测量条目间不同的难度对于不同的人的能力的挑战会造成测量完成值的差异，这个差异值如果被认为是测量出现了问题，在经典测试理论中会被摒弃在修正的测量之外，因为其与其他测量间的信度指标可能降低到了通常不被接受的标准。

显然经典测试理论的基本模型并没有充分考虑概率对于数值的影响，或者没有计算这种概率的影响，而只是在模型中引入残差，来模糊地表示潜在变量不能解释测试题目中的部分。对于经典测量理论来说，条目统计依赖于参与测量的被试者，由此，如果条目的选择不直接受被试者的特征影响，那么问卷的调适就可以更加有效率而且准确。经典测试理论难以满足许多其适用的预设情境。经典反应模型也没有包含被试者特质中与被测量的特质或者能力无关的因素，这些因素作为特质如果不通过统计将无法被发现，而其被发现也应该是通过理论解释。一个简单的例子是，当题目难度提升时，测试条目所反映的知识超出了多数人的能力，对于这部分人来说，"猜测"作为偶然的因素在数值中的作用提升，虽然猜测与能力相比通常对于题目的正确度的贡献较小，但是当能力不能维持测试题项的处理时，猜测也可以在概率上提供正确的答案，但是显然在这种情况下正确的数值与被测试者对于题目本身的认知无关，只与概率有关。在社会科学对于潜在概念的测量中，许多信息是研究个体所不熟悉或者没有充分理解的，这种情况就为猜测的概率提供了许多空间，而在考察测试题目的质量时，也需要控制住与潜在变量无关的因素对于数据的影响，也就是在逻辑上或者统计模型上只观察潜在变量对于测量获取值的影响。由此，在使用条目统计来选择适宜测量的条目时，通常使用的信度和效度作为标准只能在受访者有相似认知度的情况下才有意义，也就是说，信度和效度对于测量质量的表征作用必须在同质受访者的条件下才能进行。显然，随机抽样的原则是人群有代表性，这种代表性就是尽可能有效地反映人群构成的异质性，这与上述的同质预设是相对立的。

经典测试理论的第二个缺陷是，对于被测试者的比较，必须基于所有受访者都使用同样或者至少是平行难度的条目的情况下才符合逻辑，如果在测量中对于不同的被试者使用了变化的条目，那么对被试者进行比较就成为困难，难以解释产生差异的原因。在通常情况下，如果问卷是一次完成的话，这个问题对于问卷调查并非会产生严重挑战。随着问卷调查在效果研究方面遇到的关于其有效程度的质疑越来越强烈，横断面调查被更多的使用，对不同时期的横断面使用同一问卷进行测量会产生测量效应，因此有必要使用调整的问卷，否则有可能对于测量产生难以控制的误差。纵贯研究对于效果研究是思维逻辑优化的结果，但其带来的对于经典测试理论的预设的挑战也需要在研究中加以注意。

经典测试理论的第三个缺陷也是与信度有关的。我们通常使用的信度检验的前提假设是测量是平行形式的，这种平行既包括问题的平行，也就是测量问题在不同的时间与空间里都是相同的，不存在统计学意义上的差异；也包括参与数据完成过程的被试者的平行，也就是被试者不受时间与空间的影响，其在与测量的概念有关的数据的行为上是稳定不变的。但是在实际操作中每个人的行为难以保持稳定，许多因素例如内部的记忆与外部环境的影响，会造成个人在测量上的实践总是处在动态的变化之中，从而造成信度检验因为预设失败而产生偏差（Hambleton & Swaminathan,1991）。例如对于自我效能的估计，几乎可以肯定被试者在不同状态下提供的数值是变化的，实际上除了部分人口统计学的信息，例如性别、年龄等，被试者在其他变量上的响应都会在一定程度上违背稳定的前提。

测量构念实际值与观察值之间的关系时，另一个理论体系是条目反馈理论（Item Response Theory, IRT）。条目反馈理论也被称为潜在反应理论，指解释潜在特征（无法直接观察到的特征或属性）及其表现（即直接观察到的结果、反应或表现）之间关系的一系列数学模型。该理论所建构的模型在测量条目的属性和对这些测量条目做出反应的个人与所测量的基本特征（也就是被测量的不能直接观察的潜在概念）之间建立起符合逻辑的联系。IRT假定概念（例如压力、知识、态度）和测量项目由不可观察的连续渐变体（continuum）组成，IRT理论建立参与测量反应的个人在该连续渐变体上的位置。条目反馈理论基于两个基本假设：（1）每个受测者在测量上的表现（performance）可以被一系列的因素所预测，这些因素被称为人格特质、潜在人格特质或者能力；（2）受测者在测试条目上的表现与上述一系列因素之间的关系，可以被一个单调上升函数所表示，该函数被称为条目特征函数（characteristic function）或者条目特征曲线（item characteristic curve，ICC）（Hambleton et al.，1991）。当影响测试表现的人格特质水平上升时，被试者能对于测试条目做出准确反馈的可能性也上升了。

条目反馈理论也是由诸多模型所表述的，这些模型在条目特征函数的数学形式以及模型中所表述的参数上存在差异。参数是所研究的最终对象人群的特征值，其只能通过样本的统计来加以估计。IRT模型通常使用一个或者多个参数来表示一个条目，也就是用一个或者多个参数来表示某个受试者（Hambleton et al.，1991）。

测量指标的条目反馈理论作为统计方法，使用一系列的用来表征个人的条目反馈与其背后根本的潜在特性（trait）之间关系来建立模型。特性通常用希腊字母 θ 表示，θ 被定义为量化特性，在许多IRT理论模型中，θ 的均值是零而标准偏差为1（Fraley et al.，2000）。在统计上表述的特性与条目背书的可能性之间的关系，通常用条目特征曲线（ICC）表示，这条曲线是非直线回归线，它表示在多大可能性上条目被构念特性所解释，也就是构念能否解释问卷中的各个问题。IRT的优势是推翻了传统的评估体系中认为测量在所有特性中都能保持精确的假设，该理论认为测量在不同个人身上的精确度存在差异。以测量教育能力为例，一个条目被认为是难的，需要教育水平高的受访者来回答，然而每个人却都可以回答简单的问题，由此暗示有高区分度的条目比小的区分度的条目在质量上更有优势。IRT模型把一个条目和回答者看作一对竞争者，如果参与者回答正确则赢得竞争，经过大量的对于各条目的反复竞争考虑，条目的难度被估计，这样未来的参与人在各条目上回答正确的可能性也可以被预测；这种模型也可以被用在非二分制测量方法如李克特量表中。与传统的测量模型将信度和效度建立在所有条目上相比，IRT理论测量每个条目的精确度，通常在中间难度的条目上有更高的精确度。此外，这种理论也显示，在测量潜在变量的量表中，正常到低范围的特性可能在区分度上较低，因为人们在回答这些问题时所需要的认知更少，所以，难以从条目本身测量出这些差异，但是在高区分度的特性上会表现出差异，这样我们的量表在围绕特性的难度上会呈现出测量精确度非平行分布的情形（Fraley et al. ,2000）。另外IRT获得的数据是等距的连续的数字，表示完全的数学含义，因此不同样本间可以直接进行比较和数学运算，而使用CTT获得的数据为定序数据，不同个体之间的比较是在序列上的差异，由此CTT量表获得的数据在人群间可能存在差异。

条目反应理论的目标是发展不依赖于测试中的相同条目也能完成测量被试者的新方法（Hambleton & Jodoin,2003）。与经典测试理论中测试的响应值只是对于被测试者的潜在特质或者能力作直线回归不同，条目反应理论同时对于潜在特质以及测试条目本身的特征进行回归，这个回归通常是曲线的而非直线的。条目反应理论由一系列模型所组成，但其基本的简化模型是

$$P(\theta) = c + \frac{(1-c)}{1 + e^{-Da(\theta-b)}}$$

其三个参数 abc 分别表征在理论上正确应对所测试条目的可能性的主要构成因素，c 被称为猜测参数，也就是被试者在与所测构念无关的情况下单纯依靠猜测所能得到正确响应的概率，例如即使不知道题目本身，在二分法题目中人们获得对的答案的概率也是 50%。B 在模型中代表测试条目的难度参数，其一般表示模型的条目特征曲线（ICC）中最陡峭的位置所对应的 θ 值，θ 值为被试者的潜在特质或能力值。随着 b 值的增大，条目特征曲线将向右移动，表示在被试者能力固定的情况下，测试条目难度的上升将导致回答正确率的下降。条目特征曲线某一项测试条目的得分与潜在因素（或者是能力）所作的回归线是：将潜在因素不同的个体对于测试条目所获得的值的对应点连接起来，就是该测试条目的项目特征曲线。A 在项目反应模型中代表条目的区分度，在项目特征曲线上斜率最高的值为 a/4，由此 a 表示测试条目的最大区分度。在能力测试中，GRE 考试是比较典型的依据 IRT 理论来设计的测试题项，其基本逻辑是：回答 N 道难度值为 1 的题目所反映的能力依然为 1，但是如果按照经典测试理论来看，该测量或获得的能力值应该为 N，也就是反应正确的总值；而只有稳定地回答对了难度值为 10 的题项后，其反应的被测试者的潜在个人特质才为 10。条目反应理论在逻辑上就是通过答对高难度条目的概率来反应个人特质的实际数值。该测试理论的基本特征是：（1）基于被试者的能力或者潜在特征来预测该被试者在测量中的分值；（2）通过条目特征曲线的功能来建立被试者在条目上的表现和条目表现背后被试者的系列特征。简单说来就是，潜在特质或者能力预测被测试者在某一测试条目中表现出来，而这种关系可以使用条目特征曲线模型来直接表征。虽然经典测试理论和条目反应理论在理论的假设上存在差异，思维方式有不同，但是在逻辑上经典测试模型被包含在条目反应理论里，是条目反应理论的一种特殊形式，在有其他因素控制的情况下，对于测试做出正确反应的概率，与能力或者潜在特质呈线性的正比关系，而直线是一种特例的曲线。

在逻辑上条目反应理论与经典测试理论有显著不同。经典测试理论假设每个题项的价值都是相同的，它们对于理解核心构念在理论上有相同的载荷，受访者如果在回答问卷时赋予了每个条目同样的分数，则认为这些条目获得了高信度值，如果是相关性等于1，那么至少在统计上这些条目都是由核心构念的稳定量表构成的，甚至高的信度值也被认为是效度的考虑基础。但在理论上这种各项目等值的假设存在缺陷，虽然每个条目都是围绕核心构念来设计的，都在某种程度上表征了构念域的一部分或者一个维度，但是这些维度在表征构念的权力上必然存在差异。以政治参与为例，通常在美国的政治学研究中，该构念包括接触有关政治的新闻、给政府相关部门写信、参与各种政治与社会组织、参加投票等，通常政治参与是基于经典测试理论的，将这些条目相加而成为综合指标。而通过对这些条目的评估发现，人们在参与这些活动所需要的资源，以及这些活动所带来的影响与其他构念之间的关系存在很大的差异。接触有关政治的新闻信息是最容易实现的活动，而参与选举过程则需要更强的动能与资源，由此如果两位受众的其他值保持一样，一位在"新闻接触"和"参与投票"上各选择了5分和1分，另一位受众在同样的题项上选择的分数则为1分和5分，那么按照经典测试理论来看，这两人在政治参与度上是完全相同的。通常来看，在投票上选择了5分的受访者和选择了1分的受访者之间存在差异，而将得分直接相加来测量政治参与则在统计上抹除了这种差异。

从另一方面看，在理论上每个测量题项都是整个测量群中的一个个体或者样本，测量过程只是将这些题项随机抽取出来，这个抽取的样本越多则越可能接近于正态分布，而随着测量题项的增多，如果这些题项都是反映构念的测量，那么测量的误差会相互抵消，我们在理论上可以获得真实的有关核心构念的数值。但是，从正态分布图上可以看到，虽然每个测量的平均值都是构念的实际值，误差的平均值是零，但是每个测量题项在构念的真实值之间对称分布，而且越是靠近中心的数值出现的概率越大，由此也越是反映了该测量具有高效度，也就是准确测量了构念的定义域。而远离数值分布中心的测量，则在测量时呈现出相对高的误差，虽然它们在实际测量中被选中的概率更小，但是，如果被选中则会对测量的总体误差产生很大的正向影响，会降低测量总的效度。由此看来，需要对每个测量条目做个案分析，而不是认为，他们对于构念的测量的贡献是一致的。但是，古典测量理论不但假设每一题项对于构念的载荷是一致的，还使用同一个测量标准误差（standard error of measurement）作为每个条目的测量误差指标，这个假设忽视了测量条目的实际差异，在测量理论上出现了偏差。

在可验证的关系之外，条目反馈理论对于被测者和测试条目有限定。其中对于被测者的假设前提是影响其测试表现的影响因素只有一个，也就是人格特质水平是唯一的，对于测量同一构念的多个条目的表现，同样也是由该单一维度的能力所影响的（Hambleton et al.,1991）。当然正如潜变量的构成维度通常有多个构成，影响人们对于问卷问题的回答的因素也有多个，例如理解能力、语言能力等，所谓的影响表现的能力可能仅仅是次要因素。在多种因素共存的情况下，满足单维假设的路径是选择最具有影响力的因素，该因素正是由在模型中所引入的因素所构成的：我们假定这个最有影响力的因素能够完全解释人们在被测量时能正确地提供信息的能力。另一个假设为在地独立（local independence），该假设认为被试者在参与测试的时候，如果其在不同问题上的反馈数据有相关性，那么这种相关性仅仅由模型认定的能力所影响，如果我们将这种能力也就是前述的单维度因素控制住，使其设定为常量，那么被试者在不同条目上的反馈数据之间将没有关系，相互之间独立。在模型中所设定的能力是影响被试者反馈表现的所有因素，这些因素被称为完全共同特征（complete latent space）（Hambleton et al.,1991）。

对于问卷设计来说，条目反馈理论提供了更多选择。首先，该理论引导已经存在的量表，并提供优化的量化依据。条目反馈理论被用来评估每个测量条目对于测量相应的构念的不同水平的实现程度。条目特征曲线能够表明难以有效提供有关构念信息的问卷条目，或者是显示提供冗余信息的条目。为了提高测试的精度，该曲线可以提示测量条目增加，或者是在不增加条目数量的情况下选项增加的数量（Reeve,2011）。IRT也被用来评估测试平衡度，在社会科学研究测量中，通常预设同一测量在不同的情境中符号的意义相同，这是使用样本来估计人群参数的基本前提。但是在社会生活中同一符号的解码受许多因素的影响，被测试者的潜在特征只是其中的影响一极。这些因素如果难以区分，会成为测量获取的数据的噪音，使得不同类别下的数据产生显著的差异，从而可能被认为是测量本身存在信度问题，但实际上这是由被测试者的个体影响造成的，是必然因素也可能是随机因素。任何一个因素都会造成测量数据的质量下降。例如传播学经常使用翻译的量表在不同的文化中的反向翻译来保证意义的同构，但在不同的情境中被测试者可能对于同一概念的理解有很大不同，甚至是完全相反的，这种情况下被访者在回答问题时可能会受到许多外在因素例如社会期望的影响，从而使数据在不同群体中产生与被测试的潜在变量无关的差异，这被称为差异项目功能（differential item functioning，DIF）。IRT 的条目特征反应曲线可以有效地发现 DIF：当条件概率对于同一构念的测量数值在两组人群中不同时，DIF 就被认为出现（Reeve,2011）。IRT 的另一功能是勾连两个或者两个以上的量表，也就是从不同的量表中选择最有效的测量条目。因为 IRT 模型有恒定（invariance）属性，也就是当 IRT 的模型假设被满足时，条目参数在不同的人群样本中是恒定的，而同一样本在不同的量表中也是恒定的，这样研究者可以选择各种量表中最能测量潜在变量的条目，而无须担忧量表的平衡性问题。IRT 最后的对于问卷优化的提示是有助于建立测量条目库或者量表，这个是与 IRT 上一功能相联系的。基于不同的研究所获得的对于同一概念的测量，研究可以建立最适宜的测量，该测量是使用最少的条目，以最有效地解释被测量的潜在变量的锚定量表（Reeve,2011）。

解释问卷调查研究方法的数据质量的理论范式是"总调查研究误差范式"（Total Survey Error Paradigm）。总调查研究误差是"在设计、收集以及分析调查数据产生的所有误差的集合"（Bimer,2010,p.817）。问卷调查研究在很大情况下是观察人群中的某一群体，然后使用这个观察的数据来预测整个人群的基本情况，每一个调查都是对于人群特点发现的一次尝试，但同时在理论上这些尝试都会有或大或小的差异，因为每一次观察的数据都不是真正的人群数据（Ha et al.,2015）。Groves 等（2009）认为，表征（representation）误差和测量误差是产生调查研究误差的两个基本来源。广义的误差可以定义为在测量过程中产生的误差，是观察值与实际之间产生的不同的以某种分布方式存在的随机变异（Loken & Gelman, 2017）。而Groves 等（2009）所定义的狭义测量误差是因测量设计以及对于测量的误读或误解产生的误差。这种狭义的测量误差更加具有误导性，因为如果不使用统计等其他方法，测量本身的科学性很难被确认，至少在表面上，问卷调查研究从样本设定到收集数据的操作过程似乎是合乎规范的。按照通常推理，如果理论关系在噪音存在的情况下存在，去除噪声后这种关系会更显著或者说效应值（effect size）会很高，但实际上由于噪音的加入，科学预测通常夸大了实际的关系，而且这种夸大发生的可能性与样本的大小有关：在小样本不易确认关系显著性的情况下，测量误差可以使有效的关系更加成为可能（Loken & Gelman, 2017）。以前的研究一般认为，在测量中增加误差也就是增加了噪音，会造成所研究的关系的衰减，长期以来这将阻碍理论的产生或者确认。但在实际上这种论述存在似是而非的问题，Loken 和 Gelman（2017）认为，如果在样本小而且测量存在误差的情况下，标准误差会提高并由此造成统计学显著性指标的改善，即使实际的关系是很小的，这被称为统计显著性过滤器，可能成为效果上偏趋势的重要因素。测量误差对于效果值的影响受样本量的影响：在大样本的情况下弱化关系，而在小样本的情况下这种关系则出现多变的特点，在实际值的两侧都存在出现的可能。但是，社会科学的研究在很多时候并不测量这些误差，虽然大家都普遍接受任何研究都存在误差这种事实，如果不具体考虑误差的数值，分析产生这些误差的具体因素，并对误差对于研究结果产生的影响做质化或量化的分析，我们可能无从评估研究发现的稳健程度。

第四节 定义与量表

对于问卷调查的量表来说,我们期望量表中的问题与所测量的概念一一对应。一方面设置的概念或者变量在意义上截然不同,另一方面测量这些概念或者变量的量表问题也有排他性,虽然它们不能解释所对应变量的方差,但是,它们测量其他变量的能力从理论来说应该是零。在具体测量中,人们可能无法完全知道自己所建构的概念,到底有哪些存在的方差,也就在实际上无法保证这些测量条目在多大程度上表征了其所生成的能够测量的概念,对于测量质量的判断是基于理性的估计。有研究指出,在组织传播学中缺乏概念纯度是测量工具最大的问题之一,对于测量工具(instrument)或者测量工具的维度标签经常是循环的,导致概念化具有很强的迷惑性(Downs et al. ,1994)。这种概念纯度的缺乏造成了测量工具的重叠,例如"一般说来,我是一个温和的人"是测量利他主义的重要条目,但是它也被用来测量其他构念。

概念化是在人的认知体系中建立理念和原则的过程,也就是在事物的认识中对其形成基本想法或理论分析的过程,例如代理人效能可以被概念化为人们对他人有能力或技能来为其所代理的主题完成所赋予的任务的能力的自信程度。领域可以是概念建立过程中的任何一点,或者是单一的点,或者是相互支撑的缺一不可的因素系统,可以是认知过程、一个概念、概念集合体、复杂的知识体系等(Langacker,1986)。在领域的建构中,构念的认知通常是从先验开始的,即我们在认识一个事物时首先已经假设有其他元素的存在使得现在待观察的元素成为可能,例如观察树叶时,对于这个概念的认识是树叶、是枝条顶端的事物（当然可能有些树的叶子的位置会发生变化而不是固定在枝头，这不属于本研究模拟的重点），如果这个空间理解是正确的，那么"枝条"成为树叶的重要领域。在逻辑上来说，对于一个概念或者构念的完整的以及定义性的描述必须包含它的所有领域，以至于涵盖这些领域赖以存在的更加上面等级的所有更基本的领域。这个等级领域的最顶端就是基本领域（basic domain），也就是不可缺少的构成构念的代表性特征（Langacker，1986）。如果缺少了这些基本领域，构念就不再存在。例如第三人效果理论中，测试第三人效果的心理感知需要两个构成要件，对于他人的影响和对于自己的影响（Davison，1983）；再如工作满意度的测量中，基于不同的定义，从工作中获得的收益是否超过个人的期望值是核心领域。对于概念理解的不同，其领域就发生变化。

要认识测量，首先必须理解社会科学中构念组成的域的意义。域是需要阐释的行为类别的全体条目（McDonald，2003）。在其他的研究中，域也成为了一个构念并拥有了多种定义，如有研究定位域为必要的认知个体，含义包含了大脑活动过程、可表征的空间，以及概念或概念复合体，是语义单位特征的真实语境（Langacker，1987，p.147）。Langacker（1987）认为对于理论的建构存在两种域：位置类型和构造类型。位置类型的域中概念可以通过认识其分区来加以判断，如快乐可以认为是位置类型，因为快乐能够在人的情感版图中找到位置与范围，这种位置与范围是相对的而非独立的，也就是说快乐需要在与悲伤的对比中来发现其定位，如果情感不能有清晰的定义来确定方位，我们也就难以测量快乐相对于悲伤的边界在哪里，或者快乐的变化区间在哪里。而相对于快乐的位置，构造类型的域中概念的每一部分都是独立的，在一个有机的构成系统中，每个二级概念之间都有相互独立的位置。如满意度中的各个构成部分虽然在理论上都是构成这个概念的不可缺少的部分，但是每个部分如工作环境评估、升值潜力评估等都是相互独立的，我们有能力来对每一个组成部分分别赋予独立的数值。

位置类型和构造类型这两种领域的区分是很困难的，其标准是位置暗示了某种相互依存并由此互为参照的空间存在，而结构领域中的构成要件虽然在一个相互合作的系统内，他们之间是独立的。而对于构成领域最重要的标准是我们能够给每一个部分赋予数值，而这些部分是完形（geltalt）的一部分。但是这种对于领域的区分遇到了很多不同的意见，如 Clausner 和 Croft（1999）认为，位置和构成是概念的属性，而不是领域的属性。实际上，与 Langacker（1987）对于域的定义和分类的理解不同，Gardenfors 与 Lohndorf（2013）认为，将域分为位置和构造两种类型也是不科学的，认为这种分类在现实中是存在交叉的，位置型概念可以包含构造的内容，反之亦然。Gardenfors 与 Lohndorf（2013）由此提议将维度作为评估域的基本标准，并将域定义为"与其他维度可分割的一系列组合维度"。能够把概念或构念分解为域的最基本原因是它们的属性可以与其他属性独立叙述：例如组织承诺主要包含情感承诺（affective commitment）、持续承诺（continuance commitment）及规范承诺（normative commitment）等几个方面（Meyer & Allen，1991）。在将域通过维度进行分解时，需要区分维度与特征分析的差异，特征是物质的典型质量或者重要构成部分，维度分析是对于特征的抽象，是对特征重新分类或者赋值的过程，而特征是将事物简单地以最显著的属性来替代全部属性。如果使用特征分析来替代维度分析就是犯了以个体替代整体的错误，无论该特征在事物的构成中如何显著，都并不等于事物本身。

Langacker（1987）认为，"一个认知域在实质上是组合的概念化过程而不是各种特征的组合"。以满意度为例，工作满意度从定义上包含了对于工作的期望值这一必要特征，但是期望值在被去除了之后，满意度不能再进行分解，也就是说，工作满意度在离开了期望值之后变得难以理解，因此，在对该概念进行解读或者测量时，需要提出不能分割的整合认知领域。

另外，Gardenfors 和 Lohndorf（2013）也认为，将领域分成构成和非构成类别是没有必要的，因此，也更没有必要将这两种分类进行比较。相反，他们建议首先要将维度结构与整体部分结构区分开来，再将域的概念限制为维度结构，也就是只是用维度结构来解释域，而没有必要再使用整体部分的概念。如果以这个建议来解读域，那 Langacker（1986）的结构组成域（configurational domain）可以被分析为高水平的维度结构。区分维度域与整体部分关系的好处是它可以自然地描述比喻与换喻的不同。

在测量的过程中，由构念定义限定的域是要首先分析的节点。有时候为了更加精确地认知构念，需要将构念的域外延扩大，成为系列域或者域系统。概念的定义带来了域的限定变化，由此带来的测量也就产生了显著的差异，这种多样化使得效果的比较变得困难。概念的设定目的是概括丰富的物质世界，因此应该在时间中保持这种概念意义的效率。在测量中除非有充分的理由来重新界定概念，一个有效的测量应依照文献既有的概念定义来优化，在保持概念定义基本稳定的情况下，致力于设计能够反映这些概念域的更好的测量。

在量表形成（scale development）过程中，一个科学的过程是将量表建立在理论的基础上，实际上，任何文本的生成都离不开理论的支持。这种理论首先是结构理论，也就是被测量的核心构念在与其他构念的关系中所反映出的专有的内容域，同时这种理论也包括测量理论，概念的测量条目需要满足统计理论关系要求。另外，理论并非一定是完整的、定义严密的理论论述，以往的研究文献是有效的理论支持，基于以往文献推论出的新的关系也可以是理论的有效形式。在量表条目生成的过程中，这是最有效的方法。由此得出的量表，拥有有效的理论说服力，也就是在信度与效度上可以更加科学。在实际的研究中，如果量表的建构缺乏必要的理论支持，通常会成为研究的主要问题，因为科学研究鼓励对于已有理论的反复验证，而脱离理论的探索性研究则存在很大的不确定性，尽管科学的研究目的是产生对社会现实的新发现，这些发现的起点必须是既有理论。

正如所讨论的，理论是概念关系和测量的基石，而对作为构成理论的概念的解读是对其进行有效测量的前提。社会科学允许对于同一概念的理解存在差异，甚至是完全相对立的理解，但是这种差异需要首先加以清晰的界定，否则我们无法进行知识的集聚。在社会科学的研究中，因为对于构念定义的不确定引起研究结果存在问题的现象是经常存在的，例如危机感知（risk perception）是健康传播的核心构念之一，但是，相关的研究受到定义以及测量不一致的负面影响：当这些研究在探索危机感知与健康行为的关系时，其定义仅仅局限于对于危机的认知评估，却忽视了对于危机的情感反馈。

Churchill（1979）提出了设计更好的研究测量的有效步骤：具体列明构念的域；生产量表条目样本；收集数据；净化测量；再收集数据；评估测量信度；评估测量的效度；决定规范。在这些步骤中，净化测量和评估信度后都要重新生产条目样本，而再考虑测量的效度时，要依据构念的域来设定并据此做出判断。在这个过程中,首先和最重要的是要对构念所包含的域进行准确的限定。以工作满意度为例,工作满意度是组织传播中的核心概念之一,与工作表现、组织内部行为以及健康等都有很大的关系,但是对于工作满意度所包含的域,不同的定义设定有很大差异,例如它有时被理解为人们对于自己的工作喜欢或者不喜欢程度(Spector, 1997),或者被定义为人们对于自己的期望和需求在工作获取的心理评估状态(Demers, 1995),而在其他时候被认为是一种情感依赖(affective attachment):这种依赖或者是对于工作整体的,或者是工作的特定方面的(Pett & Meyer, 1993)。从这两个定义来说,工作满意度所包含的域有很大差异,对于自己工作的喜好诚笃更多是一种对于自己工作状态的总体评价;而后者的心理评估状态所包含的域要丰富得多。前者既可以通过测量受访者对于自己工作的总体满意程度来完成,也可以将工作分解为收入、工作场所、环境、升职等不同维度来分别进行考虑。而人们的期望和需求的获取与否,则在逻辑上需要考虑人们原先希望从工作中获得的内在以及外在收益是什么,并对预期或者实际收益进行对比,这个差异的数值可以作为工作满意度的指标。这个考虑与消费者满意度等构念的测量逻辑是一致的,是满意度构念在组织传播中的具体表现。另外一种观察方式则将工作满意度作为一种总体的感知,也就是人们对于自己工作的总体评价,在组织传播或者大众传播研究中,工作满意度通常以这种方式进行测量,而不再将满意度作为一个对于工作的期望值与实际获得值的差异指标。在这种定义与观察角度下,人们立足于发现满意度的对象是什么,例如内在与外在因素包括总体人文工作环境、外在收益、工作成就感等,将这些因素加权平均后成为测量工作满意度的指标(Liu et al., 2022)。

但是，从另一方面来看，在社会科学研究中，有许多情境缺乏必要的理论和文献支持，需要在一定程度上进行探索性的测量建构。这种方法是扎根理论所支持的模式：我们可以通过阐释与人们的意识与行为的互动来发现和理解意义，而不是依据理论来观察和验证人的行为在多大程度上实现预测。例如构念教室关系气氛（connected classroom climate inventory）的建构（Dwyer et al.，2004），因为现存研究中缺乏测量学生间联系度的量表，需要基于学生的意识来创造该量表，量表基于感兴趣的人群的社会现实，最初的问卷条目的构建首先询问115名本科生"在大学教室里与别的同学有紧密联系是什么意思？"，获取的回答有"班级里的同学互相赞扬"等，研究者审视这些获得的反馈并对其编码以组成共同的概念。但是对于这些问题反馈的分类，实际也是参考了社会联系（social connectedness）等的相关文献，并非完全是没有任何理论依据的探索性研究。在另外的研究实践中，有时现存的文献提供了不同的量表，而且缺乏有效的证据来支持哪个量表是更加有效的测量构念的选择，这种情况在传播学研究中是很常见的，此时对于量表的建构也需要将已有的量表条目集合起来建立量表库，这可以称为使用半扎根理论的方法来建构量表模式。

社会科学研究的一个目标就是完成对于概念的建构与清晰阐释。理论上说，研究的概念越抽象，所涵盖的意义越丰富，对于客观世界的解读也就越全面。在测量上，我们用来测量核心构念的条目实际上也是变量，测量与构念是矛盾的统一体，构念是在观察了社会具体现象之后的归纳总结，而测量是将抽象的构念演绎成具体现象，使其变得可以观察。从逻辑上说，整个自然世界可以用一个概念来总概括，然后这个总的概念又可以由无数级的维度所构成，如此我们对世界的认识可以通过一个金字塔结构的认知体系来逐级完成。在这个认识的过程中，由于不同的研究所侧重的概念的维度不同，在观察另外的现象时可能不能直接地使用已有的研究来作为参考，需要依据具体情境做出调整，甚至设计另外的测量。在其他时候，研究者可能提出新的概念，这时也就不能直接使用既有量表了。例如，在研究猪流感对于人们的意识和行为的影响时，感知个人影响（perceived personal impact）是独立的设计变量，虽然与感知自我效果（perceived effect on self）有一定相似之处，但是在意义上存在细微的差异。感知自我效果作为研究第三人效果的核心变量有许多文献对其进行支持解释，其定义是"个人应对关于猪流感的新闻报导产生的担忧程度"，所以其测量都是围绕"担忧"展开的，如害怕、在公共场所担心，以及在人群中感到紧张等，这些测量都是借鉴了以往研究中对于相同概念的测量量表。而个人感知影响则更多是针对所在的社区人群而言，指个人感知到的猪流感疫情在大学、社区发生的可能性，由于缺乏以往研究对于这一概念的解释和测量文献，研究必须在定义的基础上围绕"社区疫情危机"设计量表，例如"大学、社区处在猪流感疫情扩散的危险中""猪流感在大学校园扩散的危险将维持一段时间"等4个5分李克特量表题项。然后通过因子分析，4个题项被萃取为单一的"个人影响感知"这一主成分测量指标（Liu & Lo, 2014）。

另外，虽然通过建立问卷条目池的方法，在一定程度上可以脱离理论和文献对于测量设计的拘囿，但这种测量是否是科学的，依然需要在后期通过验证才能被学术群体所接受，成为科学研究范式的组成部分。例如Dwyer等（2004）的教室关系气氛（CCCI）在完成之后首先经过了信度和效度检验，而这种检验在很大程度上并不能通过对于量表问题本身的自我检验来获得，而依然是基于理论的论述，通过与其他构念的关系来间接获得的。例如 CCCI 量表所获取的 20 个条目通过因子分析，基于经典测量理论中条目间具有高度相关性的逻辑，最终萃取了 18 个在统计学意义上能够表征 CCCI 的高信度条目，并且通过与其他公共条目的相关性，验证了该量表的预测效度。另外，该量表虽然在原始验证中得到了比较合理的信度和效度值，并被后续研究所接受，但是这些后续研究又反复基于相关理论来对这些量表进行再验证。由此可见，量表的建构就是依据理论来设计，同时再按照理论来反复验证的过程，在这个过程中所有关于测量的设计都是以理论为中心来展开，理论可以防止测量的建构偏离构念意义中域的核心，对于设计好的测量的验证也是为了考虑通过测量获取的数据在多少程度上表征了理论的意义。

另一方面，我们也要承认人们只能观察到自然（人类社会是自然的组成部分）中几乎不显著的微小一角（Worrall, 1982）。条目的多少仅仅告诉我们在统计上，对于所测量的构念的解释程度在方差数值上的变化，不能被解读为观察到了构念最核心的意义，更不能认为是观察到了所谓真理。这些观察值的精确仅仅是对于观察本身，或者说是对于观察原则的遵从而言的，验证了按照理论所获得研究设计的假设，却可能没有遵从构念本源的意义和原则。如果有其他在逻辑上更加接近于构念意义的操作性解释，原先看似精确的测量会被其他未必精确的测量所替代。同理，信度值和效度值只是在表面上提供了测量合理性的解释，也是对合理假设的验证，但依然可能因为理论合理性的变化而发生完全的变化。许多在统计上满足实证模型的研究的存在，客观上证实了以上论述的现时存在：这些模型在统计上都是合理的，但是应该认识到影响行为的因素虽然复杂，但是必然存在着本源的联系规律，多样的模型解释不是推翻了这种假设，而是反证了构念的意义或者构念间的关系还没有被最终证实。

第五节 量表与指标

指标（indicator）和条目（item）在不同的语境下，有细微的意义差异。指标是相对于构念而言的，代表能够从可观察的数据来解释构念。例如工作满意度可通过收入满意度、晋升机遇满意度等指标来表征。这些指标本身可能也是抽象的概念，也可能这些概念对于核心构念而言是更加具体的可操作定义，可以使用一个或者多个条目来具体观察（Liu et al., 2022）。由于构念本身的抽象和复杂性，可能存在一级或者二级指标。在只有一级指标的情况下，这些指标本身可能即是测量的条目，而在二级指标的情况下，指标还需要更加可操作的条目来分别对其进行观察来反映。但是无论在何种情况下，指标与条目都是对于构念的测量手段，它们有时在研究中被当作相同的概念交替使用（Bollen & Lennox, 1991），表达相同的意义。

对于理论构念的测量方式主要有反映型指标（reflective indicator）和形成型指标（formative indicator）。在反映型指标中，构念是产生测量指标的原因，其将意义"卸载"在指标也就是测量条目上，这些指标承载且仅仅承载构念意义的构念的外在表征，这些指标应该与其他构念无关联（association）。而形成型指标恰恰相反，构成指标的条目表征构念的层面，其相对于构念是独立的，并非受到构念的映射，不同的指标被"组合"为一个新的概念，例如人类发展指数有许多指标构成，其中预期寿命、教育水平和生活质量等指标在"物理"上被组合为社会发展的整体概念,而预期寿命又可以被用作测量一个国家或地区的居民健康水平的指标,也就是说指标是形成构念的原因。形成型指标可以被类比为积木的分散的块,这些离散的块经过不同组合可以形成不同的整体,但这些块本身又是独立的,并不必然承载构念的意义。最先系统性提出这两类指标的 Blalock（1964）将两种指标分别称为效果（effect）指标和导致（cause）指标,也有学者将形成型指标称为复合（composite）指标（Grace & Bollen, 2008）。实际上我们对于构念的测量都是基于构念中心论的观点,认为构念或者是反映型的或者是形成型的,因此需要按照它们的基本构成方式正确地建模（Howell et al., 2007）。这两种测量方式可以使用测量模型的差异来表示：测量模型描述概念与指标（或者条目）间的逻辑关系,而结构模型则是描述概念间的关系（Edwards & Bagozzi, 2000）。在反映型测量中,指标只是构念的某种外在表现形式,构念决定了各种外在反应形式的方向与强度。也就是说构念在这种相互关系中是自变量,而反映指标是结果。当构念发生变化时,测量的反映指标也会发生变化。

进一步说,反映型指标中的数值是构念的外在表现形式,这是构念之所以可以被观察的主要实证依据。虽然我们不能直接测量人的态度和性格等构念,但是这些抽象的概念可以被一些具象的表现所表征。例如,紧张情绪可以被出汗、四肢发生不能自控的痉挛等身体活动所反映,利他主义作为抽象的概念可以被个人的"愿意帮助别人""从事活动不会考虑个人收益"等间接表现。在结构模型中,这种构念建构模式以主成分模型呈现,该模型中各测量因子的共变由潜在构念所导致,也由此反映该潜在构念（Jarvis et al., 2003）。在反映型指标与构念的关系中，关系的方向指向各个指标，因为构念决定了所呈现的具体形态。构念独立于相关测量而存在，是指标存在的前提。构念的变化带动指标的变化，构念的消失也带来指标的必然消失。而在构念的各个反映型指标之间则存在共变的特质，也就是说，指标之间存在很大的相关性，在变化的量与方向上保持一致。但这些指标之间不存在影响关系。删除某指标会带来测量的信度估计值的下降，但并不会带来另外的指标变化，也不会影响概念的测量，构念效度也不会发生变化。因为剩余指标可以反映构念的所有侧面（Bollen & Lennox, 1991）。由此看来，这种指标建构的过程是演绎的过程，是通过例证来展示抽象的概念的过程，例证的增减并不会影响概念本身的质量。

形成型指标的建构过程在逻辑上是归纳的过程，是通过对于概念所反映的各侧面的具象表征加以积聚来达到对于构念完整再现的过程。在形成型模型中构念就依赖于定义和对于概念的解释。定义决定了构念的抽象内涵与外延，是这种定义的具体化过程。这些具体的指标是构成构念的必要组成部分，任何指标的缺失都会造成构念的不完整。并非所有潜在构念都是可以使用一系列正向相关的条目所测量的实体，有时这些构念是由多个没有任何关联的假设的指标所构成的（Coltman et al., 2008）。形成型指标之间并不必然地分享一个同样的主题。恰恰相反，每一个形成型指标可能只是表征了概念域（conceptual domain）的一个独特方面（MacKenzie et al., 2005）。Jarvis 等（2003）认为，构念在以下情况需要基于形成型指标来建模：指标是构念的界定特征而非外显；指标的变化导致构念的变化；构念的变动不能导致指标变化；指标不一定有共同主题；消减一个指标带来构念的概念意义范围变化；一个指标的变化与其他指标的变化可能无关；指标之间没有相同的前置和结果。形成型指标的一个重要特点是指标间的相互独立性，不同的指标间缺乏共变，因此他们反映在统计上可能呈现正的或者负的相关性，也可能根本没有任何相关性（Bollen,1984）。

在构念与指标的关系中，形成型指标指向构念，指标的变化带来构念的变化。我们对于构念的认知建立在对于所有指标整合的基础上。指标构成了构念的不同层面。对于形成型指标，一个要注意的问题是，不能因为他们同时对构念产生了影响，就认为各指标之间也是相互关联的。一个很可能的情况是构成构念的形成型指标之间都是互斥的，没有任何关联。以自豪感为例，构成这个构念的指标在研究（Huddy & Khatib, 2007）中通过因子分析发现为有七个，询问受访者是否为这个国家的经济成就、科技成就、国家的历史、国家对于社会中每个个人的公平对待、文学和艺术成就、社会安全系统等感到自豪，这些条目相互之间是互斥的，条目之间可能不存在任何相关性。例如，很多时候国家的文学艺术成就与经济发展异步发展，或者受访者可能对该国经济产生自豪感，但是对于文学和艺术缺乏足够的认同，在数值上未产生共变效应。对于多维度的构念来说，在第一级和第二级指标建构中，形成型和反映型指标同时或者交替出现，而且可以被使用在任何一级测量中，形成两级因子模型的四种可能组合（Jarvis et al. ,2003）。

由此看来，相对于反映型指标，形成型指标更加符合建构主义的思维模式。反映型指标的前提即概念是为了研究所组成的，其在物质逻辑上是使用一个概念来抽象表征客观存在，这些表征的有机组合体可以使用一个抽象的意识概念来总括，是存在的意识反映，先有纷繁的现象存在，其后才有意识对于现象存在的抽象反映。而对于这种客观存在的观察，更是客观存在的，对于抽象的概念的表征，也就是具体的指标是客观存在的，人们没有发现这些指标时，他们依然是存在的，测量的成功是对于这些客观指标的确认，并没有创造新的不存在的事物。所以，反映型指标严格来说，并非建构的，测量无非是对客观世界真相的再现，这种再现是验证测量是否准确的标准，虽然测量文本在形式上依赖于研究者的主观能动性才能实现。而形成型指标则完全不同，首先概念是对世界存在的主观建构，而且对其测量过程本身并无客观的存在来证实表征是准确的，测量的指标是依据定义所构建而成的，概念的不同定义带来变化的测量，人们主观上将客观存在的事物加以相加，最终将这些指标复合而组成构念的意义。

在社会科学的研究中，反映型指标更多地被使用；在对于 Scopus 数据库中 75 篇测量目的地形象的量表的分析中发现，66 篇（88%）是反映型指标，3 篇（4%）使用了形成型指标，另有 2 篇使用了条目的总体评价指标；而在 66 篇使用反映型指标的量表中，16 个量表使用的模型是多层级的反映型模型，在第二层中使用探索性因子分析来建构维度（Mikulic & Ryan,2018）。在不同的学科中，对于量表的建构模式也有不同的分布：反映型指标在心理学和管理科学研究中占统治地位，而在经济学和社会学中形成型指标很普遍（Coltman et al.,2008），在传播学中反映型指标也是主流。这可能与各种社会科学所研究的问题的微观与宏观导向有关系，心理学趋向于探索人的社会行为的构念的变化，由于缺乏直接的对于人的行为的观察，我们通常需要通过反映型指标来间接观察这些概念；而社会学和经济学研究问题偏向于群体行为，研究分析宏观的社会概念。此时这些概念需要进行细化区分，对构成这些概念的更微观的概念加以分析后，再整合成更加抽象的概念，并将这些概念间的关系详细分析。但是，总体上看，形成型指标在指标建构体系中处于弱势的地位，以至于有学者认为，社会科学的研究者都假定指数就是效果指数，导致有时非常适合的指数也被忽视了（Bollen, 1989, p. 65）。

　　对于形成型指数的忽视，其中一个重要原因是形成型指标在被放入模型时有时会遇到困难；另外的原因是在对形成型指标的概念化、估计与效度测量时有许多问题尚未得到有效解决。例如多元共线性问题，以及对于使用形成型模型所测量的概念的解释等（Howell et al., 2007）。Howell 等（2007）还认为，使用形成型指标的模型，相比较于反映型模型更加可能导致解释混乱（interpretational confounding）的情况，在实证测试中对于核心构念的解释与研究者的定义会发生偏离，也就是，不能测试核心构念的实际意义，所以其建议尽量使用反映型测量模型，而尽可能避免使用形成型模型。不过，也有研究认为，造成困惑的原因是测量模型被错误设定了，实际上并不存在反映型指标比形成型指标更有优势的理论和实证证据（Bollen, 2007）。

　　反映型指标和形成型指标虽然在测量模型中所显示的构念与测量间的关系不同，它们在理论上都体现了因果关系。在具体的测量中，科学哲学要求带有方向的关系满足四个前提条件：第一，关系箭头两端的构念和测量必须是不同的实体，如果他们不是截然不同的，那么就成为同义反复，也就不能被认为是导致关系。在研究的过程中，构念与测量在操作性定义上需要产生清晰的分野，操作性定义是从测量的角度来定义抽象的概念。第二，因果关系首先要求有相关性存在，也就是原因和效果存在协变关系。相关性通常是与概率联系在一起的，随着相关性的增强，产生效果的概率提高。但是，这种影响效果是否存在是不能完全肯定的。不管概念以及测量所嵌入的模型是否变化，概念和其测量逐个条目之间的相关性最理想的状态应该是稳定的。如果这种相关性处于多变的状态下，那么我们无法清晰地通过模型来观察概念，而脱离了模型我们更难以观察构念本身。第三，导致的关系有时间过程，也就是原因在结果前面。第四，在理论上，这种导致的关系应该是同时去除了其他可能的替代解释之后的真实的关系（Edwards & Bagozzi, 2000）。去除替代解释或者对立（rival）解释，意味着在建立构念与测量之间的关系时，要控制住所有可能对于构念与测量关系产生影响的其他因素。这种控制主要考虑对概念和测量关系有影响的内部效度是否能够实现。

当指标是多个时，因为这些指标都受构念影响，所以这些指标间有很强的共变性，但是在逻辑上，这些指标间不具有多元共线性。也就是说，当构念被控制以后，这些指标间的关系消失。应当注意的是，在反映性测量中，构念可能存在多层级的反映指标，一个上层构念（superordinate construct）首先由多个维度构成。这些维度低于该构念的反映型指标，对于更下一层的反映型指标来说，维度又成为被测量的构念，维度作为构念通过更下一级的维度或者指标来进行测量。由于各级维度或者指标都是相互独立的，在对最高层的构念进行测量时，指标的减少不会影响测量的完整性。在理论上，我们可以找到完美的单个反映型指标来解释某构念，但在实践中我们通常寻找多个互相之间高度相关的指标，来更加有说服力地确认研究确实在测量所需要测量的构念：这是一种"有用的冗余"。由此测量同一构念的各个条目有同样的意义，但是又同时不依赖于相同的概念和语法结构。由于这种所测量的构念对于反映型指标的影响，这些指标之间具有以下关系：

一是指标对于背后的构念有高载荷；二是指标之间有克朗巴赫 alpha 系数，由此显示这些指标间内部的一致性和构念信度，并且显示内部的高一致性；三是构念的测量效度也达到要求（Mikulic & Ryan,2018）。

形成型指标所解释的构念又被称为聚合构念（aggregate construct），也就是该构念是由多维度所共同集合建构而成的有机综合体，这个综合体中的各个维度缺一不可。这些维度与上层构念中的维度不同。聚合构念中的维度指向构念本身而不是被构念所影响。反映型指标的增加可以增加测量的信度，其主要通过指标间的高相关性来显示。在形成型指标中，增加指标在总体上可以提高核心构念总体的测量质量，但是，这种质量的提升，不能通过指标间的内部一致性的数值来体现。由此看来，研究依赖于基于测量指标间相关性的因子分析，来对指标进行取舍可能会出现很大错误，因为这种方法忽视了可能的、有效度的对于构念的测量（Bollen & Lennox,1991）。

测量指标模型从构念和指标之间的关系来看，又可以被细分为直接反映型模型、直接形成型模型、非直接反映型模型、非直接形成型指标、虚假模型和未分析模型。直接反映型模型是指每一个指标都直接被所测量的构念所影响。在这个模型中每一个指标的方差都被同一个构念所解释，而对于每一个指标又存在着单独不同的误差，测量指标间的协方差则是这些指标共同测量的构念所导致（Edwards & Bagozzi,2000）。直接反应型模型是信度检验、因子分析以及验证性因子分析的理论依据。直接形成型模型是印证测量指标对于构念的影响的典型模型，可以用 $\eta = \Sigma \gamma_i x_i + \zeta$ 来表示（Edwards & Bagozzi,2000）。在这个模型中，η 代表被测量的构念，ζ 指代没有被解释的方差。在形成型指标中，每一个指标对构念导致的影响都是没有误差的，因为这种导致关系的方向是从测量到构念。构念在这种关系中被认为不能影响该指标的方差，也不能影响该指标与其他指标之间的协方差（covariance）（Edwards & Bagozzi, 2000）。在这个模型中的残差虽然也是由构念中没有被解释的方差构成，它们意味着构念的建构因素除了模型中包含的，还有其他因素存在，但在理论上这个残差与模型中的任何一个指标都没有关系。在构建 SEM 模型时，我们也就不能在形成型模型中对于指标设定残差，而这种残差在反映型指标模型中通常是存在的。

相对于直接反映型模型中的构念直接影响各指标，非直接反映型模型并非直接影响各指标，这个影响过程中经由中介隐性构念而实现，而这种中介构念可能是一个也可能是多个。有研究认为，在非直接反映模型中，如果中介构念是单维度的，那么这个模型是多余的（redundant），单维度的高阶测量模型应该简化为一阶测量模型。非直接形成型指标与非直接反映型模型类似。在各个指标对构念的影响中，指标首先影响一个或者多个中介隐性构念，然后最终影响待测量的构念。在这个模型中，测量指标和中介隐形构念对于其后的构念的测量，都是无涉误差的，也就是所测量的构念中未被测量的方差与指标、与中介构念无关。

另外，测量模型不论是直接还是间接测量，指标都与构念存在相关关系，如果某构念对于期望测量的构念以及测量指标都存在相关性，那么测量指标与欲测量的构念之间存在虚假测量关系。虽然在统计上测量指标与待测量构念间存在相关，在直线回归过程中控制了此构念之外的共同影响构念之后，构念与指标之间的相关性将消失。在 SEM 模型中，这种关系符合统计理论：一个概念可以同时影响多个变量，而被影响的变量也可以在模型中扮演外生变量的角色；但是，在测量理论中，被一个构念同时影响的其他变量或者指标之间则并非存在相关性（Edwards & Bagozzi, 2000）。另有观点认为，如果一个高阶（higher-order）测量模型不是单维度的，那么其低阶测量没有符合反映型测量模型的要求，所以不应该被使用反映型测量模型。低阶的构念应该被当成独立的变量，或者被放入形成型模型中进行分析。在这种情况下，多个维度的测量指标实际上并不能再被看作测量模型，而是测量系列变量理论关系的结构模型的一部分，此时也就不再存在虚假关系的问题。

在期望测量的构念或者测量是外生的情况下，未分析模型被用来测量构念与测量之间的关系。这种模型是未被分析的测量，而不是实际使用的指标：我们实际使用的是核心构念的真正指标。这样的情况可能由四个因素造成：核心构念和测量都是外生的；测量是外生的并且与核心构念的某单个影响构念相关，即作为外生变量的测量指标间接与核心构念产生联系；测量是外生的并且与核心构念的系列影响构念相关；核心构念是外生的，且与影响测量指标的另一个构念相关（Edwards & Bagozzi, 2000）。

在测量指标的建构过程中，抽象的隐形构念可能有多个维度，而每个维度又可能被多个指标所反映或者构成。这样测量指标就可能有多层构成，通常来说，概念越抽象或者越宏观，对其观察也就越可能需要通过多层过程来完成。对于多维度的概念，需要清楚地按照理论上的各个维度的等级，来将这些维度区分开来。如果不能将这些维度以及维度的测量区分开来，也就不可能将概念按照其脉络关系立体地构建出来。而且在验证各种关系时，实际仅仅是测量维度间的关系，而并没有在理论上测量"整合"构念与其他概念间的关系。这样我们的发现非常可能与理论上的关系产生误差。这种层级关系最容易由形成型指标测量所显示。以"远真"这个构念为例，该构念可以从多个维度来解释：Steuer（1993）认为远真由生动（vividness）和互动（interactivity）所构成，而生动又是由媒介所展示的信息的宽度（breadth）和深度（depth）所建构而成的，互动则由速度（speed）、范围（range），以及映像（mapping）三个维度所构成。由此，对于远真的测量可以使用二阶形成型模型。实际上，形成型测量模型和反映型测量模型可以被扩展到高阶因子结构。在讨论基于测量与核心构念的关系方向来显示构念的测量模型时，我们指的是一阶因子结构，即与核心变量最直接产生联系的因子与构念本身所构成的测量模型。而在对于抽象的潜在构念进行测量时，通常需要首先在理论定义上设定构念含义中的维度，然后再使用单个或者系列条目对各维度进行测量观察。此时，单个条目可以称作测量核心构念的维度的次维度。这个观察通常是实际测量过程中直接观察的数据，而维度通过推论获得。由于这种多阶因子结构的存在，在对于同一个核心构念的测量过程中，一阶测量模型和二阶测量模型并非一定是同一类模型，可能出现反映型测量模型和形成型模型混合使用的情况（MacKenzie et al.，2005）。

　　在使用多层测量模型来观察核心的潜在构念时，一方面可以在不同阶层使用不同逻辑的测量模型，从而构成对于核心构念的复合测量模型；另一方面，依据研究目的的不同，可以在二阶测量模型中使用不同数量的条目或者指标。如果核心变量并非研究的主要目标，则可以在二级测量模型中使用单一条目来测量每个维度。如工作满意度可能是研究的中心议题，也可能是包含在研究工作质量的影响因素中。在这些因素中，工作满意度并非理论验证的主要方向。在工作满意度的构成中，收入、福利以及晋升机会等均可以使用一个问题来测量。在测量这个核心构念时，可以选择简单的单个条目来测量某二级抽象构念。这种单条目的方式在理论上等同于次维度本身。但是如果核心构念在研究设计中也是主要的研究议题，则需要在第二阶构念中首先对于构念本身做出清晰的界定，然后依据概念界定来选择具体的测量模型以及每个维度所需要的条目数量。此时通常每个二阶构念与核心一级构念一样，需要多个条目来对每个维度进行观察（MacKenzie et al.，2005）。

对于什么是形成型的或者反映型的测量的决定因素，当前缺乏概念或者是实证的标准。正如所讨论的，通过模型来确定测量的性质是危险的。因为协变虽然是反映型指标的重要表现形式，但是，有时某些条目由于研究情境的不同，非常可能与其他条目在统计上缺乏足够的相关。相反，虽然形成型指标在理论上互相独立，但是，在统计意义上，这些互补相关的条目在数值上却可能存在高相关性。理论对于测量模型的决定作用有两重含义：理论指引了核心构念与指标的关系方向，这是决定构念测量的逻辑关系的最终因素；而因为这种决定因素，核心构念可以从多个角度来进行分析，构念的定义在不同的语境中会有不同的表征方式，所以，可以从多个思维逻辑来观察构念，未必一定是反映或者形成对立，也并不存在天然的形成型测量模型或者反映型测量模型。只要某模型能被理论所解释就是合理的测量方式，也就是说，许多构念可以同时被反映型测量模型和形成型测量模型所测量（Albers，2010）。

也有研究认为，三个因素决定了测量模型是形成型的还是反映型的：（1）构念的特点；（2）指标与潜在构念间影响的方向；（3）用来测量构念的指标的特点。在反映型测量模型中，构念是独立于测量的指标而存在的，研究只是试图寻找能更好地反映这个构念的指标。例如,"自我效能"通常使用反映型指标,它是许多理论模型中的常规变量,对于它的指标的测量和验证,是心理学方法论的相关研究一直在进行的工作(Chen et al., 2001)。而在形成型指标中,构念的意义并不是某个域的研究所公认的,而是正如其本源的意义所显示的,是建构出来的。对其认识建立在研究者的建构主义(constructivism)、操作主义(operationalism)或者工具主义(instrumentalism)的解释之中。因此,基于不同基础的对于构念的测量,可能有许多种解释模型的出现。因为我们无法确定完美的解释标准,解释主义的形成指标体系只有解释度的差异,却无法判断到底最精确的测量在哪里。建构型指标可以以长江作为模拟。在历史上并没有长江这个概念,后人使用"长江"作为其抽象的概念名称。但是长江到底是由哪些部分组成的,又是从哪里开始的,对此地理学家长期以来经历了勘探验证的过程。长江从其发源地到流入东海,中间接纳了多条支流的水量。这些支流可以被看作是对于长江这一概念的解释,理论上可以认为长江就是被这些支流所构建完成的。当然长江如果以不同的方式定义,也可认为它是由地理因素、文化因素和经济因素等构成的,这便成为在解释主义下的新的构念模型。在传播学中,一个显著的形成型指标是新闻的可信度,虽然这个概念是研究新闻报道与其他概念的核心变量之一,但是对于其构成指标却未形成大家共同接受的结论,其中比较清晰的指标体系包括可相信的程度、公平、精确,以及信息的深度(Johnson & Kaye, 2009)。

在设计形成型指标模型的过程中,有几个因素是需要注意的:首先也是最重要的,形成型指标不能通过统计来解决构念与指标间的影响关系与方向问题,认为可以通过模型的设定来显示概念是反映型指标或者形成型指标的思维在理论上是错误的。概念的测量方式应该是定义的一部分。如果概念的定义认为其由多个因素构成，而且这些因素之间是相互独立的，则构念就应该使用形成型测量方式。使用统计模型来证明某概念是形成型概念也存在很大问题：在不同的数据中，各指标会提供不同的相关系数，而模型的决定系数也会因为研究情境的不同而变化。因而，在不同的研究中，我们所观察到相同指标所测量某构念可能是不同的，也就是被解释的方差是不同的，这种差异并不能通过增加内生变量的方法进行模型构建而得到解决（Lee & Cadogan,2013）。形成型指标中的加权处理也就是赋予不同指标不同权重的决定，也需要在定义中依照理论来做提前设定，同样不能通过统计来计算出每个指标对于构念的效价。

如果形成型构念是由多个指标构成的，这个构念的意义并不能通过将这些指标相加来表征，前述方式对于反映型构念的测量模型来说是典型路径。虽然在形成型测量模型中，隐性构念可以从实证上被定义为所有指标之间的总方差，而这些指标作为集合群来表征某构念的所有意义（MacKenzie et al.,2005），但是这些方差的总和并不等于是每个指标与构念间所构成的二元回归模型的预测的构念值的方差之和，简单将方差相加夸大了构念实际的方差。使用简单相加的量表指数来代表形成型构念，将导致以后估计该构念与其他构念间在结构中的关系产生偏差（MacKenzie et al.,2005）。只有在理论上每个指标与核心构念的回归系数是1，并且构念的总体测量误差是0的情况下，使用指标相加得到的和才能表征形成型构念（MacKenzie et al.,2005），而这种情况仅仅存在于理论中，在现实测量中并不会发生。

概念的抽象程度，与概念本身在测量所需要被观察的维度有关。有些变量是单维度的，但是，在多数情况下，一个复杂的潜变量由多个维度所构成。维度可以被认为是构成概念的最近的一级指标，其直接反映构念或者被该构念所影响。在维度之下可以有多级指标。每一个抽象的概念在现实世界中都有具体的参照物。构念通过这些参照物表现出来。例如工作满意度被定义为由多个侧面组成，例如收入、工作环境、工作自由度、升职前景、培训机会等。收入又可以被基本薪金收入、奖金、股份分红等组成。收入测量的这些指标构成工作满意度的一级指标，而收入等构成工作满意度的二级指标。

由于人们经常认为在 SEM 模型中最适合使用反映型指标测量构念，社会科学中反映型指标在指标建构中具有了优势地位（Mikulic & Ryan, 2018）。由此造成的一个问题是，在构念测量时，我们首先自然地假设测量指标是构念的效果，构念与指标之间都存在层级关系。在这种假设的预测下，指标也就有了统计学意义上的高相关性诉求。如果某一个指标与其他指标之间的相关值弱，统计理论则认为，该指标并非测量该构念的因素。而实际上这种判断可能在理论上存在巨大错误：我们可能把可能是形成型指标的测量构件当成了反映型指标来构建模型（Mikulic & Ryan, 2018）。再以组织传播中的工作满意度测量为例，研究通常没有设定该构念测量的是何种指标，但是大家建构模型时，普遍将对收入、工作时间、环境、培训机会、升职潜力等的满意作为工作满意度的指标，认为工作满意度对这些维度都能产生影响。由此可见，工作满意度的测量是反映型指标测量。但是，数据处理完成后我们可能发现，有些指标值与其他指标存在很大的差异，指标间的一致性比较低，相对的构念对于该指标的加载值也就比较低。例如在不同的行业中，人们在对于收入的认可上具有很高的一致性，但是对于工作时间的态度完全不同。在总体上，工作满意度高的人对于收入满意度也高，但是，非常可能对于工作时间的满意度值非常低。这样造成了对于时间的满意度与其他指标之间存在低的相关性。如果假设这些指标是对于构念的反映，那么该指标为了满足模型适配度可能会被去除，显然，这种为了提高总的载荷值而删除指标的做法是不科学的。这样造成的最终结果，可能是通过不同的研究得到的构念间缺乏相关性，理论也就可能难以得到稳定的验证。

  从另一方面讲，这种缺乏可重复性的量表是违反科学研究的基本原则的。我们预期同一构念在不同的研究情境中被同样的指标所反映出来。这种问题的出现，并非基本模型的使用错误，而是前提预设错误：工作满意度可能是形成型指标却被错误地以反映型指标被加以测量。当工作满意度被认为是验证性因子模型的因变量时，各指标之间是相互独立的，它们之间的相关性不但不是被期望的，而恰恰是模型所要求避免的。这时各个指标对于工作满意度都有不同的解释力，而这些指标构成的模型可以预测构念在多大程度上被这些指标所解释，也就是这些指标的共同效价。

  可见，某构念的测量是反映型指标还是形成型指标，是可以由模型中的关系方向所表征出来的，但是模型本身又并不是指标类型的理论证据。我们通过统计观察得到的构念间的低相关性可能是指标存在问题，也有可能是模型本身的使用的前提逻辑存在问题，而测量指标本身是正确的。要满足测量对于模型的要求，最终的决定因素是理论，而不是数据的关系。单纯在数据上的强的影响和解释力，与真正的关系的强度是完全不同的概念。在进行测量以前，首先需要决定构念与指标的理论关系方向。再以工作满意度为例，这个概念可以被定义为形成型指标测量构念。如果工作满意度被收入影响，收入则是测量工作满意度的形成型指标；但是，工作满意度可以更加宽泛地定义为人们对于自己所从事的工作的总体评价（Christophersen & Konradt, 2012）。在理论之外，对于数据做出的描述性统计也可以部分显示这种关系（Mikulic & Ryan, 2018），但是，这些显示依然需要有理论的背书才有意义。虽然形成型构念的测量是建构出来的，其中必然有理论解释的过程；反映型构念是已经存在的（Coltman et al., 2008），其测量也就是表征也是客观存在，测量无非是找到这些客观存在。

由于理论对于测量指标模型建立的重要性，我们需要根据构念的定义所隐含的关系来认识构念本身。而对于社会现象与概念来说，同样的概念并非只有一个解释基础，不同的解释情境可以得出截然不同的结论。这在概念的定义和测量中依然适用。从不同的角度来分析，构念可能由不同的指标来加以反映。构念对于不同的指标都产生不同的但相联系的载荷，由于这个构念高度的抽象性，同时又可能由不同的维度所构成。通过维度的有机组合，我们可以得到对于该构念的不同的认识。例如，工作满意度由收入等多维度构成，但工作满意度也可以被工作效率、离职倾向等指标所反映出来。另外，相同的指标也并非仅仅依存于测量某一变量而固定存在，测量指标本身也可能是与构念相互独立的。一系列指标对于某变量是形成型的，对于另一变量可能是反映型的。实际上，社会科学经常建议同时寻求同一个构念的反映型和形成型两种操作性定义（Chang et al., 2016），这样我们可以对于变量获得更加完整的认识。当我们不再拘泥于某构念是形成型的还是反映型的，而是在不同的研究中分别从不同的理论逻辑出发，来解释核心构念时，我们才是在把构念放在不同的模型中进行反复验证。如果这些验证都具有信度与效度，这种测量在理论上也就有了科学性和完整性。

在指标的建构中，形成型指标比反映型指标更加复杂。因为从理论上说，反映型指标并不影响构念本身，而只是概念在社会现象中的呈现方式。如果认为世界是广泛联系的，我们就可以认为能够表征构念的指标的数量是难以确定的。指标在理论上只是在诸多被核心构念所影响的指标中抽取的样本而已，区别只是这些指标究竟在多大程度上受构念的影响。我们根据需要的条目的多少，通过因子分析来选定构念载荷最高的问题。其他的问题并非与核心构念无关，只是相关性相较于其他条目内部的统一性较弱而已。这些指标的选择是从能够表征构念的指标库中随机获得的（DeVellis,1991）。同理，条目的增加可能并不能增加对于核心构念测量的准确性，条目本身的质量才是重要的。从建模来看，反映型测量模型可以有许多形式，在以不同的研究设计观察不同的社会现象时，所用的指标很可能是不同的。在不同的情境下，指标间的相互关联度可能不同，按照测量理论也会造成指标的不同。由此我们可以认为，反映型指标在建模过程中容许较高的自由度。由于在理论上不能确定构念最终影响了多少指标，所以对于指标的建构处在动态的进行过程之中。理论上说，每个指标都只是构成概念的测量的样本库中的一个，我们对于指标进行优化的过程是研究能够反映这个构念的最有效的指标，或者是反映各维度的指标集合，而不是发现所有的指标。

另外，正因为各个指标只是反映构念的指标库中的一个样本，这也暗示了每个指标都不能完全表征核心构念，也无法完美解释构念的全部意义。通过增加适宜的指标，理论上可以提升构念的测量质量，但是通过将这些指标相加也就不能代表构念本身了。使用这个量表数值来替代构念，产生的问题是，该构念和其他隐性构念之间的结构估计是不稳定的（Mackenzie et al.，2005）。

　　反映型指标在现代测试理论中被认为是各种测量模型的基础。这些模型包括 IRT 模型、共同因素模型/共因子模型 CFM（common factor models）等。潜在变量被引入来解释指标间存在的协变，这些模型也假设如果核心构念被制约，构念间的协变关系也随之消失（Schmittmann et al.，2013）。这种反映型模型在理论上符合我们测量潜在构念的预设条件：潜在构念不能直接被观察，对于构念的认知来自于其所"表现"出来的各种可观察的实体。对这些实体在理论上的全部抓取也就意味着完成了对于构念本身的观察。正如所讨论的，反映型指标模型呈现出与形成型指标截然不同的特征，其中最重要的是指标间高度的一致性。如果这些指标都以核心构念为基础，那么这些指标会呈现高的共变以及相关性特征。但这些数值上的相关性并不显示它们在理论上是相互依存的。恰恰相反，它们之间在统计学意义上的高相关性也可能是纯粹的假关系：构念是这些相互关系的共同影响因素。

　　对于形成型指标，其具体内容的限定是有依据的。这个依据便是构念的定义本身。当定义限定了构念意义的内涵与外延之后，指标能够在何种程度上涵盖这些意义便成为了判断指标的标准。如果一个指标可以测量构念的某一维度，任何一个指标对于观察构念的完整性都是必不可少的。故而在指标建构时，不但不能随机选择，还需要获得对于指标的全覆盖（Bollen & Lennox, 1991）。

　　因为形成型指标对于构念的决定性作用，指标的建构与取舍就成为系统性的问题，需要充分考虑到完整与效率原则。反映型指标和形成型指标的使用应该为构念本身的特征所决定。从与同级概念的关系来看，形成型指标对于理论的依存度更高，需要在逻辑上表明指标对于构念的影响；而且因为消减指标本身不能减少构念的效度，统计本身难以提示指标是否是概念的有效测量，这就需要理论的指引和预测来遴选相关因子。另一方面，形成型指标定义了构念，减少某一指标可能导致构念本身的意义也发生变化，这更需要理论来为指标背书。实际上，社会科学对于理论的重视也同样显示在测量模型的选择上，在考虑构念的特征、潜在变量和测量的关系方向，以及用于测量构念的指标的特性时，都需要依赖理论支持（Coltman et al., 2008）。

在不同学科中，这些测量模式的使用和选择也有差异：在心理学和管理学研究中，反映型指标占绝对优势，而形成型指标在经济学和社会学的构念测量中更加普遍（Coltman et al., 2008）。有些学者（Howell et al., 2007）认为形成型指标并不是反映型指标具有同等价值的替代选择。在建构新的构念或者在对构念测量指标做出选择时，研究应该尽可能地使用反映型指标。另外，如果对概念的理解产生偏差，使用错误的测量模型会损害构念的内容效度，错误地表征这些构念之间的结构关系，最终会对理论的构建造成误差（Coltman et al., 2008），而且这种误差可能在一段时间内很难被发现，因为这种对于关系的误读来自于对方法的错误使用，而不是方法本身发生了错误。

形成型指标的设置是基于该构念对于指标产生的影响。指标的变化可能对于其他指标没有任何影响，但是必然对于构念的值产生影响。Fornell 和 Bookstein（1982）认为：人格和态度等构念通常被认为是对所观察的事物产生影响的背后因素；如果构念被认为是指标组合的解释因素或者决定因素，这些指标就是形成型的。$\Sigma = \beta_1 x_1 + \beta_2 x_2 + \cdots \beta_i x_i + e$，在这个模型中$\Sigma$被定义为构念。使用此符号是因为其在数学运算中通常代表各因素相加，而形成型指标也可以被模拟为各个指标的"相加"。xi代表某指标，e代表在测量设计中产生的误差。该模型中的每个指标对于构念的贡献是不同的。例如工作满意度中收入、工作环境以及发展机会等指标对于核心构念的支持是不同的，被赋予不同的权重。但是如果这些指标是构念的定义所涵盖的，那么任何一个指标对于构念都有显著的解释作用，任何指标的减少都会带来构念测量的内容效度的降低（Rossiter，2002），而对于指标的科学增加则会使构念的解释更加充分。另外，这些指标虽然对构念有解释作用，这些解释作用的方向受到理论影响，可能是正向的或者负向的。另外这些指标之间是相互独立的，该直线模型本身不能解释他们之间的任何关系，这些指标之间可能存在任何关系，也可能不存在任何关系。实际上，测量理论认为构念解释模型存在的理想条件是解释构念的所有指标在统计上不存在任何多元共线性。指标之间存在的理想状态是多个指标解释100%的构念，但是相互之间同时存在零相关性。

由于组成构念的指标间缺乏关系甚至有时完全没有相关性，传统的测量信度和效度的方法对于形成型指标是不适合的（Diamantopoulos & Winklhofer，2001）。多元共线性问题是形成型指标应该注意的，因为这种测量指标模型本质上是多元直线回归模型。多元直线回归模型的默认前提是预测核心构念的各变量之间是相互独立的。如果两个指标间存在高的相关性，则其中某指标是多余的，应该从指标中删除。而反映性测量模型则不存在多元共线性的问题，因为被核心构念所影响的各指标与核心构念之间是二元直线回归关系，没有其他自变量存在，由此也不存在自变量相关性高带来的多元共线性问题（Diamantopoulos & Winklhofer，2001）。

在反映型指标测量模式中，所使用的指标被认为是测量构念的参数（parameters）的可替换因素。也就是说，对于构念的测量并非有理论限定的指标，只要这些指标是构念所"造成"或者影响的可观察因素，都可以成为测量的指标。尽管用来测量构念的指标对于构念的载荷以及残差必然存在不同，这些指标与构念之间的关系在质量上是相同的；而且我们在反应测量模型中所观察到的指标间的关系是伪关系，指标间应该有相关影响，但这种相关是分享共同的导致因素，也就是所测量的概念（Schmittmann et al.，2013）。

反映型指标的质量并不与问题条目的数量直接相关，决定质量的核心因素是这些条目在多大程度上直接解释了核心概念的意义。但是，这种最佳指标难以获得，如果我们在设计量表时找到了最佳的指标，也就是能够被核心概念100%载荷的指标，那么只需要这个最佳指标就足够了，再增加其他指标反而是冗赘，与效率原则相违背。在现实的量表中，除非是某些事实性信息如年龄等，可以获得对于这个概念的完全载荷，只要受访者诚实地表明这些信息就可以精确测量。量表测量的多数概念是隐性构念，不能直接被观察，这时单一指标无论如何都不能完全表征核心意义，需要使用多个条目来反映，通过其均值来减少对意义预测的误差。即使在极端的情况下，构念对每个指标的有效载荷是相同的，也并不代表这些指标间的意义是重复的，这些相同的数值可能是解释了核心概念的不同属性，每一个指标都有存在的意义。从经典测试理论来看，对于指标的增加也符合科学原则。首先，经典测试理论预设如果我们可以正确地、没有误差地测量某事物,在观察过程中,每个人对于测量都有一个真实的数值和一个误差值,这个误差值是每个人随机的误差值,所以与待测量的数值不同。随着使用的指标的增多,我们所获得的对于概念的测量误差总体上在减小,直到随着理论上的指标个数增加到无穷,误差也就等于零。对于研究所观察到的每个个人的数值,就是 X = T + E,其中 T 是参数数值,也就是固定的正式数据(true value),即我们所需要获得的核心数值;X 是观察到的值,E 是误差。在理论上可以观察到的所有可能的样本的数值 $\Sigma(X_i) = \Sigma T_i$,而 $E_i = X_i - T_i$,那么我们可以获得 $\Sigma(E_i) = \Sigma(X_i - T_i) = \Sigma(X_i) - \Sigma T_i = 0$。也就是说,在理论上每个观察中的误差的加总值是零。当然,这是理论上的值,并不存在于现实的个体样本中。如果样本的个数少,观察的个体误差的加总值非常可能不等于零。在测量的情况下如果使用的条目少,每个条目虽然都包含了核心构念的意义,但是同时也存在误差,这些误差可以在不同的条目间部分相互抵消,但是最后抵消的结果依然不等于零,也就是观察的值并不是构念真实的值。另一方面,统计中的中央极限定理也认为,随着样本的增大,样本的分布就接近于正态分布了。而在正态分布时,每个数的标准数的和就是零,我们观察的数值就是某核心构念的真实值。

另外,经典测试理论对于指标增加可以提升测量质量的假设是建立在这些指标是反映型指标的预设前提下。而在研究使用到经典测试理论、条目反馈理论以及结构方程模型时,几乎也是假设这些测量是效果指标(Bollen & Bauldry,2011),即反映型测量指标。对同一构念的依存造成了这些指标间存在相关性,所以社会科学的信度与效度、因子分析等测量也同样预设反映型指标(Bollen & Bauldry,2011)。对于形成型指标,指标的增加则未必意味着对于概念意义的解释更加完整，因为形成型构念的意义是由研究所定义的，不同的定义伴随不同的指标，这些指标在逻辑上也不能被认为是构成概念意义的必然存在，而只是被定义为构念的构成因素。

从上述的反映型测量模型也可以看出，对构念总体测量的误差受每个条目的误差的影响。如果有足够多的也就是全样本的条目，这个总的测量误差是零。但是，每个条目的测量误差并非受到构念总体测量误差的影响：当反映型测量模型方向指向每个指标的时候，构念测量总体误差与条目误差的关系方向是相反的。我们可以认为，反映型指标测量的误差模型是形成型测量模型，个体条目的误差共同构成了构念测量的总体误差。这种模型也预示了虽然条目间存在高相关性与共变性，在统计上任何一个反映型指标都可以被其他指标所解释。即他们在统计上是相互依存的，但是，每个用来测量核心构念的条目的测量误差是相互独立的。这种每个条目的测量误差的独立性，可以允许研究者评估条目中个体条目的测量信度，也可以帮助研究发现量表中存在信度问题的个别条目，以便于对其加以修正（MacKenzie et al., 2005）。

经典测量理论的一个重要构成是域抽样理论（domain sampling theory），该理论认为，一个构念的真实数值应该通过观察反映构念的所有域中的每个条目才能获得，也就是在理论上只有获得条目的全样本我们才能认识构念本身。在域中的每个条目都是独立的对于构念的测量。在样本增大的情况下，测量能够表征构念的真实特点的可能性也增加。在反映性测量模型中，放弃两个同样信度的测量中的一个并不能改变一个构念的实证意义（empirical meaning）（MacKenzie et al., 2005），但单纯通过增加条目的方法确实可以帮助我们获得对于核心构念的更加准确的认识。同时随着条目增加,测量的信度也增加了。但是,这种增加对于测量质量的提升是基于我们的每个测量或者每个条目都在理论上构成构念的维度,也就是构念母体的每一个合乎理论的测量中的随机一个。在实际测量中,我们并不能保证这些测量都是理论上样本分布中的一个:我们有时把被"污染"的测量加载于测量模型之中,例如条目的复杂性造成的错误可以导致误差。如果受访者对问卷所设计的议题不了解,或者不感兴趣而随机回答问卷问题,这种误差就是因为数据过程被"污染"而产生的误差。另外,条目如果是有效样本之一,其增加在理论上可以提高测量质量,但同时测量的效率也在降低,因此,对于需要多少条目来获得最适宜的信度值要做出判断。

另外,经典测量理论的预设,是在观察过程中除了随机误差外没有其他误差,也就是测量本身没有任何错误,而产生误差的原因,仅仅是因为样本个体所产生的没有呈现一致性的高估或者低估的情况。即使每次的观察完全没有错误,观察总会出现与实际值存在差异的情况。而且这个差异本身也随着观察的个案而变化,并非是固定的。实际的测量除了随机误差之外,还存在各种各样的误差。最大的问题是系统性误差,即所观察的值存在固定方向与实际值偏差的现象。在系统性偏差之外,在测量时还可能遇到各种导致观察值与实际值存在差异的因素,这些因素通常是不可控的,都会造成误差的产生。一个严重的问题是,随着测量条目的增加,这种误差产生的概率也在增加。也就是说,当通过增加条目来减少随机误差(random error)的同时,测量产生其他误差的可能性也增加了。在选择最佳条目数量时,一个可行的方法是使用斯皮尔曼—布朗预测公式(Spearman-Brown prophecy formula)。该模型可以估计获得一个可接受的信度值所需要的问题条目的数量。同时，这个方程本身也是估计测量信度的一种方法。斯皮尔曼—布朗预测公式提供了一个粗略的估计，其基本逻辑是：如果增加或减少测量中的观察值或项目数，测试分数的信度将增加或降低具体的数值。斯皮尔曼—布朗预测公式通常用于在使用折半信度时，根据折半相关性来估计完整测试的信度（Brown，2018）。进行折半信度检测时，研究者实际上更加希望获得的是全部测量的信度值，因此，需要通过折半信度来估计全部测量的信度。斯皮尔曼—布朗预测公式有效地对整个测量做了估计，其基本公式是 $r_{xx'} = n \times r / [(n-1)r + 1]$。在此公式中，如果该信度估计是基于折半信度，则 n 代表 2，也就是原来经过折半的样本的 2 倍；r 代表所使用的测量信度的数据样本的相关性（Brown，2018）。对于此公式有两点需要注意：第一，这个公式得出的值只是估计，并非是精确的；第二，n 在公式中并非是 2 这个常量，而是可以在逻辑上变化为任何数。也就是说用于测量信度的样本数并非一定需要全样本的折半，取 1/3 在逻辑上也是有符合信度检验的理论依据的，此时对所有的测量进行估计时 n 就是 3，因为全样本是实际测量信度的样本的 3 倍数。由此推论，n 可以是整数，也可以是非整数。而且 n 也可以是小于 1 的数。其意义是如果样本减小，那么所得出的信度值会发生何种具体变化。另外，斯皮尔曼—布朗预测公式除了在通常用于以相关性为基础的统计来估计测量总体信度之外，也可以基于 Cronbach's α，进行编码员内部信度和编码员间信度等的总体估计（Brown，2018）。如果较长或者较短的测试与当前正在使用的测试不平行，则预测的准确性会降低。也就是说，在使用该公式时，应当假定被测试的量表在内容意义上是一致的，都是测量同一变量的同质的测试条目。公式本身只是帮助我们发现这些条目的信度,,而只是观察条目的稳定性并不会评估这些条目测量的准确性。按照这个公式的预测,如果一个高可靠性的测试通过添加许多无效的项目来延长,那么所获得的可靠性可能会比这个公式所预测的要低。

长期以来,反映型指标和形成型指标,被认为是构念测量的二分法的基本构成。一个构念或者可以通过它所影响的可观察的指标来表示,如典型的心理构念"自我效能"可通过人们一系列的对于任务案例的执行来观察,或者是典型的社会发展指标由教育水平、健康水平等物理加总而成,这些指标在理论上应该是互相独立且互斥的,在统计学上的理想状态则表现为概念间的零相关性。由于测量通过理论上无影响关系的独立指标来加总完成,这些指标之间在逻辑上难以进行信度和效度检验。因为这些因素背后可能是不同的导致因素,属于完全不同的认知范式,需要有差别的理论来解释其关系。反映型指标与构念的关系,可以被比拟为化学反应的结果与反应过程本身的关系,如氢气与氧气化学反应后产生水。我们所观察的水作为结果,是氧气与氢气化学反应的展现,但对于这个化学反应的过程,我们难以观察到。水的出现表征了氢氧化学反应的完成,而形成型指标与构念的关系,更像是这种化学反应前,氧气和氢气两种物质以及它们产生反应所需要的其他物质条件。这些因素相加,氢氧反应才可能发生,但这些因素之间是相互独立的,在发生化学反应之前它们的存在遵从了各自的属性,只是因为需要完成化学反应才组合在一起。他们之间相加就是测量氢氧反应的要件,缺了任何一个因素,化学反应难以完成。

另外,由于形成型指标相互间是互斥的,构念是相关指标的物理集合,所以在构念中各指标的权重也是建构出来的,而并非通过观察构念与指标的关系来判定的。在不同的指标体系中，同一构念所涵盖的指标可能存在很大差异，这也反映了建构主义在指标测量中的表征。相同构念的不同指标构成会造成元分析的困难。但是，最近这种将建构与反映完全对立的两级测量范式受到了更多挑战。人们也在思考，有没有既属于形成又属于反映的中间测量模式，或者对于两种模式内部有没有其他指标来测量两种指标的关系？因为无论是反映型指标还是形成型指标，虽然指标间的关系不同，依据的理论逻辑不同，其在测量构念上的统计学实现，都是通过将这些指标相加而成，并没有带入这些指标间的具体关系。

反映模式或者形成模式遇到挑战，或许需要一种在这两种模式之外的更加符合科学逻辑的路径。Schmittmann 等（2013）认为，传统采用两分法思维的反映模式和形成模式都存在问题：第一个问题是，没有在测量中展现模型所假设的构念与测量指标之间在关系上的先后顺序。如果认为构念是影响指标的因素，那么测量应该在其过程中通过某种方式表征这种关系；否则，我们只能认为这种关系是互动的相互关系。如此反映模式和形成模式完全假设不同的关系便失去了其前提，即构念与指标之间或者是同时发生的，或者存在循环影响的关系。第二个问题是，这两种测量模式缺乏对于导致或者影响关系的过程的具体叙述。虽然指标在数据上可能影响构念或者被构念影响，还有许多可能的影响模式同时也在发挥作用。这两种模式仅仅观察了两个数值之间的关系，没有详细描述关系形成的具体模式。第三个问题是，虽然反映模式和形成模式都假设测量指标之间并不存在影响关系，这是验证性因子分析测试内容效度的重要内容，但是反映型指标又假定各指标之间存在关系，这也是这些指标成为测试构念的前提条件之一。在实际的指标建构过程中，通常只是在理论的指引下发现这些指标，选择因子载荷高的指标来构成测量指标群，以高效率地解释构念方差为原则，来选定最终的指标，但是，通常并没有测量指标间可能存在的复杂的影响关系。

即使传统的因子分析观察指标相互间的关系，其目的更多是为了测试因子在何种程度上与其他因子存在数值上的关联度，以此来估计这些因子在"共同"测量某变量的程度，而并没有在真正观察这些"共同"是否在测量"这个"目标构念。而效度检验过程也依然只是依靠相关性作为基础，没有将构建的指标导入模型而进入分析，指标的建构有存在误差甚至是错误的可能。在因子分析中，如果没有在将各指标进行控制后观察指标与目标构念之间的关系，这样产生的问题是，选中的指标在统计上可能与构念存在高值相关，因为按照因子分析的逻辑，由此得出的测量指标拥有了高效度和信度，但是，在理论上这种测量可能并非测量该构念的因子，或者是夸大了该指标对于解释构念的方差的贡献。构念越抽象，其所载荷的可以直接观察的指标就可能越难以发现，而这些难以发现的指标可能恰恰就是最能测量该构念的指标。

按照反映型测量模式，$Y = a + b_1X_1 + b_2X_2 \cdots b_iX_i + e$，如果将 X_1 作为被测量的核心构念，Y 作为其所影响的测量指标，只能部分甚至很少一部分被 X_1 影响，其受模型中所有构念的同时影响，该指标的被解释的方差应该由回归模型的决定系数决定。如果反映该模型解释力的 R^2 值小，那么，也预示着该模型中的每个构念，对于该测量指标都缺乏载荷。在这种情况下，该指标并不适合测量目标构念，应该有其他更加有效率的构念加入模型，来解释测量指标。即使是 b_1 的值在绝对值上很显著，也就是该模型所解释的指标的方差是显著的，我们也只能推论该模型在总体上是有效的。或者该测量指标找到了背后的影响因素，但是，依然难以确定具体 X_1 是否是影响该指标的最有效率的因素。如果有其他因素造成了该测量指标数值变化得更加显著，那么该指标实际是测量其他构念的工具。

验证性因子分析也并不能解决影响指标的构念的问题，由此仅从理论上发现被测量的构念和测量指标之间的关系程度是不够的，还需要考虑到对于指标的其他影响因素也就是其他构念是否对该指标有影响，来做综合的系统考虑，并依据模型对指标做出取舍。$Y = a + b_1 X_1 + b_2 X_2 \cdots b_i X_i + e$ 模型显示某测量指标可以被用来测量多个构念，因为它被多个因素所影响。在逻辑上应该是发现其最适合测量的构念，而在其他构念测量中也可以依据其对于其他构念的重要程度，来赋予其测量目标构念的角色，通过权重来决定其在目标构念测量值中的比例。或许这样比将一个构念的所有反映指标假定等值更加符合真实关系。另外，测量指标间存在关系是测量反映模式的默认，这种关系的具体方向以及在关系中所呈现的数值，也可以在理论的指导下厘清。这些测量指标间的关系可能是直接影响的直线关系，也可能是通过中介实现的影响关系。将各测量指标纳入系统的模型中观察，而不是将这些指标看作孤立的只对构念方差负责的变量，这样可以更清晰地发现指标对于构念测量的纯贡献，以及指标间的贡献差异，从而获得更加有效的对构念的测量数值。

构念对于指标的载荷在统计意义上确认了对于指标的影响，但是也可能仅此而已。这种影响力可能与构念的意义或者构念的定义完全无关。以普遍自我效能为例，其测量指标中有条目是"当遇到困难时我确定可以克服它们"（Chen et al., 2001）。普遍自我效能在理论上正向影响这个指标，这个指标通过反复的验证也成为最有效解释该构念的指标之一。但是这种构念作为实体，与实体的反映是完全不同的两个概念，对于构念的影响结果也不是构念本身。构念一经形成便与理论一样是稳定的，正如物质由限定的因素组成一样，其对于其他因素的影响却受到另外的许多因素的影响。例如在不同的情境下，普遍自我效能对于"我"克服困难的自信心，便可能受到受访者在回答问题时联想到的具体困难的影响：如果"我"恰好遇到了挫折，这种肯定回答的可能就偏低，由此指标所呈现的普遍自我效能指数也就偏低。而按照该构念的定义，普遍自我效能是相对于具体自我效能而言，是稳定不变的心理状态。对概念的定义要求不能以概念的起因、结果或者影响来代替概念本身，但测量经常以结果或者影响来间接观察概念，这也在一定程度上违背了概念定义。Schmittmann 等（2013）建议在构念的测量中，被认为是测量潜在变量的指标，应该是动态系统中的自动因果实体。在这个系统中，被测量的核心构念是整个系统的初始动能，通过网络分析可以观察核心构念与其他变量即各测量指标之间的关系。依照动态系统理论（dynamical systems theory）来说，系统依照变量间如何相互影响来决定该系统的状态。这个系统的核心是吸引子（attractor），一个系统有着向某个稳态发展的趋势中的稳态就是吸引子，该吸引子的状态在很大程度上会影响该系统的状态。在一个吸引子的动态系统模型中，众指标积聚在该吸引子的周围达到一个平衡状态；而在两个吸引子的系统中，如果两个吸引子的力量类似，那么整个系统就处在动态平衡中，而如果某概念在力量上发生了状态变化，整个系统会失去平衡而趋向于影响力大的构念。

第四章　文本与意义

问卷调查文本的主体是文字，但是问卷构成除了文字之外，还有很多文本要素如数字、色彩、长度等，这些要素或者可以直接被感知，或者通过潜意识被间接感知，都可能影响这种研究方法所获得数据的质量。在这些因素中，我们通常会更加重视问卷中最大的构成因素，即问题条目对于最后的研究结果的影响，而有时会忽视其他细微的文本因素的调节作用，例如问卷调查的简短介绍对于受访者认知的启动效应等。由此，我们应该将问卷看做一个整体的文本，受访者看到的所有因素都构成了这个问卷话语的内容，而这些因素的价值和意义，也就都需要从数据能够在多少程度上表征构念意义的角度，来加以系统考察。

第一节　文字与语境

在问卷设计中，借鉴以外语发表的研究中的量表，是一个可能产生测量误差但又容易被忽视的路径。从研究发展的趋势看，当下的研究越来越动态、情境化以及对文化敏感。虽然实证研究有稳定以及去情境化的优势，在实际研究中，情境因素又经常被引入来加以考量（Walter et al.,2018）。科学研究使用的语言现在以英语为主导，大部分的学术杂志都以英文为书写语言，这就给不同文化中数据的收取过程与呈现带来挑战。对于问卷调查来说，首先遇到的问题是对于不同语言的量表的使用问题，这又可以分为两个需要考虑的趋向：使用量表原语言收取数据，或者将原量表翻译为其他语言来收取数据。这两种选择的基本考虑原则是由受访者的语言能力来决定，因为在问卷测量的科学度之外，问卷完成者在认知上与研究测量的设计原本意义的一致程度在很大程度上预示了数据质量。当量表在被用于跨文化的研究时，需要重新考虑这些量表的效度。这些量表的效度不能通过声明来证实，而只能通过实证测量来达成（Levine et al.,2003）。

测量中关于人格、态度或价值观的研究通常使用自我报告的方法，这种测量假定测量设计者和测量的应答者使用相同的语言；认知项目和投射测试项目的参与者会接受各种各样的刺激材料，但是研究者和研究的被试者并非是严格共享语言的，而数据的信度和效度仍然基于符号共享意义系统（McDonald,2003），也就是参与研究的群体都在同质的意义语境里对测量过程进行编码与译码。在此基本的假设前提下，测量才可能获取真实的数据，否则可能会产生非常大的随机误差。如果编码与解码处在不同意义空间中，测量便会产生偏差。

当进行跨文化的量化研究时，测量的设计需要考虑到在不同文化中受访者所处的文化情境对于其问卷认知的影响。对于同样的问题，来自不同文化的受访者会做出完全不同的选择。为了使获得的数据与研究设计的构念意义相一致，测量需要在收集数据过程中建立测量本身意义与被测者理解的意义的等价（Fletcher et al.,2014）。等价至少包含五个不同的维度：功能、概念、语言、度量和样本。其中前四个等价直接与在不同语境中所获得的数据相关。功能等价是指概念或者构念在广泛意义上是否会被各文化进行相似的解读。尽管在问卷设计中通常使用直观、具体的描述性文字或辅助性文字，且尽量避免使用同一个构念来测量另一个构念，依然会有概念误读的存在。例如"性格内向"在中国或者日本等传统上推崇中庸平和的文化中，通常是一个中性甚至可能是褒义的概念，但是在美国等西方文化中，可能被许多人认为是性格不够完整的表现。在这种情况下"内向"就缺乏功能等价，量表设计需要考虑不同文化中的人们对于这个概念的评估，并加以适当的文字调整。概念等价是关于构念在受访者的理解过程中，在多大程度上有相似的意义认知。相对于功能等价的宏观建构，概念等价直接涉及量表的文字，这些文字是否被参与研究的样本个体，在同样的认知范式内进行解码。例如，由于法律制度的不同，知识产权所包含的范畴在不同国家具有很大的差异。当被问及关于知识产权的态度时，如果缺乏必要的帮助，不同文化背景下的受访者会做出完全不同甚至相反的态度反应。文字是文化的重要组成部分，虽然语言学并非是本书研究的着力方向，但是在问卷设计中语言文字是最主要的媒介，对于文字的选择是测量的问卷设计的具体呈现。

在问卷的设计中，为了提高信度和效度，一个好的策略是直接使用高质量的前人研究中的量表，这就难以避免遇到所使用的量表的文字与受访者的母语不一样的情况。例如，中国传播问题的研究经常借鉴英文量表来设计，此时语言等价问题就需要解决。以往的研究（Fletcher et al.，2014）对于双语研究问卷提出了解决方案，其中一种是回译，双语人员将原始量表翻译成当前研究的受访者最习惯使用的语言，然后另一位双语人员再将这一版本翻译为原始量表所用的语言。如果经过双重翻译后的版本与原始版本不存在显著差异，则第一次翻译后使用的问卷是可信赖的，否则需要对翻译的语义重复性地加以修正。公制计量（metric）等价也被称为测量等价，是关于来自不同文化的受访者对于问卷的参与策略上存在的差异。如果一种文化的受访者更加倾向于参考社会期望来选择选项，而另一群体更加偏好从自我的真实表达层面来回答问卷，问卷的数据质量就会产生误差，如何纠偏也由此成为课题。

实际上，方法论已经认识到文化对于测量质量的挑战。Herdman 等（1997）发现，在不同文化情境中使用问卷所遵循的不同种类的意义"等价"（equivalence）并没有被清晰地定义，我们也缺乏关于等价的理论框架。逻辑上假定任一测量在被用于跨文化的研究语境中却不会发生性质变化的理论都需要经验证据的支持才可确定其合法性。然而在研究实践中，类似于人们所研究的生命科学（Herdman et al.,1997），社会科学的许多领域包括传播学在内，在使用测量时大家都沿用一种专制主义的思维方式，试图想当然地为不同文化语境下的研究构建测量之间的等价概念。然而这种等价构建仅在普遍主义背景下才能满足必要条件。由此，在跨文化研究中，在对问卷文本进行表述时，必须对语言转换前后的测量"等价"进行定义的标准化，并界定这种等价的意义核心，而且这种标准化的过程也必须与相关的等价理论相联系并被其指引。否则，仅仅假定所翻译的量表文本可以有效地被使用于其他文化的情境中，可能会导致理论上的偏差。显然这种等价很难在实践中完全实现，"绿杨楼外出秋千"的意义在非汉语语言中无法被完整再现，其他语种的文本也同样难以被中文所全面表征。这种偏差如果没有清晰的定义来观察，就可能导致误差数值难以被发现，最终成为系统误差。

Whetten（1989）关于理论贡献构成模块的讨论中，建议对于被用作社会现象解释的概念因素做出设定：这些因素间的逻辑关系陈述，以及关系成立的逻辑基础是不可缺少的构件。但是该讨论也同时提到了理论适用的时间、空间以及人群，也就是情境范围问题。这些因素限定了理论的时空界限，但是在现实中很少有理论对这些情境作出明确的界定，人们习惯于预设这些理论在每个社会模式里，都产生同样的观察结果。然而，我们应该认识到，对于社会现象的观察基于情境，意义也依存于情境。建构主义也认为，对于客观事件的观察，只有在将具体现象放置于它与周围环境的互动之中才能获得对其更加清晰的认识。意义受情境的制约，在不同的情境中，同一概念可能有多重意义；人们对于意义的理解也受情景的制约。我们将情境引入信息的处理过程之后，概念的意义也会发生变化。在理论的构建中，适用条件通常是在反复验证中被发现的，人们需要对于理论的适用条件保持敏感。而当我们将理论贡献的构件移植到测量中时，这却是更需要在研究设计中考虑的内容。理论存在着情境的适用差异，概念的意义也同样在不同情境中产生变化。

例如在 Costa 等人（2012）的研究中，为了测量蒙特利尔认知量表（Montreal Cognitive Assessment）在不同情境中的信度，两个英语版本的量表被翻译成德语，每个英文版本被神经学家和心理学家翻译为德语后然后又被回译为英语，以比较翻译之后的版本在意义上的差异。被翻译为德语的量表版本中的条目多数与英语版完全相同，但在一些次级测量中做了小的语言文字调整：为了测量语义流畅度，在德语版本中使用"K"和"M"作为音韵流畅度以保证类似的字母频率。这种对于文字的细微调整也防止了不同版本在任务完成难度上可能产生的差异（Costa et al.,2012）。在对问卷做精确的翻译之后，还需要对得到的复本做信度的检验，以保证不同版本测得的数据在反映同一概念时是一致的。

规范科学（normal science）的基本存在逻辑是研究的基本积累，也就是任何研究设计都建立在已经存在的理论或者文献上，这些文献也包括了测量的继承与再测量、再验证。由此逻辑出发，我们在测量与人的心理和行为倾向有关的构念时，不可避免地需要借用被大家所认可的测量系统，包括量表以及对于量表的实施规程。如果我们认为人的行为是跨文化共通的，也就暗示在测量同类行为时也需要使用同样的测量，即使是对不同文化情境下的人群依然如此。这在理论上是可行的，但是量表同一的假设是同样的量表，能够被不同的人群得出同样的解读，也就是说文化情景不影响测量的信度。实际上这种预设前提很难被完全满足：即使在同一文化中，语言也处在变化之中，在不同的文化情境中这种差异更加明显，因而不可避免会影响测量的稳定性。而且，直接使用原来语言生产的量表，也会因受访者语言水平不同而造成解读偏差。对于使用不同语言设计的量表，比较可行的解决方案是翻译成受访者熟悉的语言。但这个翻译过程，只是解决了受访者外语水平差异对于测量信度的影响，却不能解决由于文化差异造成的对于同一问题的不同理解。从理论上说，最有效的解决原则是在能够使用原来语言的问卷时，首先选择使用原问卷，因为任何对于传播符号的再呈现，都不可避免地会造成意义的些许改变，这种改变本身就是对测量信度的损害。

再例如，在对于新冠疫情的认知与人们的应对行为的研究中，有时涉及远真（telepresence）的概念。对于该概念的维度尚缺乏统一的认识，现在人们一般认可其由"在场""社会真实""沉浸"等六个维度构成（Lombard & Ditton,1997）。但是由于这六个维度在意义上存在交叉，对其中某些维度的测量就容易产生多元共线性问题，问卷条目文本在内容上的差异模糊，容易造成测量数据质量的下降。同时，这些维度测量的量表虽然存在（Lombard et al.,2013），对于这些测量条目的表述却与概念一样，存在着过于抽象的问题，即概念是抽象的难以被直接观察。对于维度的可操作定义以及由此产生的条目的可验证性也存在偏差，由此在具体的测量中就导致受访者难以理解具体意义，需要对问题本身进行再解码，这种再解码过程的多样可能就必然造成测量质量的下降。例如，在测量沉浸时，有问题为"在何种程度上你感觉自己的大脑沉浸在身体体验中"（Lombard et al.,2013），在问题中出现了与待测量的变量同样的词，造成同义反复的问题，受访者如果不加以再解释就产生了不同理解，这对于测量质量的影响是根本性的。

自我报告式测量（self-report measurement）造成误差，是在调查研究方法领域被长期关注的一个问题。例如，在问卷调查方法中，如何减少遗漏误差（omission error,OE）的发生是重要课题。如果受访者不能回答或者拒绝回答相关题项，研究则缺乏完整而精确的数据来分析社会现象。如果这些问题被某一特定群体有意识或者无意识地遗漏了，则我们获得的对于社会意识的分析可能缺乏必要的认知。后续的问题可能是对于其他关系的认识也会存在误差。例如，我们希望了解社会对于在公交车站周围设置禁烟区的态度，很可能有部分吸烟者，对于问卷里面的关于吸烟造成的二手烟危害的问题拒绝回答，缺少了这个重要群体的数据，群体在禁烟态度上的差异缺失重要发现，当需要观察吸烟与否对于社会舆论的调节作用，我们的发现也就可能是片面的。

影响问卷质量的一个概念是无注意（careless）反馈——即受访者对于问卷本身的内容，在缺乏认知动机或者认知能力的情况下，对问卷答案进行随机的无意识的选择。受访者的这种问卷参与策略，并非是主观地对数据进行伪造。伪造需要对问卷本身进行考虑，同时需要对自己的真实想法加以考虑，最后根据自己的具体原因选择与自己真实信息相违背的信息；而无注意反馈则是脱离了问卷本身必需的认知的回答策略。研究发现，总体上8%—12%的受访者，在对于问卷的所有或者大部分问题进行无注意反馈（Curran, 2016; Meade & Craig, 2012）。无注意反馈有些可以从数据本身加以分析发现。按照统计理论，题项间过分高的一致性，或者过低的一致性都可能是由无注意反馈造成的。有些受访者会对全部或者大部分问题选择同样的答案，这种现象被称为"长系"（longstring），可能体现了无注意反馈的结果（DeSimone et al., 2015），这与问卷设计中要求题项要有区分效度的测量理论是相违背的：问卷需要对意义的边际值尽可能加以收集，但是人们选择同一答案，显然使得这种初衷失败。而如果受访者随机选择答案，则会导致同一变量的题项之间产生低的信度值，这也与测量的信度要求相违背，同时也显示了受访者可能的无注意反馈。另外，受访者对于问卷的卷入程度也可以由其完成工作的时间来部分体现。通常在前测时会考虑完成工作所需要的时间，如果显著低于这个时间就可能由无注意反馈导致，在线问卷可以记录参与者每一题项的完成时间，研究者可以依照这个数据来部分判断获取的数据的质量。另外，一个小的策略可用来发现这种问卷回答的问题：使用反向问题，如果受访者对于问卷的内容缺乏认知动力，反向问题获得的数据就会与正常问题一致。

减少误差的另一个有效方式，是减少受访者对于问题本身的误解。量化研究的重要特点是追求精确，即使用纯数字来反映事物的差异，任何细微的变化都可以通过数字的变化来反映，而这些变化经过公式多层计算以后在数值上会逐渐放大，最终产生很大的误差。而对社会问题的研究许多是从语义解码开始的，将解码的内容转变为数字进行分析，这种解码的责任在受访者而非研究者，他们在这个认知和决策的过程中不可避免地存在误差，无论如何，受访者对于解码的差异是难以避免的，这也造成了测量误差的难以避免。例如对于暴力的理解，不同的人可能有完全不同的定义。不同的文化背景造成的对于涉及价值观的概念理解的不同步，更会对测量的准确度产生影响。对于问卷的文本设计来说，研究由此需要观察误差产生的原因，并基于理论来尽量减少误差。

现代意义上的测量建立在笛卡尔的思想之上，在十五到十七世纪开始成熟，其基本假定是任何物质化的个体都可以被一定数量来再现，由此暗示的是：至少对于自然科学来说，量化是科学方法的唯一选择。虽然社会科学的研究对象是人类的活动，但是人的行为也是物质构成，在这方面与自然科学有相似之处，在一定程度上也可以使用接近自然科学的赋予人的行为数值的方法。所谓观察世界，首先承认社会与自然界类似，都有规律为基础的内在机制在社会现象背后起决定作用，观察就是将这些客观规律找到，也就是完成研究。承认共性并不否认社会人在个体上存在差异，恰恰相反，研究或者观察的目标，就是要从这些差异中来发现共性，也就是社会现实。如果否认存在个体差异，认为整个世界是完全同质的，所谓的对于个体的观察就失去了存在意义，而具体的观察过程，例如抽样与推论统计等也没有必要了。个体差异不是否定了观察，而是为观察提供了更多的可能和意义，这是社会科学相对于自然科学的更有趣之处之一。

问卷里的很多条目在内容和情境上并不是社会中立的，相反它们在文本上是"社会配载"的结果，也就是可能带有价值观的暗示，或者是可能在问卷的回答时引起对于社会价值观的联想。"社会配载"与科学研究中实证主义的价值所控制的默认预设产生矛盾，在问卷的回答过程中可能产生影响，由此与错误报告有或者严重或者轻微的联系（Preisendorfer & Wolter, 2014）。社会配载的一个因素是社会期望，其造成的虚假反馈可以在很多概念上显现，可能是客观问题，也可能是主观问题。例如个人的基本信息，身高、体重的数值等；行为相关的，例如是否做过捐赠，在报税时是否存在作假经历；信仰和态度方面的，如是否信仰某种宗教，对于种族或者不同社群的态度等。造成这种社会期望的因素既有受访者的具体心理因素，也有问卷本身设计的模式和文本等因素。基于性格的不同，人群愿意回答有社会配载的问题的程度存在显著差异。一个显著的影响是在西方崇尚个人主义的情境下，人们给予自我目标以优先权，其行为也是基于个人态度而非内生群体的可能的主体态度（Triandis, 2001）。因而人们更愿意回答对于社会政治的态度的问题，例如表达对于社会问题如同性恋婚姻的态度、参与政治和社会组织和政治投票的意愿等。

在东方文化更加崇尚集体主义的话语体系里，受访者对同一个问题也可能会有完全不同的回答，这种差异一方面因为文化本身对于问卷的理解有差异，因为文化在定义上是共同分享的，用以理解、相信、评估、交流和指导行为的基本元素（Triandis, 1996, p. 408），不同的文化背景会对于同一涉及文化的概念产生理解差异。而且，这种文化也影响人们对于行为的定义和具体实施的行为：在集体主义文化中的个人更加可能将自己定义为群体的一部分，在行为时首先考虑群内目标，同时会更加立足于情境而不是内容来解读社会现象，在做行为决策时也会更加注意外部过程而不是内部过程（Triandis, 2001）。由此推论，东方文化中的个人在对社会问题做出判断和评估时，会更加重视社会期望，即周围集体情境的规范，而可能忽略问卷本身的内容，从而做出非真实的回答。如果问卷的文本对所有问题都负载社会价值，并且这种负载是同向的且载荷相同的，那么社会配载对于样本的描述统计产生影响，但数值在总体上所预测的概念之间的关系并不会被影响，因为在这种情况下，构念之间的数值相互控制，负载可能成为常量，构念间的关系在标准数上并没有改变。但是，问卷条目的社会配载程度是不同的，而且每个人所受到问卷条目的社会配载的影响可能是随机的，这种随机会对测量的数据产生难以预测的误差。为了消除这种误差，需要在问卷设计时尽量将社会配载考虑在内，例如在问卷文本的语气上尽量保持中立，使用非引导性的文字来表述议题，以避免引起有关价值判断的联想或者社会比较。如果研究的议题本身有很强的社会价值的争议，例如器官捐献，或者虽然无社会争议但是可能对受访者产生情感挑战，例如有关个人隐私信息的提供或者可能引起民粹主义情感的信息。如果这些信息并不是研究的核心，可以在条目中删除以避免污染受访者对于其他条目的理解和选择。

对于问卷来说，社会期望是指人们在报告自己的问卷选择时报告他们所认为的会更加被社会接受的选项，而不是他们认为的能"正确"地反映自己的选项，这在问卷调查研究中被称为受访者相关信源误差（respondent-related sources of error）。例如在美国总统大选的过程中，候选人的辩论直播是选民获得政治相关议题的重要途经，但是自我报告的调查数据倾向于夸大实际观看直播的人数：随机抽样发现，自我报告看过辩论的观众是实时记录收视率的尼尔森数据所报告的数据的两倍（Prior, 2012）。美国人在回答问卷时显然迎合了似乎"政治正确"的公民关注政治的社会要求，许多人即使从不关心总统大选，也会提供表明自己接触了相关电视节目的选择。

第二节　设计特征语言

当获得问卷后，受访者会进行一系列的认知过程才能完成作答：（1）理解，也就是受访者阅读问题并对问题进行分析的过程；（2）检索，即受访者使用信息搜寻与筛选策略，来从记忆中召回相关的认识；（3）决策，受访者将检索召回的认知与最后的判断进行整合，从而决定应该做出何种选择；（4）反馈，是指受访者将决策印证于可获得的选项来回答这些问题（Tourangeau et al., 2000）。在这些回答过程中，问卷的设计特征语言，也就是问卷最基本的问卷样式，例如问卷的长短等，都可以影响相关行为。

从广义来看，问卷的特征可以包含问卷文本的所有信息，而从狭义来讲，这些特征主要是指代问卷设计可以被区分的，在外在形式上的归类。其中有关问卷模式（format）的量表方向，就是这些特征之一。量表可以使用从高到低的方式（从"非常同意"到"非常不同意"），也可以选择从低到高的方式（从"非常不同意"到"非常同意"）。在传播学的量表设计中，研究者通常认为选择量表的方式是基于个人习惯和倾向的，故而测量长期以来并没有特别重视量表的方向问题，但也以"文化规范"（culture norm）的方式为量表设计提出实用建议：人们在认知过程中习惯于从低水平到高水平逐渐上升，所以选项通常也是从最小期望值开始到最高期望值（Bradburn et al. ,2004 ,p. 329）。这种习惯性的方向使用，同样需要注意其与人的认知理论相合拍。

研究实际发现，问卷受访者往往会选择最简单的方式来对待问卷里的问题条目以及选项：他们更加可能选择最先出现的量尺（scale）（Yan & Keusch,2015）。许多研究将这种现象归为首位效应（primacy effect）或者最小期望满足效应（satisficing effect）。两种理论都认为人们在认知投入度不足，或者认知缺乏或者认知参与度缺乏的情况下，容易使用最简单的决策策略来完成任务，其中首位效应等成为可选择的有效手段。首位效应预测指，首先出现的事物在认知上被给予更多喜好，而这种选择如果也满足了最小期望，也就是该选项已经可以满足自己的判断，虽然这可能并非是完美选项，但它也就比后来的选项更容易被选择。这个很容易理解：如果人们缺乏动力或者缺乏能力来对问卷做符合自己意愿的解答时，他们会随机选择一个答案，只要这个答案看起来没有与自己的认知特别相对抗。对于人们优先选择最先出现的事物，Yan 和 Keusch（2015）发现相较于以上两种理论，锚定理论提供了更多实证证据：人们在对于各个选项都缺乏清楚的认识时，他们就会从某选项出发来做评估，但是这种评估受到最先看到的选项的影响，这样即使人们做了更加深入的分析，最后的选择受到"锚定"，也就是最先出现的选项的拖拽，最后的选择会在最初的选项周围。这种逻辑预示着最先接触到的信息对于后来的信息产生默认效果，也就是对于后面出现信息的左右产生中和作用，从而使后面接触的信息的重要性降低。换言之，如果受访者的阅读习惯是从右至左，那么右面的信息将更加可能被选择。不过现代人的视觉生理结构和阅读习惯，决定了人们通常是从页面的左边来开始信息的接触和处理，实验也确认了这种理论在问卷回答上的实用性。当然，该发现还是有值得探索的空间，例如在什么情况下受访者倾向于选择先出现的选项，为什么做出如此选择，以及这种选择对于测量的质量会产生何种影响等。

问卷的正文文本除了问题条目本身以及选项、选项的类别分级之外，还要考虑每一个分级的标签格式。研究发现，只提供顶点标签（endpoint label）来指明极端的选择如"非常不同意""非常同意"对于研究者而言比较容易完成，这种方法是仅在两端的选项提供文字帮助。相较于标明每个量表等级，仅仅提供顶点标签的方法可以简化受访者的认知过程（Weng, 2004），这或许说明将中间的选项内容省略，可以留给受访者更多的认知填补空间，人们没有必要仔细分析每一个选项的意义差异，就可以按照首末选项所反映的基本差异模式，来快速做出选择；如果有更多选项，可能造成受访者的选择困难。研究也发现，当只有两个顶点的值被标明范围时，如在五分量表中 1 标明"总是"和 5 标明"从未"时，受访者并非与研究者认为的那样，会自动准确领会到中间的每个选择所代表的数值范围，例如 3 分可能并不能总是被认为是中间值，这是就产生了反馈偏失（mis-response）。在这种情况下，类别标签的缺乏造成受访者对于中间值所代表的数学意义缺乏一致性，从而造成受访者测量数据上的信度变化（Arce-Ferrer, 2006）。为了减少受访者在参与研究过程中的过度认知承载，需要在问卷设计的每一个部分都尽量减少繁复度，这既可以提高问卷总体的美感，更重要的是最终有利于信度与效度，所以以往研究的建议是使用 5 分或者 7 分量表，并且在每个回答类别都具体地标出标签，如 5 分的李克特量表，通常使用的标签可以为"完全不同意""不同意""既同意也不同意""同意""完全同意"

（Weijters & Baumgartner，2012）等常态的选项。这样虽然可能在初次填答问卷的受访者中造成一定认知困难，例如他们需要对每一问题都评估每一个选项，对每一个选项意义都做出比较和鉴别，但是这样标准的标注，又减少了受访者的认知自由度，由此，最后的信度应该也相对高些。

为了减少受访者对于认知的投入，或者是为受访者的回答提供更多的选择，问卷会使用开放式问题或者封闭式问题。封闭式问题将受访者的选择限制于固定的变化之内，而开放式问题恰恰相反，是使受访者尽量自由地远离这些限制。今天的问卷一般使用封闭是问题，其优点是强迫选择增加了控制，方便了数据的分析。但这种控制优势同时也潜在提示其劣势，如果人们的认知结果并不符合任一选项，强迫选择就造成数据的系统误差。实际上，不论是使用哪一类问题，问卷调查条目的内容都是基于对于受访者在回答问题时认知的前提预设（Schuman & Scott，1987）。这种预设是：研究者应该清晰知晓受访者对于某些社会问题的认知是完全的，并且对于这些议题和其他议题的关系也已经有了充足的理解。但实际情况可能相反，研究者所关心的问题可能并不在受访者的知识结构之内，相比较于研究者对于该社会议题的长期关注，受访者对这些议题可能还远远处于知识成熟的阶段之外，例如询问受访者对于堕胎问题、某些疾病的危害和防治问题的态度等，这些议题往往超出了受访者所能完全理解的范围，他们对于答案的细微很可能是无感的，甚至根本不清楚这些选项的意义差异。

当前的问卷调查，依据控制的基本理论，倾向于使用封闭式的问题。这种封闭式问题的假设通常强调量表在逻辑上，真实地表征了所要测量的问题的全部维度，但是通常不会估计受访者对于这些问题的理解是否与研究者一致，问卷的问题是否在受访者的认知框架内。如果这个答案是否定的,受访者实际上在完全随机地选择答案,而由此获得的数据与人们的实际态度相背离。例如政治传播关于议程设置研究中的一个经典问题是"你认为今天国家面对的最重要的问题是下列中的哪一个?"通常的方法是研究者列出当前若干比较显著的社会议题,如经济发展、环境污染等重大且有长久意义的议题以供受访者从中选择。直到今天我们依然在使用这种模式来获取数据。但是 Schuman 与 Scott(1987)的实验令人惊讶地表明,在封闭式问题的情况下,"公立学校的质量"(32.0%)和"污染"(14.0%)是最重要的议题,受访者在封闭问题模式下又另外列出议题的选项,有 39.4% 的人列出了所提供的 4 个议题之外的议题;当使用开放式问题"你认为国家面对的最重要的议题是什么"而需要受访者自己列出这些议题时,这四个问题很少被提及,被提及最高的也仅有 1.2%(公立学校质量),而 93.0% 的议题是这四个议题之外的。使用开放式问题被认为可以给受访者更多的自由选择,可以获得更多的真实信息,但实际上这种方式依然可能限制议题的框架。Schuman 与 Scott(1987)的研究也发现,当人们被问及影响世界的事件时,人们从各个角度来回答该问题,其中"计算机的发明"被 1.4% 的人提到,在提到最多的事件中排列第 5 位,且远远落后于第一位的"第二次世界大战"(14.1%);但是如果将被提及最多的 5 个事件作为封闭式问题的选项,计算机的发明被最多的人认为是影响世界最大的事件(29.9%)。

在需要受访者提供精确的回答时,有时开放式问题比封闭式问题更有效。Burton 和 Blair(1991)认为封闭式问题可能被受访者认为,这些选项暗示何种答案是研究者所期望的,由此他们可能按照这种估计的选择来做出抉择。虽然这种判断可能缺乏根据,但是"锚定"效应依然可能限定受访者做出判断。

Peterson（2000）认为以下情况应该使用开放式问题：（1）答案不能被预测到，或者回答选项可能有不确定选择；在先导研究（pilot study）中为了获取数据的基本分布状况，通常需要使用开放式问题来收集尽可能多的答案选择；（2）封闭的问题可能存在受访者被影响的情形，为了使受访者在自然状态下提供信息，开放式问题为更优的选择，开放式问题产生的随机误差更小；（3）变量本身的测量要求需要使用开放式问题，例如年龄的测量可以使用定序问题，但是定序问题获得的数据在统计分析上可能受到局限，如果使用开放式问题，可能会获取更加具体的数据；（4）一些潜在的不可预料的事件需要问卷的灵活性，例如，在当面访问中遇到受访者拒绝直接选择支持还是反对的情况时，可以使用开放式问题来获取文本数据，以待后续分析；（5）问题需要补充信息时，使用"其他"选项让受访者补充未被列出的选择内容是通常做法。例如在 Shen（2004）的实验中，使用开放式问题来测量人们对于政治候选人的议题或者性格的思考，由于实验参与者思维的多样性，很难使用封闭式问题来涵盖所有的看法，而开放式问题则可以实现这个目标，在对于人们在自然状态下的想法进行编码后，可以有效的验证假设。

使用开放式问题也会给受访者带来认知负担：受访者需要使用自由记忆来提供反馈，有时他们也因无法理解该问题背后的情境而难以回答，这比从默认的选项中做出决策要更加困难（McBride & Cantor, 2010）；即使受访者有足够的认知能力来准确地做出回答，频繁使用开放式问题，也可能会造成他们的劳累或者心理抵制。毕竟人们通常是吝啬的认知者，当需要完成的工作并非义务，或者行为不能产生内在或外在的效益而阻碍社会交换时，他们可能拒绝继续从事这些活动。而问卷参与的原则恰恰是自愿性，通常不是经济学意义上的等价交换，即使有金钱或者礼物的存在也只具有仪式的意义，可能远远低于受访者参与付出所需要的补偿值。另一方面，对于研究者来说，开放式问题有时可以提供更精确的数据，例如具体的年龄、收入数字有利于后续的统计分析。但是当这些问题所提供的数据并非纯数字，而是文本描述时，对于这些数据的处理就变得繁琐而充满挑战，通常需要对数据重新编码。因为受访者的匿名和随机性质，建立科学的编码系统本身就存在很大的信度效度问题。因此，对于需要受访者和研究共同参与编码、译码的开放式问题，在使用时需要格外小心，其使用需要切实的理论支持，否则封闭式问题是更好的选择。当然，在问卷设计的初期阶段，使用开放式问题可以帮助研究者更好地了解受访者对于研究问题的态度和倾向。通过对前置问卷中开放式问题的阐释，我们可以增加最终问卷问题中选项的偏度，包含所有可能的选择，同时保持各个选项的被选择概率相对平衡。例如，我们在测量社会群体的年龄分布时，如果通过前测的开放式问题发现某个社会偏年轻化，在最终的问卷中对于年龄测量可以使用非平等的类别，将年轻的群体按年龄进行细分，减少每个群体的组距，而对于年龄大的群体可以增加组距，这样既可以使每个年龄组的概率分布相对平衡，又可以发现年轻群体之间的可能的细微差异。总之，开放式问题要谨慎选用，而且需要科学的依据；在不适合使用开放式问题时，它的实验性应用可以为科学封闭式问题创造分类依据，提高封闭式问题设计的科学性。

开放式问题与封闭式问题在测量社会舆论时，可能不能展示态度的绝对水平，甚至可能难以呈现态度的相对水平（Schuman & Scott, 1987）。作为测量社会舆论主要工具的问卷调查方法，因此应该将目标定位为观察态度随时间或情境的变化而发生的变化，而不是测量在某横断面的具体态度描述（Schuman & Scott, 1987）。实际上我们也可以进一步认为，无论是开放式问题或者封闭式问题，都可以帮助我们来发现各种数据在理论上的关系。这种关系受问卷本身的文本以及受访者的参考框架的影响，比实际的描述数值要小得多。

第三节 遣词效应

在心理学从行为主义范式转移到认知范式的过程中，量化的问卷调查和实验方法，为人们探究社会中人类自身，以及人类与社会的互动行为提供了有效的依据。这些数据使我们脱离了个人的纯粹解释，而是以能尽可能表征人的行为的数字符号间的关系来分析个体，并在以一系列规范的自然科学为基本逻辑的路径下解读这些数据（Jobe & Mingay, 1991）。由此看来，社会现象被放在类自然科学的平台上进行审视，淡化了人与自然物质个体的不同，而将人归于与其他生物共同的语境下，认为人具有与其他生物同样或者类似的行为，人的社会性无非是人作为生物的行为表现的一种形式，其行为的产生与演化遵循与其他生物在逻辑上类似的规律。人的行为差异是由可以被观察的固定因素引起的，其行为的特殊性仅仅是某些因素的存在而导致的。社会科学的任务无非是像发现其他生物的行为因素一样，来发现这些特殊因素，或者是发现人类社会的基本规律。基于这种基本思维，人类可以借用观察其他生物的工具来观察自身，对于人类以外的其他生物的行为的认识，为我们研究人类行为提供了方法和基础的理论，我们在这些理论和方法的基础上发现更特殊的关系，而不是因强调人类的不同而放弃这些科学发现。

　　社会科学哲学也承认，由于人类的更加复杂性，这些使用量化方法获得的数据，在实际上并不能反映或者完全反映人的行为特征：基于测量设计的不同，误差是难以避免的；而且由于测量本身存在的误差、被测量者在参与测量过程的误差以及时空等因素造成的情境误差，我们所观察到的人类行为以及预测出的人类关系等，都处在动态的变化之中。这种变化有些可以通过其他的科学方法如统计等加以预测和控制，有些在实际操控中则难以控制，有些我们甚至不能发现导致这些误差产生的原因，例如造成人们在不同的议题时回答问题方式的策略的差异的影响因素（Kamoen et al., 2013）。

　　虽然误差对于数据的影响很大，我们又难以消除误差，但是在研究设计中也需要通过一定的手段来发现这些误差的来源，并通过改善测量来尽量减少这些误差。对于测量质量的影响很多，问卷的文本设计造成的一个显著误差来自于遣词：在问卷中微小的文字变化会带来回答的显著差异（Jobe & Mingay, 1991）。因此问题设计是在科学探询（scientific inquiry）实践中的艺术形式，需要严谨地注意每一遣词。对于遣词变化可能带来的显著差异，一个经典的遣词效果研究是 Rugg（1941）的关于是否支持"言论自由"的问题，其中两个问题的差异是对于这种权利的是否"允许"或者"禁止"。研究发现，当询问是否"禁止"时，人们回答"不"，也就是结果为赞成言论自由的概率，比直接对"允许"说"是"的概率高出 21%。元分析发现造成这种回答上的不对称现象的原因很多，其中重要的因素是问题与所涉及议题的重要性和抽象度，以及对于议题的重要性的强调等（Holleman, 1999）。虽然我们尚未知晓这些因素如何影响受访者的信息处理过程，一个合理的解释是，当受访者难以或者不愿意对所询问的议题做出强烈的决策时,他们采取折中的方案来做回答,如不同意负面问题中的论述,但是具体在多大程度上不同意他们也并未有清晰的水平限定,这也许与问题选择中人们通常选择"既不支持也不反对"的选择策略相同,对于明确的支持和反对都持有保留态度。

对于印证遣词影响的确认,一个有趣的问卷是 Belkin 和 Lieberman(1967)的一个实验所用的材料,该实验在纽约市的一个购物中心进行,854 名 15—49 岁的男性消费者被询问他们对于某品牌的三款新旧防晒霜产品的购买意愿。在展示了相同的产品目录后,这些消费者中一半的人被问"你是否有兴趣购买这些产品?"那些提供了肯定回答的消费者接下来被问"你愿意购买哪一种产品?"("是否愿意"问题);另一半的消费者则被直接问"你有兴趣购买这些产品中的哪一种?"("哪一种"问题)。数据显示,相对于"是否愿意"的问题,"哪一种"的问题显示了高得多的购买兴趣:64% 被问"哪一种"的消费者表示愿意购买所展示的防晒霜中的一款或者多款,而被问"是否愿意"的人群中只有 53% 的人有兴趣购买这些产品,这个购买意愿概率差异显著。

借用前人的研究是一种有效率的选择,即使人们对这些量表有疑问,但是规范科学的传统通常也没有鼓励这种质疑,所以这些研究被认为是经过验证的,拥有信度和效度。但有时这种借用需要根据具体的研究情境,对文字做必要的修改,完全不加任何调整的问卷是少见的。这种必要的修正需要有切实的证据或者理论支持,在缺乏依据的情况下则不能修正,否则就可能造成测量质量的下降。如原问卷中的最后一个选项"完全"在新量表中被改为"强烈地",这种相对微小的改动,带来的可能是获得的结果均值下降以及天花板效应(ceiling effect）的减少，所以这种改变被认为是该量表优化研究的一项"不足"（Thom et al.，1999）。

在社会科学的研究中，如果不是专门研究性别特征，或研究性别对于其他行为或社会现象的影响，我们通常将人群扩展到所有的人类，而不是单指某一社会群体，例如按照性别或者种族区分的人群。而在理论的叙述中，也预设其适用的群体不受这些因素的影响，否则该理论需要清楚声明其适用的情境。在这种前提下，在获取数据的过程中，如果问卷本身没有特别注明，受访者应该在开放的情境下回答问题。例如询问受访者在多少程度上认可"人性本善"，研究者希望得到的回答，是关于整个人类在本质上的具有表达帮助别人、为别人利益着想的语言和行为的质量。如果受访者在回答问题时，认为这个问题表示的是某一群体的特征，例如是具象的男性或者女性群体，而不是抽象的无差异的人类总体的表征，那么获得的数据就产生了很大的误差。实际上，在回答问题时受访者预设情境的可能性是很高的。例如沉默的螺旋理论认为处于观点少数群体的个人，由于害怕被人群孤立而选择保持沉默的倾向，直到今天仍有许多研究在使用这个理论来分析人们在各种环境中自我表达的意愿或者实际行为，但是我们在问卷中可能会忽视这个理论的预设前提是一个相对封闭的社会环境。受访者在变化了的情境下对于问题的理解可能产生不同，这种由于情境的变化，或者更进一步讲，思维范式的差异造成的数据呈现的差异，会对数据带来很大的影响。例如在社交媒体语境下，人们评估舆论方向时，会与现实社会中对于舆论气候的感知存在很大差异，不同的人也会有不同的反应，因而在提供数据时产生差异，而这种差异并非是由研究者所控制的情境所导致。

问卷调查是使用文字的科学和艺术。艺术是说设计优秀的问卷的文字符合美学特征，能够吸引受访者的参与；科学是说隐藏在艺术背后的决定因素是科学逻辑，文字从选择到最后的最终效果测试，都是科学在发挥作用。艺术只是形式，而科学才是潜在施加作用的内容，脱离了科学的艺术在问卷调查中缺乏意义。将问卷的文本设定为科学指导下的艺术，其中一点就是对于遣词的任何改变，都可能带来数据的显著变化。

从 1972 年开始推出的"美国社会概况调查（GSS）"，是由芝加哥大学的独立研究机构 NORC（National Opinion Research Center）收集的美国社会资料，作为社会科学研究等领域的免费数据分析源。在定期的调查中，其问卷的条目在很大程度上保持相同，以满足纵贯研究的需求，通过数据分析可以发现美国社会中相关的态度、行为以及属性的变化。自 1990 年以来，GSS 定期使用 4 个相关问题来寻求美国人对于产前检查和流产的态度，在这些问题中关于检查和堕胎的对象都被框架为"婴儿"（baby）。Singer 和 Couper（2014）认为现在在美国反堕胎的社会气氛中，"胎儿"（fetus）与"婴儿"相比较承载了更加抽象和非个人的含义，因此可能带来不同的态度反映。他们通过"问题—遣词实验"发现，在问卷中使用"胎儿"或"婴儿"，对于受访者回答有关堕胎问题时没有显著影响，但是对于产前检查的态度却有着虽小但是显著的影响，且与期望的方向不同（Singer & Couper, 2014）。而 Simon 和 Jerit（2007）发现，婴儿和胎儿并非是中立的词汇，而是含有意识形态的内涵（connotations），在对于堕胎合法性的社会争论中，支持生命的群体更愿意使用"婴儿"，而支持堕胎的群体则更可能使用"胎儿"作为议题的主体。这一发现暗示如果在问卷中使用婴儿概念，则该群体在客观上偏向于反对堕胎，这个可能并非研究者本意，"社会期望"有可能会影响部分受访者的态度选择，特别是中立的或尚未有明确态度的受访者，同时也在客观上排斥支持堕胎的态度。另外一个例证是关于性别对于政党倾向的影响研究。一直以来美国政治学者通过问卷调查发现男女在确认自己的政党倾向和政治立场上存在很大差距，但是 Burden（2008）通过调查实验的方法发现，这种性别对于政治的认识差异，可能是因为传统的问卷被夸大并逐渐强化为社会的固定偏见，该研究在问卷中使用"感觉"替代"认为"来询问受访者是"民主党、共和党，还是独立党派人士"。研究发现，当问他们"你感觉自己是民主党、共和党，还是独立党派人士"时，性别在党派上的选择差异缩减了：相较于回答"认为"问题，女性"感觉"她们更加不是共和党成员，而使用"认为"这一遣词的问题是它是学术研究、问卷调查中长期使用的格式（Burden,2008）。

基于遣词效应对于数据质量的影响，我们首先要发现在问卷的何处出现这种效果，并需要在问卷正式发布与进行采访以前，发现它并对相关文字进行必要的修正。对于前测，我们将在以后的内容中对于其基本的方式方法，以及设计的理论逻辑等加以更详细的讨论，这里需要首先谈到的是，受访者的哪些行为将问卷存在的缺陷指向遣词效应。一般认为，两个指标会使我们对遣词效应的存在产生疑问。其中之一是，受访者在回答问卷的问题时的显著指标，即受访者向调查员寻求对问卷问题加以澄清和解释的比率，另一个指标是受访者给予一个问卷至少一个非完整回答的比率。任何一个比率超过了15%，则我们可以认为问卷存在需要引起问卷设计者注意的遣词效应问题（Fowler,1992）。

关于第一个指标，很多时候问卷问题产生遣词效果是因为问卷中的概念包含多重含义，这就造成受访者在不同的情境下可能会对这些意义产生差异解读。由于这些差异的存在，受访者与研究者之间或者受访者之间会产生理解偏差，我们在问卷操作以及数据分析中难以控制这些偏差，因此需要在问卷中首先明确清晰定义。正如理论不能解释所有现象，这些定义未必需要包含该概念的所有意义，仍需要依据研究的基本假设中所隐含的理论方向来对概念做限定。也就是说，研究者需要自己清晰地知道该概念的所有维度，界定清楚自己研究中该概念的个体意义，然后依据自己的研究问题来做表述，并且需要决定测量全部维度还是选取部分维度来做分析。在问卷的设计中，首先应该认识到我们获得数据需要建立在如下假设之上：受访者对于问卷内容的理解就是问卷设计中文本的定义与含义（Schwarz, 1999），也就是受访者对于问卷文本的理解与测量的定义无偏差。如果将受访者和研究者看作是内容分析的两个独立编码员，那么编码员间信度达到或者接近于1是测量首先应该满足的研究前提。这个前提的满足是其他信度检验的基础，否则测量的折半信度或者副本信度并非是原定测量的信度，而只是受访者群体的内部信度。

但是实际上这个假设仅在理论上成立，人们的认知存在或多或少的差异，研究问题越抽象，这种编码与译码的矛盾也就越突出。如果研究者对于所研究问题的定义认识片面或模糊，对于概念与概念间的联系与差异认识得不够清晰，反映在问卷中我们就获得孤立的、抽象的、可以从各个方面进行解读的、难以实际进行观察的条目。例如有问卷问"在典型一天中你吃几份鸡蛋？"（Fowler, 1992），其中"典型"是一个抽象的概念，对于每个人来说，如果不加以限定，工作日、休息日、搭乘公共交通的日常的一天都可能是"典型"的。受访者在不同时间、不同地点对于这个"典型"的理解也会不同，我们也无法知道研究者认为到底典型到何种程度才能称为典型。在研究设计中,哪一种"典型"的定义是更加科学的并不是最重要的问题,更重要的是问卷条目中需要清晰的操作定义,且不同的人对于该定义能得到同样的解读。同样逻辑,"一份"也有许多的含义,如果不加限定我们无法知道"一份"涵盖何种具体内容。因此,在问卷中需要尽量避免出现抽象的概念,而应该以具象的解释作为替代。在上面的例证问题中,典型一天被研究者操作化定义为"吃鸡蛋的一天",而"一份"被定义为"鸡蛋的个数",经过定义后主观的界定被客观的可直接观察和度量的信息所替代,问题也被修改为"在你吃鸡蛋的某天,你一般吃几个鸡蛋?"(Fowler,1992)。

一个更有趣的遣词效应的例子来源于 Schaeffer(1982)的实验。GSS 数据经常探寻美国人期望自己的孩子拥有何种特质,包括的特质有 13 个,例如诚实、服从、自控、角色、行为等,在问卷调查中访问者会给受访者一张列明了这些特质的卡片,例如"他有好的礼节""他努力争取成功"等。随后受访者会被提问哪些特质是最重要的,哪些是最不重要的等。例如问"你认为拥有哪三种特质对于孩子来说是最重要的?"在问题的遣词中,并没有暗示孩子的性别,是单指男孩还是女孩,还是男女混合的指代,但是在叙述中,"他"的性别指代可能在受访者中建立"铺垫"作用,使受访者在信息召回、映像和判断的过程中,都以男性为指导目标来判断其应该具有的特质。Schaeffer(1982)的问题遣词实验使用无性别暗示"孩子"于论述和问题中,而比较标准的 GSS 使用"孩子"和"他"并存的模式,研究发现这两种方式并没有显示出在质量评估上的显著差异。Schaeffer(1982)认为这种非显著性是因为在两种问卷模式中,遣词都被认为偏向于男性,也就是使用"孩子"也在实际上暗示是男性儿童：在标准模式中，受访者更可能在大多数时间想到男孩特质（22% vs 14%），有较少可能性在大多数时间同时想到男孩和女孩特质（74% vs 83%）。而且对于男性受访者，他们更加容易首先想到男孩特质。

　　有些遣词效应的产生是随机的，对于不同的人在不同的情境下可能产生这种效果。这种随机效果可能对问卷调查的数据质量产生影响。但是既然是随机的，那么这种效应也可能并非维持一个偏离方向，而是可能转向相反的方向。如果正向和反向的影响同时存在且绝对值平衡，那么虽然个体产生了偏离真实值的误差，但是个体数值之间相互抵消产生零和效果，遣词效用在整体上可能变得很小甚至消失。例如刚才提到的"在典型的一天中你吃几份鸡蛋？"（Fowler，1992）的问题，可能每个人对于鸡蛋份数的理解不同，但是对同一个受访者来说，只要其对于同一份问卷的"典型一天"的理解是稳定的，其得出的对于"鸡蛋"的消费的测量与其他概念间的关系特征和强度等不会改变，不同的人对于该"典型"理解的差异所影响的只是描述统计。

　　但是如果遣词效应是系统性的，也就是因为文本的倾向性导致了受访者的回答都偏向了同一方向，那么遣词效应对于研究质量会产生更大的危害。这种遣词有些并非是无意识设计的，而是在某种理论下的有意识的设定。其中常见的是遣词偏见，也就是文字在意义上带有倾向性或引导性。遣词偏见（wording bias）通常是因为受访者被问卷中的文字设计所影响从而按照某种方向进行选择而产生的偏见：受访者或者被引导回答或者隐藏了自己的真实意见或态度。在许多时候，研究者构念的测量目标可能被受访者感受到，此时受访者的回答就会受到影响。例如，在关于捐款意愿的问卷中，问题"你是否愿意捐款来支持那些濒临困境的可怜的疾病儿童？"与"你是否愿意捐款给儿童医疗事业？"相比，前者可能获得更多正面的回答。人的情感触发与卷入，与认知的卷入一样，都可以影响数据。

产生遣词偏见的原因有许多，任何文字的细微差异都可能带来受访者的回答偏见（response bias）。一个比较常见的遣词变化是对于问题的解释。在问卷设计时对回答方法进行提示可以减少受访者的认知负担而提高回答率，但此举潜在的影响是可能因为引导了受访者而产生误差。Enghagen 和 Hott（1991）的研究分析了酒店与旅游专业的学生所认为的当前业界面临的伦理问题，发现20%学生提到了环境污染、固体垃圾、歧视等伦理问题，但是同时也提到该研究中提到的操作指引可能造成的引导作用：要求受访者在开放式问题的回答中尽量具体呈现自己所提到的伦理问题，"如果你相信污染是伦理问题，你是指空气污染、水污染，还是其他种类的污染"（Enghagen & Hott,1991）。后来 Weaver,Choi 和 Kaufman（1997）对于相同研究问题使用实验嵌入式调查法进行重复研究时发现，使用引导句问卷的受访者将固体垃圾处理和污染分别列为第二和第三位的伦理问题，而在未提供例证引导的问卷所获得的数据中，这两个伦理问题未进入受访者前五位的选择结果。

对于研究比较有挑战的是，当问卷一旦正式开始，我们无从知晓这种问卷的遣词对被采访者有何种意义，因为使用该问卷所获取的数据不能直接提供相关的信息。但是这种遣词所带来的对于数据质量的影响可以被间接捕捉到，其中显然的例证是获取的数据的信度值上的降低。由此，数据所验证的关系也通常难以按照理论的预测来进行。因而，在问卷文本决定以前，需要对影响信度的文本本身进行科学的调整，通常需要作频繁的前导研究（pilot study）来反复对文本的质量做分析。这种文本调整的目的首先是为了达到满意的测量稳定性，但是该过程却并非意味着在技术上对文本进行清洗，而是根据理论以及定义所指引的方向，确保在逻辑上应该达到的数值。例如在远真的测量中，沉浸（immersion）是核心的维度之一，其测量的五个问题条目（Lombard et al.，2013）的文本内容在不同受访者中易产生解读困扰：在将原来英文问卷直接翻译作为中文版本的问卷时，有些概念难以被有效解码，如"你的感觉器官在多大程度上参与其中？"，在前导研究中，受访者对于"感觉器官"和"参与"的具体内容感到困惑，该条目是"How completely were your senses engaged?"的原文翻译，可能对于美国受访者相对容易理解，中国受访者普遍反映主语与动词的关系存在指代困惑。经过与受访者的多轮讨论后，修正为"您的感觉器官对信息有多注意？"，受访者对于该问题的理解与研究的定义一致，由此与其他条目一样获得了比较符合规范的信度值。

遣词对于问卷数据质量的影响非常微妙。虽然问卷所使用的测量不属于自然科学的范畴，但是问卷里的文本符号，可以模拟为物理学里的原子，每个原子的存在方式以及存在规则都对物质本身有影响，细微的变动都可能带来物质构成的变化。与原子对物质总体的影响类似，问卷中任何文字的使用变化都可能导致误应（misresponse）的产生：误应指同一受访者对于测量同一概念的多个条目在回答上的不一致（Weijters & Baumgartner,2012）。这种误应由于其产生的随机性，或者由于设计本身导致的系统发生，会对于问卷测量的信度产生损害。对于条目产生误应的因素很多，有问卷设计的客观原因，也有受访者自我的主观原因。在本研究中也会讨论到多个导致误应产生的因素，其中遣词就是使受访者产生这种回答误应的因素之一。在问卷的设计中，理想的文字排列方式是随机的，当然这种理论上的文字书写方式在现实中并无实际意义，不论是有意或者无意，人们会对概念排列其叙述的顺序，这种文字的呈现顺序就会导致受众在信息回忆、召回过程中的偏差。例如问卷中首先提供的事实或者与观点性叙述有关的信息会被从记忆中优先召回，而对于问卷随后出现的文字，在进行理解时，相关信息或被简化召回，或在召回中被忽略，由此造成的结果是，受访者倾向于选择支持问卷文字中首先出现的观点陈述。这一理论被 Kunda 等（1993）的研究所证实：在回答"你是外向的吗"和"你是内向的吗？"问题时，被问是否是外向的群组就比被问是否内向的群组，更加可能声称自己是外向的。受访者的这种策略是与人们的基本参与动机相符合的：人们通常在解决问题时倾向于选择最高效率的策略，只要这种策略可以安全的回应请求，并且在认知上与他们原有的态度或者认知调和，也就是不会与态度、认知、情感等产生冲突，这种行为就会被实施；如果行为的结果得到了承认且没有产生负面效果，在以后类似的任务中该策略会被继续采用。在受访者无既定态度时，这个信息召回以及响应策略是高效的，因为信息的选择性召回直接与需要选择的陈述相关，避免了可能发生的认知冲突。当然这种策略也会发生变化，如受访者对于某陈述事先有强烈的倾向，这种文字的变化通常不会改变这种倾向性。

对于受访者来说，其对于问卷的最初接触是从问卷介绍开始的。问卷介绍在测量中似乎并非测量核心，所以虽然问卷调查的内容研究以及分析问卷调查产生误差的原因的研究非常丰富，对于问卷介绍本身的研究却相对缺乏（Couper,1997）。应当注意的是，人们在设计问卷时通常注意具体问题条目的选择，尽可能做到能够反映所测量概念的意义，但是往往忽略了问卷介绍的文本选择。实际上，作为受访者参与问卷调查时遇到的最早的一部分内容，问卷介绍首先影响受访者参与研究的动力，进而可能影响他们提供数据的质量。按照问卷的效度和信度理论，影响测量质量的内容涉及测量的各层面，任何有关测量工具的信息，都会对受访者的信息提供产生影响。这些影响所带来的误差通常是随机的，我们无法知道误差是否会发生以及误差的程度，例如问卷印刷所用的字体字号可能影响受访者的观感从而影响数据质量。对此，Bradburn（1992, p. 316）认为在对于研究客体的访问中，发生的一切事宜都对问题的回答有潜在影响，这个采访中的叙事过程当然也涵盖了最初的文本内容。

从研究的过程来看，研究的话语包含了每个阶段，从开始关注研究问题到研究完成、与其他学者进行讨论或者被其他研究所接受、引用，都是该话语的构成要件。而问卷设计中的介绍文本是研究从自我思索到与其他人互动的真正开始。如果这个文本对于这种互动产生催化剂的作用，研究质量在第一步得到保证；相反如果这种文本对互动造成迟滞甚至阻隔，其后的正式测量的完成也会受到影响，从而影响测量数据的质量。故而，需要认真研究问卷的介绍部分所需要涵盖的内容。以往的研究认为问卷介绍，需要在内容上建立起调查研究的合法性，寻求与受访者合作并在访问过程中建立好的沟通环境（Sobal, 1984）。问卷介绍并非测量的主体构成，因而需要在文本长度上总体简练并透露较少的信息。这种建议可能基于问卷的效率，避免受访者过分关注问卷介绍，而对其后的问卷正文缺乏足够的认知投入；另外介绍文字增多也可能造成意义的增多，而意义增多所带来的方差的增多也客观上增加了各种误差产生的可能。但是实验研究也发现对于信息更加详细的介绍,并不增加研究方法的投入,并且可以给问卷获取的数据质量带来许多益处(Sobal,1984)。

问卷介绍类似于研究论文最初的介绍部分,提供问卷研究的意义等相关的最重要的信息,以引导受访者自然地进入问卷正文,所以简洁是问卷介绍的基本原则。对已发表论文的问卷文本的内容分析发现,超过80%的问卷在介绍部分提供了问卷设计的相关研究机构、研究题目和访问者的信息,45%提供了研究支持者信息,42%提供了保密信息,26%提供了研究目标,24%提供了未来信息使用目的,24%保证对于被采访者采用匿名的信息收集方式,10%保证研究参与是自愿的,而需要参与者签名同意或者提供样本量的问卷介绍都在10%以下;具体到问卷实施的不同方式,邮寄问卷通常会比当面访问提供更多相近信息(Sobal,1984),因为邮寄问卷需要受访者更多的自主参与,前置信息的不足可能导致受访者的认知混乱。

问卷的主要目的是获取受访者真实的反馈数据,因此,其文本需要尽量减少损害这种目标的因素,而减少影响的策略也必然勾连到受访者的心理。问卷的封面说明信(cover letter)或者问卷介绍有两种基本行文推动内在逻辑:利己(egoistic)和利他(altruistic)方法。基于社会交换理论,社会中理性的人是利益的追求者,其行为也以利益的获取为动机,当然这个利益未必是物质与金钱,内在的利益如快乐感与满足感等心理奖赏也是利益构成。在这个基础上,我们可以认为利己和利他都是人的行为对利益的交换过程。利己主义认为人们从事行为的动机是我们认为的自身的利益,利他要求则强调问卷数据对于研究者、赞助者或支持者的价值或者对于包括受访者在内的社会总体的价值。利他主义被定义为主动地和志愿地从事对他人有价值的行为，这种行为不以获取个人收益为条件，甚至行为超出了个人的社会角色的要求（Smith et al.,2006）。从人性本善的角度，人类都有无私帮助别人的本能，这种利他的本性动机在各种文化中也成为传统的社会规范。特别是在东方文化中，通过个人努力甚至个人的部分损失，使社会其他人乃至整个社会获益是文化传承的道德。在社会交换理论的支持下，当下学者通常认为帮助别人是来源于利他动机，而不是人性的自我本源（Piliavin & Charng,1990）：从事对社会有益的活动更多的是人在社会化过程中学习而获得的行为动机，而本能的作用在其中扮演越来越小的作用。这两种方法与受访者的价值体系有关，其中利己文本强调问卷数据对于研究者的重要性。在问卷设计中要理解受访者的利己与利他动机，利己动机首先暗示受访者在回答问卷时会考虑对于该参与行为的投入，并与可能获得的内在奖赏或外在奖赏平衡。如内在奖赏可以感觉自己意见的呈现对于某概念的理解提供了有效的数据支持，或是对可能的政策制定提供了智力帮助，这都是潜在的价值，是对于问卷参与者的抽象的反馈。作为内在奖赏的满足、胜任感、成就感，是个体继续或者强化与奖赏相关的行为的内在动机（Amabile,1993）。外在奖赏是物质或金钱的、可以被直接观察的、客观存在的对于问卷参与者的客观嘉许行为，是对受访者参与调查的补偿或额外赞助。如果这些外在强化物是个人期待的，缺乏外在奖赏对于尚未发生或正在进行的行为会产生抑制作用。

　　利己动机还可能涉及对于内在惩罚和外在惩罚的客观评估，人们可能在主观意图上回避这些惩罚。如有些问卷涉及世界观和价值判断的问项，这些问题会使受访者在心理上产生压力，迫使其在考虑自己的回答时不仅评估真实态度，同时比较自己的态度与社会总体舆论气候和社会规范的方向，这成为回答问卷的认知惩罚；而对于填写问卷后所可能产生的挫败感，甚至负罪感，则是对参与行为的心理惩罚。这些内在惩罚都可能促使受访者拒绝填写问卷，中途退出，或者在必须的参与行为中选择随机填写的行为。外在惩罚则是物质、时间与金钱以及认知投入的实际耗费。通常问卷都需要受访者志愿填写，并不涉及物质补偿，如果受访者重视填写行为所产生的投入，不能与内在奖赏进行理性比较，也就有可能选择放弃配合研究的行为。

在问卷设计中，在问卷的介绍、解释以及具体问项的呈现部分，应对受访者的心理动机做必要的调适。问卷开始的封面说明部分，可以解释帮助研究对于社会以及对于理论本身的意义和贡献，这种贡献可以从侧面印证研究参与者工作的价值，这也包括受访者的投入在内的价值。研究工作的价值就是受访者内在奖赏的一个方面，理论上可以提高他们参与研究的动机，而这种积极主动的参与可以帮助研究萃取到高质量的数据。按照认知详尽可能性模型，当受访者缺乏内在动机时，他们满足于当前的认知，而不会对新的信息投入认知资本，或者使用外围路径处理信息，也就是接触和引入与判断所需符号缺乏直接关联的信息来支持判断。如社会期望或者是显著的信息，或者是容易获得的信息，可能引起受访者认知不足；或者诉诸情感而非理性分析，受访者基于个人对问卷的简单扫描等对问题进行随机回答。而只有当受访者内在动机高时，他们更能使用核心路径，在对于问卷的解读过程中完全诉诸理性认知，系统地分析自己的基本情况以及对于相关议题的态度意见，完成最大程度反映受访者现时情况的解答。在封面说明部分中论及帮助研究的贡献，也可以激起受访者的利他主义互动行为，在具体填写问卷中配合研究者提交客观的数据。

在利他与利己之外，问卷需要认识到这种利益的归属会对受访者产生可能的伤害，这种伤害可能是外在的，如对于受访者的时间等可以量化的负面影响。在多数情况下这种伤害或者影响是受访者对于内在损失的考虑，一个显著的例证是受访者对于自己隐私的担忧，或者对于敏感问题的回答可能带来的社会惩罚的负面评估。问卷虽然存在着利己与利他的差异，对于受访者来说，这种参与在很大意义上是对于能获得科学的贡献的前提下的一种奉献。若没有这些数据的获得，许多研究问题不能得到回答，假设难以获得确认或者推翻，理论也就难以在实证意义上获得验证或推动。因此，在问卷实施过程中，对于他们的参与予以奖赏，同时尽可能地减少问卷对于他们的可能的伤害是必要的。这种可能的伤害在回答自敏问题时尤其明显。自敏问题并非都是与社会规范或者法律相违背的。受访者将社会规范态度与自己的态度进行比较，只要存在偏差，则可能产生对这些问题的以自我保护为目的的反馈行为。如不健康的性行为等通常被认为是影响社会道德的问题，以及自愿捐献骨髓等为社会所崇尚的行为等，都可能使受访者产生压力。在研究缺乏对这些可能的危害的控制策略时，这种压力的结果可能是受访者拒绝回答、夸大或故意弱化自我的回答，数据的质量由此降低。

为了减少这些受访者由于自我考虑的潜在影响带来的压力，问卷文本有必要纳入清晰的对于这些压力的抑制信息。研究者总是在试图理解产生这种压力的心理机制。研究发现，这些压力很多时候来自于社会期望，也就是人们通常所希望获得的行为（Belli et al.,2006）。人们在群体社会里生存需要维护良好的自我形象，建立这种自我形象的一个因素则是按照人们的期望来调整自己的行为。偏离社会主流价值观、离经叛道通常受到社会人群的负面评价,从而损害个人的自我形象。另外,多数情况下社会期望在很大程度上来源于对于社会规范的考虑。这种社会规范既包括真实存在的规范要求,如人们在学校或家庭教育中获得的规范要求,如遵守交通规则,但更多的社会规范是人们从周围人的行为中获得的。将多数人的行为作为社会认可的行为,即视这种行为为可行的。人类总是关注别人的行为,并且模仿这些行为,特别是模仿社会人群所认同或者期望的行为。这种社会期望或者认同是适合的行为标准或成为社会规范,或是在群体情境下被认为是对适宜行为的期许(McDonald & Crandall,2015)。

应该注意的是,社会规范并非如法律一样对于行为的合法性做出了界定以方便人们参照执行,更多情况下它是"隐喻"的,隐性地通过各种叙事方式表征出来。其中某种行为在社会行为中的重现频率,就是一个显著的指标。如果一种行为总是被人们所表达,其他人会认为这种行为是适宜的,是被社会广泛接受的,甚至是被期望的,不管这种行为在法律或者道德上是否受到认可。由此看来,社会规范是人们对于社会期许的行为的主观判断,而不是客观的存在。它是动态的受社会情境和个人知识所调节的认知。某个人认为的社会规范可能被别人认为是反社会规范的。这种社会规范被称为描述性规范,即个人意识到的人们是如何行为的,也就是人们通常是如何做的(Cialdini et al.,2006)。例如,常常在媒体中接触暴力内容的人认为现实生活中的暴力是可以被接受的,是社会规范,而社会中的多数人认为反对暴力才是社会规范。认同暴力的个人由此对暴力至少持中立的态度,并由此出发对于与暴力有关的行为和态度产生认同;相反,反对这种行为的人也会对与暴力有关的行为和态度持抵制倾向。

社会规范理论显示，可以提供信息是使人们认为某种行为是典型行为，或者是描述性规范。为了反制这种面对社会规范的忧虑，调查研究方法总是寻找可以减少社会期望担忧产生的方法。例如，从 1962 年以来，美国全国选举研究 ANES 在问卷中获取有关片区、人数的数据时增加文字，解释在每年的选举中许多民众由于疾病、时间冲突、或者错过注册等原因而没有参加投票（Belli et al. ,2006）。为了使受访者减少对于某种行为的敏感认知，问卷可以提供文字来描述某种行为是普遍行为，而不是个别人的选择。在问卷实践中，一个有效的途径是在问卷的前言介绍中使用"宽恕"介绍（forgiving introduction）。在自敏问题的问卷调查中，人们如果认为自己的行为是与大多数人的行为相抵触的，他们可能会被这种认为的规范劝服而遵从规范，从而在回答问题时提供降低自己行为的水平的信息，而"宽恕"文本可以中和这种规范对于人的参与方式的影响。"宽恕"文本通常告诉受访者某种行为在社会中的广泛分布，如"一些人经常使用情趣增强用品，而也有人很少或者从来不使用这些物品"，然后跟随的问题是"在过去的六个月中，你有多经常使用以下情趣增强用品？"（Peter & Valkenburg,2011）。通过在 3802 个随机样本构成的在线调查中嵌入单因素的设计实验发现，使用"宽恕"介绍对于性媒介的使用并没有显著效果，但是对于社会赞许反应方式（social desirability response style）的人来说，使用这种"宽恕"介绍可以产生显著的效果。这种对于自己行为的更加精确的表述也受到受访者发展状态的影响：相比较成年人，青少年等更容易受这种文本的影响而提供真实信息（Peter & Valkenburg,2011）。

从问卷研究法的出现开始，对于研究方法的研究并没有发现利己或者利他主义两种导向方式对于提高问卷回收率有显著影响（Houston & Nevin,1977）。后来的研究进一步发现问卷调查赞助者和封面说明信要求对于回收率存在交互影响。Schneider 和 Johnson（1995）的研究发现帮助赞助者（help-the-sponsor）诉求在研究主体是大学的情况下效果最好，社会价值（social utility）要求效果是最小的；而在商业赞助的情况下，社会价值诉求成为最好，而帮助赞助者诉求产生的效果最不显著。在两种情况下，自我要求的效果都是中间值。另外，要求的差异对于问卷的完成率和开放式问题的完成长度都无影响。从这些发现中我们可以分析，社会期望在受访者对于问卷回答的过程中扮演了重要角色，这种角色在他们选择是否回答问卷时已经发挥了作用。对于社会的价值对受访者完成问卷有激励作用，而大学赞助或支持的问卷则可能被他们认为可以产生更大的社会作用，而不是仅仅服务于研究者的自我兴趣，自己完成问卷可以获得更多的内部奖赏，即使他们并不愿意完成问卷，问卷所负载的社会期望也促使这些个人配合此研究。如果研究是非商业的，人们趋向于认为这些研究对整个社会有益。一项研究的背书者如果是大学，后者被认为是社会利益的代理人，研究者本人则可能被认为是大学的代理人，也就是社会利益的再代理人，在利他主义的影响下，人们也就愿意配合研究者完成数据收集。如果受访者认为该研究数据会对社会利益有帮助，他们也同时可能在参与数据采集的过程中提高了心理卷入度，从而提高数据的质量。虽然这种卷入度的提升未必会保证测量完全反映构念，但可以有效提升数据的稳定性。

　　对指引的误用也可能产生误差，即为受访者准备的填写前置操作说明造成受访者的回答与其实际情况产生差异。在这里指引可以分为两类：总体指引和条目指引。总体指引是研究者在问卷回答的初始阶段对于该问卷的目标、内容和数据收集策略所作的系统说明。在大型的调查问卷中，总体指引可能以封面页的形式存在，但在小型研究中它的形式可能是简短的解释文字。总体指引文字通常是对该问卷包含的概念以及填答需要注意的问题进行解释，目的是帮助受访者尽快了解问卷内容的文字，理解研究中概念的解释与定义。问卷介绍更加接近于研究论文中的介绍部分，对问卷相关的外围议题作基本的说明，并没有具体涉及问卷的具体内容。而总体指引文字就是对于问卷如何解读与反馈提供技术指引或解释。通过这些指引，受访者可以按照研究的基本逻辑来回忆和思考，减少受访者在认知上的投入，尽量避免由于问卷解读过程与研究的设定内容的错位而导致的系统误差或者随机误差。

问卷指引对于数据可能产生的负面影响有很多，例如指引可能导致受访者产生信息倾销效果，即被研究个体对某些条目引发更多记忆，但同时以对其他条目的引发的记忆减少为代价（Kobayashi,1985）。在问卷中存在多个指引，我们对于某些信息的详细分析将使得受访者对这些信息投入更多的关注，对这些指引有关的问题分析得更加详细。但是人在认知中的零和效应可能会导致他们对于其他信息产生忽视，或者不能做出完全理性的选择，从而使数据受到污染。例如，问卷测量对于媒介暴力的态度，指引对于媒介暴力的解释和可能提出的案例可以帮助受访者对概念作清晰地认知，但可能受访者在回答问题时过分关注媒介暴力的相关记忆，对于其他概念的测量的回答则缺乏相关分析信息的支持，这样对于数据存在潜在的损害。在总体指引中一项有趣的发现是，在封面说明中提供个人签名而不是复印个人签名可以有效提高问卷的完成率，虽然这种方法并不能提高问卷的回收率（Dodd & Markwiese,1987）。这个发现显示：研究者在问卷形式上的对于受访者的尊重可以交换到他们投入更多资源来完成对于研究的参与。

研究也发现，当问卷调查的主题与被研究的人群有关时，相比较于研究与人群完全无关，可以得到更高的反馈率（Roth & BeVier,1998）。由此发现推论开来，我们也可以认为人们对于自己感兴趣的问题会投入更多的资源，研究者获得的数据也更加接近于现实。当然从理论上说，我们的研究目的也是有关于理论的，而理论的质量的标准之一是适用人群的广度。因此研究的目标和设计过程的理想状态是与每一个人有关，研究发现也可以扩展到整个人类社会。但是，在微观的视角下，我们不可能对每个社会问题都产生兴趣。人们从自身需求、兴趣或社会期望出发，在特定情境下只能有效地对某些问题加以必要的关注。基础性的研究在短期内可能对社会难以产生直接的影响，或者研究的问题未对社会进行立刻的关照，受访者也就难以在现实的情境之中对问题做出回答。例如心理学的许多实验设计中的概念是抽象的构念，参与研究的个体很难理解研究者的研究目标，可能会对测量产生困惑。由此，即使在基础研究中，也不能忽视参与研究的客体的自我状态对于数据的影响。问卷设计需要通过科学的策略来激发其参与的兴趣与动力，通过有效的刺激来获得最能反映现实的数据。这个发现对于问卷设计的暗示是：文本特别是问卷介绍或总体指引需要清晰地帮助表达研究的意义，特别是包括其对包括研究者之内的人群的意义。例如，在封面页中，针对大学校园中女性所作的美国"全国大学性侵受害者研究"指出了研究对于整个社会重要意义："本研究的目的是更好地了解大学校园女性受害的程度和基本情况。不管你个人是否已成为受害者，你的回答将帮助我们了解和处理你所在的校园乃至全国的受害者问题"（Fisher, 2009, p. 137）。对于研究意义的确认可以提升问卷参与者对于自己工作价值的认识，如果受访者有能力完成问卷的作答，这种自我效能可以与自我表露的意义相调节，增加高质量完成问卷的可能性。

以前有研究担忧在问卷调查的介绍中，即使只出现研究的支持者而无其他具体信息也会带来反馈量的变化，或者会影响问卷参与者的反馈行为，从而最终污染问卷数据的信度与效度。但是现在越来越多的研究发现，人们的这种担忧可能如媒介对人的影响一样，是被人为夸大了的。例如，有实验研究显示，赞助可能不是人们通常所认为的对于问卷回答的强有力的驱动因素（Tourangeau et al., 2014）。但是确实有研究从另外的角度来考虑这个问题，许多时候人们对于问卷的填答，受到各种因素的综合影响，虽然我们很难有效区分这些影响对于人们的参与行为的影响的有效权重。例如研究就发现当回答比较敏感的问题时，在问卷中表明是大学项目比表明是媒体项目更容易使人们愿意表明真实的想法（Presser et al., 1992）。可能人们固执地认为媒体都带有偏见的政治倾向，而大学研究更加趋向于中立，人们在填答问题时也基于这种判断来调整有利于自我的结果选择。由此看来，即使在问卷的介绍时也需要考虑研究的支持者或者归属对于数据的影响，并尽可能在问卷操作时，或者在数据分析时将这种影响加以必要的控制。至少，问卷中要使用中性介绍，由此得到受访者的响应率更高，而且能生成更接近社会实际的估计数据。

在多维度测量的过程中，还需要关注一个所有测量都需要思考却难以评估的问题：受访者依照什么理论，来判断自己的观点或者态度在量表中的位置。对于每一个维度我们可能难以确定人们如何来考虑自己对于每一选项的具体意义，这些选项的差异似乎可以被直接观察到，但是在实际操作上又可能是难以精确完成的空间距离判断。以工作满意度的一个维度——收入的满意程度为例，他们如何发现"非常不满意"到"不满意"的细微差距，或者这两个选项间距离是多少？是否同"满意"与"非常满意"之间的距离完全相等。我们在测量中希望可以获得受访者完全客观的不加任何主观判断的数字来比对抽象的概念，但在实际的检验中我们的操作又重新需要主观意识的参与，而人的主观参与涉及纷繁的空间距离时会产生很大误差，而且缺乏稳定（Melara,1992）。受访者这种变化不定的回答模式需要更多深入探究。

第四节　问题类型的选择

问卷调查假设受访者在回答时是基于问卷的具体问题本身，由此可以认为，问题是实验中的刺激材料，我们希望发现刺激材料影响了观念间的关系。但是人们的回答结果同时也受与内容无关的因素影响，例如反馈特式（response style）。反馈特式被定义为受访者按照问题题目没有具体设定的测量方式来系统地回答问题（Baumgartner & Steenkamp,2001）。常见的反馈特式有默认、极值反馈、使用中间类别，以及社会期望反馈。一种显著的能够产生向心趋势测量的是净默认反馈模式（net acquiescence response style），这种模式完全忽视了问题内容本身，而总倾向于同意问题条目所提供的声明，例如，即使受访者在认知判断上实际上并非完全认可问卷文字"即使事情非常棘手，我也可以做的很好"（Chen et al.,2001），他们也会选择"同意"。在这种情况下受访者忽视了问卷内容本身，而其总体回答问题的模式帮助他们完成了数据填写过程。出现这种现象的本质原因是受访者对于研究的参与度低，他们在权利和义务上都对于问卷本身缺乏投入（Weijters & Baumgartner, 2012）。完成问卷仅仅是过程，这种过程实施得越快捷所获的可能内在收益越大，而完成问卷通常并不会获得外在受益，例如相对于所花费的时间成本等，填答问卷者通常难以获得足够的物质补偿。现在中文问卷填答可能会有抽奖等激励，但是获奖概率低以及奖值小对于受访者都可能缺乏吸引作用，如果问卷填答不能带来内在奖赏，受访者的参与度会更低。

随着在线问卷以及社交媒体问卷的广泛使用，默认反馈模式对于问卷数据的质量的挑战变得更大。因为相对于当面访问问卷和电话问卷等形式，在虚拟社区进行的问卷调查过程中，研究者对受访者缺乏指导，对问卷填写中出现的问题难以直接控制。受访者可能在研究参与过程中同时参与其他活动，如参加在线游戏、阅听视频、音乐等，这对于受访者完全参与到研究问卷的理解、回忆、判断和反馈等四个步骤都是挑战。因此从理论上说，网络问卷和社交媒体应作为一种提高数据收集效率的辅助工具。可以把这种工具与更加传统的"纸—铅笔"纸质问卷实施中的规程结合起来，例如在受访者样本回答问卷时，可以要求其进入问卷系统，同时在其填写问卷时提醒基本的注意事项并及时解决问卷中出现的误解等问题。

在问卷的形式中，情感温度等级（feeling thermometer rating）是一个常用的测量态度和情感的模式。人们通常使用101分量表，来询问受访者对于某个团体或者个人的意见，文字通常如下"我们想了解你对某个群体的感觉，他们最近处在媒介报导的中心。我们读出这个团体（个人）的名字，请你用情感温度来对其进行评级。50到100度意味着你对其有喜欢或者温暖的感觉，0 到 50 度意味着你没有对其喜欢的感觉或者对其并不关注；50 分意味着你对其既没有不喜欢也没有喜欢。"（Regenwetter et al.，2019）。该测量在 1964 年由"美国全国选举研究"引入，直到今天仍被广泛使用。该量表起初被设计成完全定距量表（interval scale），其优势是较 5—7 分量表有更高的区分度，并且便于受访者将各团体或者个人进行比较（Regenwetter et al.，2019）。但是其存在的问题也被经常讨论：首先是受访者可能无法精确地区分他们自己的倾向和态度，即使他们有确定的好恶；另一个问题是受访者在使用数字来区分自己的态度时，也存在差异（Regenwetter et al.，2019）。

当人们无法准确对 0 到 100 的数字进行区分时，他们通常会将自己的喜好温度简化为 5 或者 10 的倍数，由此我们发现这些 10，15，20 等这些为 5 的倍数更加可能被选择。这种现象被称为响应堆积（response heaping）。一般认为这种反馈行为是一种回答问题的快捷方式，因为其不需要对所有问题进行分析，而只是处理部分选项（Holbrook et al.，2014），但这种行为会导致反馈不够精确。对这种回答问题策略的另一种归因是满意度理论（Krosnick，1991）。该理论认为最佳回答的获得需要整合正确解释问题本身，从记忆中召回信息并将其应用于回答决策。但是受访者的参与行为未必是如此理性的，或者其能力与质素等因素阻碍了这些理性行为的发生，导致其满足于使用可以完成答案的手段来提供问卷信息。虽然通常认为人的认知水平、对问卷的兴趣等更加可能导致响应堆积，有研究也显示这种行为在各种信息的问卷上都普遍存在，如个人性格、事实性信息以及情感温度报告等。研究没有获得显著的证据来确认缺乏兴趣和能力对于这种策略有支持作用；相反，响应堆积却反映受访者更加认真地考虑了问题，并由此得到了更加高质量的数据（Holbrook et al. , 2014）。

　　李克特量表（Likert, 1932）因其形式简单直观，成为了社会科学常使用的量表模式之一，其通常由4到7个数字或者类别所组成，以"同意""不同意"为反馈选项。在问卷调查作为一种社会科学方法的最初的发展中，李克特（Likert）在1929年的论文中指出，智能（intelligence）测量的做法可以应用于调查访谈，并且五分制是合理的（Groves, 2011）。李克特量表是需要自我报告的测量中最常用的心理学量表，这个量表的建构逻辑假设是：如果量表中相邻选项之间的心理距离是逻辑数值上相等的，也就是测量的量表选项是等距的，而非理论上的等比的，那么量表将提供准确的测量值来表征被评估的心理特征，这个关于选项间心理距离等距的假设是李克特量表最重要的因素。在理论上，李克特量表是101分构成的"情感温度等级量表"的简化版（Regenwetter et al. , 2019）。李克特量表的最初形式是每个选择都被标明数字，Cummins和Gullone（2000）则建议只在选择的两个顶端的选项提供数字表示，认为这样可以保持量表的连续数字的形式：选项中的数字可以被看作定序或者定距，如果参与研究的受访者将各个选项的数字看作一组连续数字中的诸个节点，那么这个测量可以被看作是定距测量；如果受访者将提供的数字仅仅看作顺序数字，相互之间没有数字上的具体数学差异，也就是没有连续的意义，那么这个测量是定序测量。

　　严格来说，许多对于获得数据的前提要求是连续数字的测量，定序测量违背了这种预设，也就不能使用回归或者结构方程来分析，因为他们都假定这些数字是可以取得均值和方差的连续数。由此，在能使用定距测量的情况下，直接要求填写数字其实是最佳方案。如果将选项的数字看作是连续的，受访者在潜意识里选择了离自己的判断最近的数字，也就是选项中的某数字。例如如果某受访者对于某政策的支持度是 3.65，其可能会选 4 分，因为 4 分更能精确地反映其认识，在这种情况下，4 相当于对 3.65 取近似值。但是如果受访者认为该数值只是定序，也就是排名，则不会有这种近似值的初步判断，而会在思维中对自己的判断语义化，如"非常好""一般""好"等。这样的数字仅仅有语义差异的标签，从中无法判断受访者个体之间的精确算术差异。受访者 A 认为的"非常好"与 B 认为的"非常好"虽然数字相同，例如都是 5 分，但是不同个体的"非常好"之间可能存在巨大差异，这两个 5 分不能直接进行比较，也就不能直接进行数学计算。为了便于受访者在评估自己的选择时的连续意义，Cummins 和 Gullone（2000）认为，只在问卷问题的选项两端设立数字可以避免打断问卷填答者对于数字的连续的认知，从而使获得的数据更加接近于真实的定距测量。另外，在定序的数字增多的情况下，数字的差异增大，定序的数字拥有更多与定距测量相似的特征，例如可能更加接近于正态分布；而在数字少的时候，定序与定距在意义上有更多不同，这也暗示在严格意义上不能使用不满足定距预设的统计来分析 Likert 量表获得的数据。

  李克特量表的一个潜在优势是效率。因为其数字的连续性，可以同时回答"是否"与"程度"的问题。例如自我效能包含对于自我能够完成某项任务的自信程度，也包含这种自信的水平（magnitude）——也就是是否自信可以做、自信的强度（strength）——即这种自信的程度，以及这种自信的扩展性（generality），即这种自信的适用范围。通常至少要对前两个维度进行测。传统的测量自我效能的量表首先问受访者是否相信自己可以完成某任务，再要求其提供这种自信的百分比程度

（例如50%代表半信半疑）。传统的研究认为，李克特量表因为缺少"是""否"的筛选问题被认为不适合测量一些在现实中存在"零"的潜在变量，例如自我效能（Lee & Bobko, 1994）。但是Maurer和Pierce（1998）则认为李克特量表同时融合了范围和强度：其中的"不同意"一侧选项等同于"否"，而"同意"一侧选项等同于"是"，与中立选项的距离则测量了自信的强度。

  研究发现，李克特量表与传统对于自我效能的测量相比有类似的信度的误差，提供了同样水平的预测水平，有类似的因子结构以及类似的区分效度，由此可见李克特量表在测量某些心理构念上的质量和效率。心理构念在严格意义上，并不能使用定序量表来进行测量，因为人的行为数值是连续的。人们可以使用医学仪器来具体测量人的机体的生理变化。虽然有研究心理活动及人类行为与大脑的功能结构之间关系的神经心理学的存在，心理学的更多概念的测量还是需要通过相对简单的分类来进行观察。李克特量表正是将这种更加难以观察的行为的表征进行相对科学的编码的产物。使用这种定序的测量来对人的行为进行描述是缺乏理论意义的。例如，某群体的利他主义数值是3.86代表的意义精确表达起来是什么？这个数值严格意义上只能说明比3.85高了0.01。没有定义可以解释满分5的利他主义数值是否就代表某群体完全放弃自我而只考虑其他人群的利益。该数值可能在意义上与4.5并没有区别：数据的区别只是因为后者在回答问题时，认为自己还不够那么无我，而在实际行为上可能该群体更加愿意从事利他主义行为。在不同地区、不同种族或者不同文化的情境中，得到的数据很可能是随机不同的，人们在不同的时间、空间下的回答也可能不同。

当然，我们使用李克特量表，或者其他类别的量表的目的通常不是为了描述，而是为了发现这些测量与其他测量之间的关系，发现这些行为概念影响因素可能引起的其他影响。如果将不同的测量标准化，再来看这些测量之间的关系，这些原始的数值的差异就变得没有那么不可替代了。当然即使是数据的标准化，完全数学意义的数字至少也比定序的数字在值上更加精确。这是李克特量表难以避免的缺陷，但这种缺陷也是整个社会科学在使用数学表征人的行为时所存在的共同缺陷。对于问卷调查来说，这种缺陷似乎只能通过增加量表的长度，也就是增加量表选项的长度来中和准确度，才可能在理论上减少误差。但是，随着量表长度的增加，测量过程中所造成的误差也在增加。因为人们不能如机器一般准确地识别自己所记忆的事实性信息，或者难以在长的标尺上标示自我的刻度值，例如回答是否喜欢，要远比回答在多少程度上喜欢获得的数值更加稳定与精确。虽然许多甚至是大多数社会科学在对通过使用李克特量表所获得的数据进行分析时，需要对于数据本身的属性有深刻认识，我们经常假定这些数字之间距离相同（Blaikie，2003）。如果量表的宽度越增加，即选项的数量越多，这种假设才越具有意义：宽度增加意味着同一个变量测量中选项 N 的增加，从而减少了误差。但是即使我们假定通过李克特量表所获得的数据是等距的（interval），通过该量表获得的数据通常呈现偏态的（skewed）和极端的（polarized）分布（Jamieson，2004）。

李克特量表的主要问题是可能产生固定的反馈方式（response style）。在使用问卷量表来测试人们的态度或其他心理表现时，我们通常有两个假设：所有测量的态度已经在受访者中存在，并且可以通过问卷的测量条目被召回；受访者使用同样的方式来解释和使用这些问题。例如,一个典型的李克特量表问题是"我支持在社区中对生活垃圾进行分类",选项从"非常不同意"到"非常同意"。这个量表问题对于数据的收集基于每个参与调查的个人都将自己的既有态度准确提交了,这样测量才有效度,也就是能在理论上完全表征"垃圾分类支持度"这一核心构念,在没有系统误差的情况下,同时杜绝了随机误差的发生。但是这种预设的测量前提往往在具体测量中不能被满足,特别是随机误差难于预测且难以消除。其中一个重要的随机误差是由受访者的反馈方式造成的。每个人遇到的问题在做具体选择时其依据可能有许多类别,而使用核心路径也就是受访者的正式态度作为依据的方式,仅是选择之一。难以控制的受访者的外围路径包括了许多因素,如社会期望、访问情境等。这些因素更多的与受访者个人有关,而与问卷本身是否能够测量核心构念没有任何关系(De Jong et al.,2008)。例如,受访者在被测量"垃圾分类支持度"时可能反对垃圾分类。此时其选择如果完全反映这种态度,可能选择"不同意"或者"非常不同意"。但是其可能在选择时并非直接简单地选择此选项,而是可能分析自己在全部人群中的位置。如果其认为自己的意见应该属于多数人的意见之一,其可能选择中间选项"中立",这基于中间选项是多数人意见的假设;还有一种可能是其认为其他多数人会支持垃圾分类,为了迎合这种描述性社会规范,其会选择对垃圾分类表示支持的选项。这种基于对于对选项本身的喜好而与自己真实态度无关的反馈被称为反馈方式(Paulhus,1991)。

这种在选择中简单有效的策略对于数据的质量必然产生影响。虽然李克特量表在某种程度上已经成为问卷调查研究的范式方法,对于这种模式所产生的数据的质量的争议也一直存在

（Revilla et al.，2013）。受访者会在选择时偏向认为问卷的某一选择是最佳的，例如回答有关"赞成城市垃圾分类"的态度时，大多数人会选择表示支持。这或许是简单策略在测量完成中的表现：人们并不总是能对选择做出理性的决定，或者是能力存在差异或者是在情感上不愿意理性选择，此时选择看起来合理的答案是有效的完成选择的策略，而两端或者中间的选项最可能被认为是这种合理的选项。这个显著的问题是默认反应风格偏见（acquiescent response style bias）：人们倾向于"同意"某意见，这造成了数据与人们的实际态度产生偏差。由于存在的各种问题，研究者除了尽量在设计时减少误差产生的影响因素之外，也在探索更加科学的问卷模式来替代李克特量表，并认为如果能够找到替代量表模式，研究可以获得更加稳定、有效和易于解释的数据（Fowler,2008）。其中一个可以提升测量效度的方法是使用具体的（specific）选项，而不是抽象的（general）选择"同意"程度（同意/不同意）。例如，测量创伤负罪感时可以使用多个李克特量表条目，其中一个典型的条目是"发生的事情给我带来了情感伤害"（Kubany et al.，1996）。该问题虽然与其他问卷题项共同形成了比较好的量表，但是可以使用条目具体（item-specific）的问题，直接让受访者选择最能表述其态度的选项，而不是对一个强制选项做同意程度的回答。如该问题可以改为"发生的问题给你带来了何种程度的情感伤害？"选项可以从"非常严重"到"几乎没有"。虽然条目具体的问题获得的数据依然可能存在极端反应定式（extreme response style，ERS），但是条目具体问题模式，相对于"同意/不同意"模式，在减少默认反应定势方面有优势。所以，现在依然有研究推荐使用这种模式来替代传统的"同意/不同意"模式。

问卷的设计涉及决定什么类型的问题条目能够最好地反映需要测量的构念。在设计双极评定量表（bipolar rating scale）时，研究者必须做两个决定：量表数字的总级数以及在每一级上所赋予的文字或数字卷标，这在李克特量表或语义差异量表中都是需要考虑的问题。两者都对所获得的测量信度和效度有显著的影响（Krosnick & Berent 1993；Preston & Colman 2000）。在使用定级（rating）量表的情况下，研究会遇到两个问题：首先是分级的类别数量，5分或7分或是其他选择。在问卷设计时，研究者还需要考虑选择类别的数量，我们希望发现最佳数量的反馈类别或者至少是发现某个数量，如果超过这个数量，量表的区分度将不再得到改善（Jacoby & Matell，1971）。虽然社会科学中量表是广泛使用的研究方法，但是仅仅是量表中问题所包含的级数的最佳选择这一问题，直到今天也并没有解决。正如已经讨论过的，问卷的长度没有固定的限制。因为没有关于相关性的标准，当然从理论上是与1的差异越小，越反映量表的质量。问卷的条目的类别太少，量表的区分力会减少；如果类别太多，当然所解释的构念的方差会增多，但是受访者可能没有能力发现这些差异，所以数据的质量也可能下降。在当前的社会科学研究中，对于态度或者意见的测量量表，大多采用5分制或7分制。在政治学研究中，选项的类别要更加多样。实际上，问卷调查研究的方法在政治学研究中用得更加广泛，相关研究也在分析各级量表的优势与不足，希望找到最能帮助获得准确社会问题数据的问题形式。例如，可能大家会认为使用两级量表，通过两个选择来获得数据会影响研究发现的质量，但实际早在20世纪70年代研究就发现，使用两个选择或三个选择不但对受访者造成的困扰少，对信度和效度也并无实质的损害（Jacoby & Matell，1971）。

在传播学研究中,虽然没有大数据来分析量表的点数选择的分布规律,但是我们也可以发现5分和7分是最常见的,而5分以下的量表用得很少。为了验证几分量表可以获得最佳的信度和效度,以及受访者对于点数的喜好,Preston和Colman(2000)分别使用从2分到11分的量表来研究受访者对于最近访问的饭店或者店铺的评估。统计数据显示,2分、3分和4分在信度、效度以及区分度(discriminating power)上表现相对较弱,在点数提升到7分前,点数越高这些指数的表现越好;内部兼容值在这些类别的量表中差异很小,但是当量表超过10点时,测量—再测量信度(test-retest reliability)有降低的趋势;而受访者最喜欢10分的量表,其后是7分和9分量表。Preston和Colman(2000)也发现,问卷选项分成5类被评估为可以保证回答的反应时间足够短,而3或者4个选项被评估为足够受访者满意地表达其情感或者态度。因此,最多5个选项对多数量表来说已足够(Wakita et al.,2012),不需要为了提升信度或效度来增加选项,毕竟增加选项可能引起其他影响数据质量的因素。

以往研究比较一致认可7分量表在信度上表现最佳,所以在社会科学研究实践中7分量表比较通用(Cox,1980),尽管也有部分研究发现5分也有比较高的信度。以往的研究由此显示4分可能是问卷选择的分水岭。当问题的选择比较少时,特别是在2、3、4分时,信度和效度反而更低,而5分的量表获得了比较高的信度;当然这种关系不是直线的,测量—再测信度在7分达到了最佳水平,从8分开始到非常大的类别选择时,信度又进入逐渐下降的轨道。2到4分的区分力量是最小的,而9分和10分反馈类别获得最高的区分度。由此可见,5分和7分在信度、效度以及区分度上都有优势,可以被选为最佳的测量类别。但是，Preston 和 Colman（2000）也建议根据具体的研究情境来选定问卷反馈类别。当数据获取效率优先时可以使用类别较少的问卷，如5分甚至3分，因为这些问卷的完成对受访者而言压力较小；但是如果需要获取更加详细的信息而且受访者愿意提供这些信息时，可以选择10分的问卷。由于量表的选择类别数量与效度和信度没有稳定的关系，有学者乐观地认为，至少对于等距变量来说，"3分的李克特量表就足够"了（Jacoby & Mattel,1971）。

Leung（2011）通过问卷收集数据比较4分、5分、6分以及11分的李克特量表的优劣，发现这些分数形式获得的数据在平均数、标准方差、条目与条目间的相关性、条目与总体的相关性、内部一致性系数（Cronbach's α），以及因子载荷上没有差异；但是当分数增大时，获得的数据的偏度减少，其中11分量表的偏度最小也最接近于正态分布；除此，研究没有发现数据在预测效度上的差异显著。Leung（2011）建议使用从0到10分的11分量表，认为其容易被多数人直观地理解数值之间的差异。

在李克特量表的选项数量之外，量表题项的标签也会对受访者的回答产生显著影响。虽然受访者有时趋向于选择顶端的选项，当这些选项的卷标文字表征高的强度时，受访者选择这些选项的概率降低（Weijters et al., 2013）。例如，Wyatt 与 Meyers（1987）发现，当问卷的选项是非绝对的卷标时（如"不同意""同意"），获得的数据分布比较均衡，5个选项都有相似的可能性被选中；但是当两端的标签使用绝对的标签时（例如"非常不同意""非常同意"），问卷获取的数据会集中在中间的选项上。实际上许多社会科学的研究量表如心理量表都包括一个中立的范畴，比如"既非同意也非不同意"，其目的是在中立选项和相邻的选项之间分配相等的心理距离。而这种分配背后的预设是相邻的分类之间心理距离必须相等（Wakita et al.，2012）。人们趋向于选择两端的选项，与中间的选项的选择趋向可能产生零和效应，这鼓励受访者投入更多认知来权衡所有选项，而不是仅仅是特殊节点如定点的选项，如果如此选择数据的质量会提升。但也可能发生另外一种可能：受访者的认知有了更多的压力和不确定性，中间和两端的选项增加了他们的选择困难，这反而可能使得数据质量降低。

进一步讨论，受访者趋向于选择中间的选项，可能导致理论上预测的关系不能获得验证。因为不同变量间缺乏数的变化，关系难以在模型上得到展现。如果一个问卷获得的大量的回答是中间分数，那么另一个潜在的问题是测量可能导致多元共线性的检出，也就是统计显示这些问题在测量同一构念。例如，一个绝对的例证是，如果某问卷多数是5分制李克特量表，而受访者因为各种原因，将这些问题都以3分作为回复，那么统计会将这些问题归于测量同一变量的不同维度，而非测量其他变量。但是单纯地认为受访者选择中间分数就是测量过程本身的问题也是片面的。因为受访者回答问题的模式受许多因素的影响。受访者对问卷缺乏兴趣，或者对于问题卷入度的偏差是其中重要的因素。在这种情况下，受访者可能受到闭合需求的压力，而在回答过程中直接越过认知信息获取的阶段，对于问题与回答选择本身不做必要的努力，而是直接在认知之外以最有效率的方式作答例如以直觉来做出判断。这种回答是非理性的，但同时又是受访者认为最能预料到的客观选择。这种"简单而确定"的意识可以在不确定或者缺乏确定意愿的情景下，成为有效的决策方式。选取中间选项似乎显示了集中趋势，或者是在统计中的典型数的方式，就是比较容易获得的选择依据。毕竟无论在常识中或是在科学统计上，居于中间的数都通常被认为是典型的、最可能代表一组数字的数，或者称为典型数。

此外，如果问卷本身对于认知的需求较高，人们难以对其中的数字做出相对正确的选择，则可能会认为中间的数字最能反映多数受访者的意见而选择中间的数字。所谓"多闻数穷，不若守于中"，当难以选择时，退而求中间值是人们自信可以控制的理性选择，虽然数的分布永远都不是以中间数为最大概率的。选项之间差异梯度的缺乏，也可能是造成选择困难、最终造成中间选项被选中的原因。Haynes等（1995）推荐使用5分制或者7分制的量表。相对来说7分制量表比5分制量表的差异梯度更小，所以在选择上也就更容易选择中间的4分作为对自我的统计。当然梯度的减少通常同时提示着使用选项的增加。因为在李克特量表的模式下两个顶端的极值已经设定，是"非常同意"和"非常不同意"。这也同时增加了受访者对于自我评估的准确度的要求。在准确度难以保证的情况下，受访者也可能以中间数值作为最安全的选择。

问卷标签的另一个特征是，文字与概念在何等程度上是受访者所熟悉的。研究发现，更常接触的信息会带来更加顺畅的信息处理，也更加可能被认为是真实的，并由此增加对这些信息的偏好（Fang et al. ,2007）。在问卷的设计中，如果标签是受访者所熟悉的，这些选项也更加可能被选中。由此我们可以将标签的熟悉度（familiarity）看作是标签重要性的放大器。特别是当词组搭配符合人们的传统认知时，这种标签更易于被认为是可信的，也更加可能被受访者选中来作为自己态度的答案（Weijters et al. ,2013）。这也是与心理学上的简单接触理论相一致的，人们可能将熟悉的事物等同于质量更好，虽然这种类比缺乏依据，人们却通常无法感知到自己在做这种错误的推理，从而按照选项的标签的熟悉程度来做选择。这在语义差异量表中可能会表现的更明显，毕竟语义的差异分别需要更多的认知投入，人们也就更加愿意选择自己熟悉和理解的那些标签文字。

  按照这种理论，我们可以认为在问卷中，要使用人们所熟悉的文字来表达意义。这不但可以减少受访者的认知困难从而提升测量的信度，同时这些选项也易于被受访者所选中，使得获得的数据的分布更加多样化，从而在一定程度上提高问卷数据的质量。然而我们也看到，现在的许多问卷所研究的议题本身是参与者所不熟悉的，例如受访者对于器官移植的态度的问卷。受访者虽然在信息传播中对于这种现象有了初步认知，但是对于器官移植的深层次信息，例如涉及的伦理问题，通常并无具体而符合依据的态度或者意见。他们对于相关问题的回答很可能是表面的、依赖于直觉所作的判断，而与所研究的其他概念间的关系缺乏必要的联系。如果再在问卷条目的设计时，使用受访者所不熟悉的文字来表达，受访者的回答会变得更为随机。由此议题和题项的难度可能是双刃剑。如果难度高，超出了受访者的认知域，获得的数据可能是随机的。相反，如果研究议题和题项过于简单，不能有效地激发受访者对于问题的参与度，受访者缺乏参与兴趣，依然可能获得随机而不是经过受访者充分思考后的的数据，甚至可能因为选择缺乏变化而使变量变成常量。例如在健康传播中的"自我保护行为"变量，在应对周期性流感时"佩戴口罩"的行为意向，受访者对于此行为具有很高的认知度和亲身参与度，就可能直接越过分析佩戴口罩的具体作用和科学依据，而直接选择"非常同意"佩戴口罩的行为意向。如果多数人都按照这种思维来回答问题，整个数据在此变量上就会因为缺乏方差变化而接近于成为常量。

第五节　单题测量的原罪？

测量的过程通过设立赋予数字的规则来表征、再现属性。在这里赋予数字的对象是属性而不是整个物体，或者概念或者构念。由于理论只是提供了概念间的抽象方向，概念的定义无论如何具体，通常也不能提供可以直接度量的各个属性，因此在测量在对概念做出相对肯定的定义后，遇到的问题就是需要用多少条目来引导对于概念的观察。

条目的数量并无确定的标准，其基本原则是足够而注重效率，只要可以测量出概念的核心意义，任何数量都是可行的。其中，单条目量表的优势直观：对于大样本的受访者来说，这种方式易于管理，可以高效地获得数据。在现实的研究中，我们也会使用单条目的测量来评估变量，这些变量通常是可观察变量，如收入、性别等人口统计学变项。但是即使在对于测量的科学性要求极为严格的心理学研究中，单变项的测量也是经常出现的（Weidman et al., 2017）。实际上我们也可以看到，一些设计严密的研究论文，也会偶然使用单一条目量表来测量相对复杂的概念，这种现象的出现有很多原因，例如量表的难以获取，或者在问卷操作过程中遇到困难难以获得高质量的数据，或者获得数据在条目之间难以获得令人满意的一致性指标，这些因素所造成的单一条目测量都需要有说服力的解释，而不能自然的解读为测量有效或者无效。

当然，在问卷调查研究中，通常鼓励使用多问题条目来测量潜在变量，这种方法的主要依据是多个问题可以使内部一致性统计比如共变 α 值，实际上使用多条目来测量构念已经成为社会科学在20世纪中期以来的学术规范（Loo, 2002）。当然，对于多维度变量的优势与问题在社会科学中一直都存在争议，例如，有研究批评多维度变量存在定义模糊以及测量维度对变量的解释少于被解释的方差等（Edwards, 2001）。社会科学使用多个测量观察潜在构念基于以下愿意：（1）多数构念在测量中难以防止误差的发生，测量条目越少则误差越多；（2）仅仅使用一个指标来完全覆盖核心构念的域是困难的；（3）从感兴趣的构造中解开测量的谜团需要多重验证（MacKenzie et al., 2005）。可观察存在的单条目有些是可行的，如年龄，直接询问出生年月即可以准确的观察这一变量，但有时可观察变量只用一个问题是不足的，因为自我回答获得的回答往往存在很多的不确定性，在不同的情境下结果也许存在显著差异，其中一个显性的心理原因是社会期望。社会期望反馈模式（social desirability response style, SDRS）指受访者在一段时期内稳定地并且是不受问卷内容影响地提供正面自我描述的倾向，这种倾向保持与受访者所判断的社会认为正确的信息一致（Paulhus 2002）。问卷测量同一变量的问题增多，可以在很大程度上中和单一问题的误差，更好地规避问卷参加者的过分认知对于数据的污染。即使这种误差依然存在，回归的趋势也可以调节这种作用，使获得的数据更加接近于实际值。

随着研究领域的成熟和我们对于概念认识的领域的扩展，需要同时测量的构念在增加，而对于每一个构念测量的题项也在增加。在心理学调查中，对于一个构念的测量使用几十个条目是很普遍的方式，由此问卷调查一个总的趋势，是量表的总长度越来越长。这种问卷设计越来越复杂的趋势，部分是由于人们对于模型的理解和广泛使用：使用回归来分析关系所用的变量，在总体上比使用结构方程模型所使用的变量要少，当我们将概念间的相互关系进行广泛扩展时,所涉及的构念就会增加,例如儿童行为检核表CBCL的经典版本由113个问题构成(Achenbach & Edelbrock,1987)。问卷中条目的增加客观上是研究系统化的展现,总体上可以提高我们对于社会显示认识的深度和科学性,但是另一方面这种策略的潜在影响,是增加了研究的实施压力与参与者的认知压力,后者可能对与数据的质量产生负面影响。因此在保证质量的前提下,提高数据收集的效率也是不容忽视的问题。在设计研究问卷时,研究者必须在测量一系列包含多个条目的测量的理论重要性与实际操作的数量限制中求得平衡(Moore et al.,2002)。实际上,各个学科也认识到了这个问题,并在问卷设计上优化条目,如行为问题指标BPI对CBCL进行了优化,使用28个问题来测量儿童在过去三个月中的行为。而且,在问卷设计中对于构念测量使用多条目模式被广泛认同的背景下,对于单条目的否认态度也同样受到挑战(Loo,2002)。人们一般认为单条目在复杂的构念测量中难以提供满意的信度:单条目虽然可以提供给研究者测量—再测量信度,但是这种测量却不允许对于社会科学研究中更重要的内部统一(internal-consistency)信度的估计(Loo,2002):统计对于相关内部统一信度的测量至少需要两个条目。

因此,问卷的长度或者宽度并没有简单意义上的限定,基本的原则可以参考理论发展的原则,理论发展原则中决定了什么因素需要被考虑为是个人或者社会现象的一部分,其发展遵循了完整的以及简约的原则(Whetten,1989),其中完整的原则是测量首先需要满足的,也就是测量在对于效度不能有效发现的情况下,需要尽可能广泛地设定条目,当然这些条目的选择需要有理论的依据,符合定义中默认的逻辑,在使用问卷进行前期的数据收集后,可以通过统计等方法对条目进行简化,去除不能有效解释核心构念的条目，或者将不相关的条目重新进行分析后组合为新构念的测量。相对于理论建构，条目的增加需要验证，条目的减少同样需要加以验证。在这里重要的是：解释为什么增加某个条目可以增加我们对于该构念的认识，数量的增减需要让位于问卷质量的增加，质量在此处的意义为与构念之间的适配程度。

但是有研究使用经典的修正统计模型，来评估单条目与多条目的检验信度，它发现使用单条目的测量的信度可以获得，前提是先对多条目的信度进行测量，再对单条目测量和多条目测量这两种测量模式的相关性进行获取（Wanous & Reichers, 1996）。由于测量存在误差，多条目的相关性被弱化了。Loo (2002) 发现当测量构念的多个条目存在同质的特点时，即条目间存在高的相关性，或者说是高条目间的内部统一性，如果全部的条目会产生的特征值至少为 1 的唯一构件，显示测量的条目所考虑的是构念的单一维度，这时可以使用取得最高载荷的条目来测量该构念，我们同时也可以获得对于信度的估计。

虽然对于单条目之于构念的测量的有效性一直存在疑问，单条目测量在实际研究中经常出现。在传播学研究中，这种单条目的工具出现的更加广泛。一方面，因为传播学是跨学科领域，许多概念在学术成熟的过程中还没有形成大家认同的测量规范，人们在相类似的研究中依然在寻找共同的测量，但是这个过程因为大家对于概念的定义缺乏一致的认识而在某种程度上被推迟。另一方面，这种现象或许可以部分归于传播学研究理论的丰富度也尚处于相对比较初级的阶段，相比较于心理学、社会学等社会科学，传播学的理论依然是缺乏的，而理论的构成要件的概念化也不足，纷繁的社会传播现象没有被首先抽象到有限的概念中。这造成了概念的实体程度过高而抽象缺乏，由此可能大家实际在讨论同一或者类似的问题，但是概念使用的不同阻碍了统一量表的使用。这可以模拟为整个传播学研究缺乏一个完整的系统化的探索性因子分析来对各种测量进行初级的分类，然后再依据理论对因子进行概念化定义。

如果全部的测量在理论上是对于所有概念的观察，概念的不清晰会造成我们主观或者方便地对这些测量条目样本进行取舍。而没有被理论化地归类，使得概念的测量存在困难，因为首先可能的概念并不存在，或者这些概念是否是同级的以及排他的，对于社会现象的抽象再现，依然不能提供明确的答案。考虑到时间、空间的不同而造成的对概念意义的人为判定差异，概念测量的统一就变得更为困难。一个明显例证是对于工作满意度的测量，虽然它是组织传播的核心概念，研究人与组织的关系通常会将其作为中介变量，但被引入大众传播之后，不同的项目对它的测量呈现很大的差异。部分研究使用多项目来观察该概念的各维度，如收入、发展机会、工作环境以及行动自由度感知等（Pett & Meyer,1993），这在表面效度上满足了与其基本定义，即人们对自己所从事的工作在评估之后的一种总体态度，对于概念的考虑包括总体上对工作是否满意，同时也要在诸如收入、发展前景等个人生活方面进行态度判断评估（Spector,1997）。

当然也有研究出于简化的目的，仅仅使用单一的总体测量方式，仅仅考虑被访者在整体上是否满意现在的工作。基于定义的不同，测量对于单个问题和多个复合问题在逻辑上存在可行性，但是研究对于复合测量（将对于工作各方面的满意值加总）可能存在许多问题，例如丢失了总体满意度的重要构成要素或者是将与个人无关的要素的满意度包含在内（Pett & Meyer,1993），例如志愿者组织里可能并不设计涉及收入，所以测量对于收入的满意程度是可能是无意义的,虽然我们可以将无收入也看成是收入的一种形式。另外元分析也发现,使用单一条目测量的工作满意度,相比较于使用多个条目所测量的满意度与工作离职倾向间的关系更弱(Pett & Meyer,1993),显示单维度的测量可能丢失了该构念的部分构成特质,因此使得按照理论显示的关系在实际测量中被弱化。

使用单条目测量存在的潜在影响很多。第一,单条目通常拥有相当程度的特殊性和具体意义,由此每一个单项与被测量的构念的特征仅仅有小的相关性,并且该条目也与其他特征有关;第二,单个条目趋向于将人群只分成数量很小的类别,例如5分的单一问题只是将人群分为5类,而增加一个条目在理论上可以将人群分成 $5 \times 5 = 25$ 类,这样的组合可以使研究发现更多的方差;第三个问题是单个条目通常会产生相当多的测量误差,而且因为缺乏对照的条目,我们通常甚至也无法发现误差的数值是否存在(Churchill Jr.,1979)。

虽然使用单条目来测量构念在单纯意义上并不存在问题,但是这种单一条目应该使用于理论的关系与陈述相一致时,也就是不能因为测量而影响概念间关系的存在,以及于量与方向的变化。使用单一条目,意味着测量从条目层面直接过度到量表的层面,使用条目来替代了量表的功能。如果概念本身是单维度而且指标也是单维度的,测量本身并无问题;只有在多维度的概念上的单条目测量才会存在潜在误差。机构效度检验必然需要清晰的对于目标构念的定义以及对于理论中相关构念的关系验证,如果在验证理论关系时使用了单维度的值来代表在逻辑上是多维度的概念,这种结构效度的测量过程已经存在了对于理论建构的不确定性。这种不确定的来源是,测量的单向度本身、关系存在与否、各个维度对于关系的分别贡献,在各个维度之间的关系缺失的情况下，理论的效度以及测量本身的效度都不能得到解决。

另外的原因也与研究思维有关，通常研究是确认性研究，其出发点是理论和文献，理论在很大程度上预测了概念的定义和维度，文献再对理论加以具体化，这种对于既有理论的验证可以沿着既有的路径进行，对于概念的以及关系的测量也有据可循，甚至连研究发现都限定了大致方向。如果脱离该方向就通常被认为是失败的研究，确认性研究在很大限度上保证了测量过程的信度。但是有时我们的研究缺乏必要的理论支持，其研究动力来自于对于社会的观察，主要的概念和关系处于萌芽状态，是不确定的或者仅仅是猜测，此时的探索性研究的主要意义是为未来可能的重大发现以至于新理论的出现做必要的量能准备，其存在的意义是可以初步验证理论初级阶段的假设，在解释部分方差的基础上为更科学的测量准备数据，这是探索性研究的主要贡献。实际上任何科学的测量都是在不断优化中得以生成的，而且这个过程是没有穷尽的（Loo & Thorpe, 2014）。但是应当注意的是，缺乏必要的理论支持和文献参考，其测量通常也就难以推论完整，这种推论的正确性也难以得到确认，因为概念无法自我证伪，表征的准确度都是存疑的；或者即使观察的基本方向正确，也难以对概念的所有维度都加以提炼，所以单项测量的出现就成为可能，由此存在的对于概念的认识很可能存在偏差，只能在后来的反复观察研究中加以完善。

单项测量在应对潜在变量时有产生误差的可能，我们可以依据研究实际的需要来加以选择，测量人口统计学变量时使用它，或者在测量潜变量时尽可能使用多个多项问题。但是即使在论证单项测量是合理的时候，我们也需要获取这些量表问题对于变量测量的信度，当然在测量潜变量这个过程更加需要，因为如果单个问题都不能达到可依赖，这个测量所获得的数据与实际社会所要观察的问题的偏离程度将更严重，或者我们无从知道这个偏离的实际值是多少。相对于多项测量，单项测量工具的信度缺乏人们都认可的测量工具（Lowan et al.,2018）。这种缺乏导致了研究者使用系统性低估的信度值，这会导致在理论的验证过程中对于概念间关系的夸大（Osburn,2000），或者直接使用缺乏信度的测量而未加调整，结果是低估假设的关系（Lowan et al.,2018）。

推论统计的一个重要原则是样本的科学性，包括抽样本身对于人群的代表性，在测量的条目的选择上，这相当于使用的测量反映了构念的核心领域，通过条目的逻辑相加就可以完整地呈现构念；这个呈现允许一定的误差，而误差可以通过提高测量的效度完成，也可以通过增加选用的条目样本数来达到。只要测量条目被验证为是可以解释核心构念的领域的，增加条目在理论上即可以增加构念的测量的准确性，因为不同的误差随着样本的增大而相互抵消，或者说产生零和效应。这可以模拟为火炮的自由射击和精确射击，在精确度和覆盖范围上选择的测量的实施方式不同，但是在打击目标上的最终结果可能是一样的；同时也要认识到精确射击绝对不意味着只发射一发炮弹，这样的打击效果通常会偏离目标，即使是在弹道经过精确计算的情况下；而使用多发炮弹进行的精确打击却可以相互修正单发炮弹的误差，完成摧毁任务。从这方面来说，多条目增加了样本的数量，平衡了每个单个测量条目所必然存在的误差，可以使测量在平均后更加接近于实际数值，这是多条目相对于单条目的优势。对于单条目产生的误差，单一的研究无法预测这个误差的大小，我们或许认为可以通过增加研究数量而不是增加单一研究的测量条目来改进观察。实际上随着同一构念的多个研究的进行，我们可以通过元分析来减少在研究所呈现的关系中由于信度缺失造成的虚假或者夸大的效果，但是这种减少，也只能限制在对于多条目的缺少信度的测量的调整，对于单条目产生的误差元分析也无法改善。

对于使用多项条目来测量变量，其对象是否是被要求于不能被直接观察的构念，现在依然有不同的意见。例如，有观点使用单项测量的依据是，使用"高质量"的单项测量来替代多项测量，理论检验和实证发现依然是不变的。这里的条件是科学设计的单项条目，并且概念被定义为只包含单一领域而无任何其他维度的。首先应该承认，这种单项度的测量是有可能完全地展现构念的领域的，如果测量的条目完全地反映了构念的核心构成要素，再增加其他的围绕这个核心的条目的测量，并不能增加对于这个构念的认知，这个时候单一测量条目就是对构念的充要测量。

但是，正如抽样的样本分布的平均值，可能就是人群在某一特征上的平均值，在现实操作中，这种可能性依然是非常小的，没有误差的抽样仅仅是在理论上存在。构念的定义通常并不是直线和单向度的，只由一个指标来反映的可能性很小。当定义确实将构念表述为单一域时，单项测量可以获得预测效度，但是模拟研究也发现在不同的构念上，以及在不同的研究情境或实验刺激的选择上，其预测效度的表现是不稳定的，而这种不稳定的呈现也使得研究对于测量误差的估计变得不可能（Diamantopoulos et al.，2012）。而且即使在可以使用单项测试的情况下，使用多项测试所获得的预测效度，也至少等于或者通常好于单项测量策略（Diamantopoulos et al.，2012）。

多维度的量表可以表露数据中隐藏的结构：通过使用这个

方法，复杂的相似数据矩阵、这些相似数据涉及的相似的等级标注、信息身份混淆，以及相同—不同误差等，都可以被描述和概括，并且隐藏在这些相似数据后的关系也可以被推演出来（Nosofsky,1992）。由于多条目测量对于构念观察的科学意义，需要在测量构念，特别是测量不能直接观察的构念时选择这种策略。对于使用单条目的测量方式，可以在以下测量情境下将其作为选择：小样本的情况下，特别是当 $N<50$ 时；在期望效果较小而跨项目相关性小于 0.30 时；项目间高度同一，即项目间相关性大于 0.80，Cronbach's α > 0.90 时；项目之间在语义上存在多余时。如果这些条件的任何一项不符合，则使用多条目的测量是更加适合的（Diamantopoulos et al.，2012）。Loo（2002）认为单条目测量可以被考虑限定地使用于以下两种情况下：该单项测量反映了一个同质的构念，同构型确认的标准是高的内部一致性；或者是在测量的构念意义本身为单维度时，这种单维度需要通过因子分析来确认。

第六节　问卷的长度

对于任何测量来说获取精确的、能够真实反应被研究对象的真实情状的数据是最重要的。问卷调查就涉及我们获得的数据，是否是受访者真实的个人信息、态度以及行为等真实反映。任何测量都存在误差。问卷的误差受到问卷设计和受访者对问卷的解读与参与的影响，存在许多脱离研究者理论控制，或者难以在操作过程中控制的因素。因此，相比较于内容分析、实验以及大数据分析来说，问卷调查存在更多产生误差的可能性。从受访者角度来看，造成问卷不能反映其真实情境的因素可以分为两类：受访者客观上不能有效准确地提供数据，和受访者主观上难以呈现数据。如果受访者在客观上呈现数据失败，需要从问卷设计的合理性上寻找解决方案，例如问卷的条目超出了被研究者的认知范围。例如在健康传播中询问大学生对于猪流感传播渠道的认识（Liu & Lo, 2014），就可能得到错误的信息，据此信息所做出的推论也就可能是虚幻的。而受访者在主观上拒绝提供正确信息又可以分为两类：反馈内容伪造（content response faking）和内容无反应（content non-responsivity）（McGrath et al., 2010）。反馈内容伪造是受访者对于自己所回答的内容进行主动而细致的篡改，以求研究者难以发现受访者的真实信息。研究发现受访者提供的其观看美国总统大选的频率数据，比尼尔森事实监控的数据少一半，这可能就是受访者伪造反馈的例证。而对内容无反应是受访者在参与问卷调查时，使用很低或者很少的动机来依照问卷的要求，来回答问题、准确分析条目内容并提供准确回答（Huang et al., 2012, p. 100）。由于受访者对于问卷本身缺乏兴趣或动力，答卷过程难以投入必要的认知。如果要求他们必须完成问卷，他们可能使用多种方式，如随机填写、前后不一致地填写等使用最小资源的策略。产生内容无反应的因素很多，其中一项就是问卷的长度。实验发现问卷长度与受访者随便填写问卷正相关；但是如果受访者对问卷内容有兴趣，这种关系会减少（Broweer, 2018）。

　　从理论上说，对于这个无反应问题原因并无固定解释，因为不同的受访者对于问题的反应是不同的，问卷长度造成的压力只是其中之一。我们在对人群进行抽样时，很难确定抽中的小群体是否会对问题产生逆反反应，或者因为问题太多产生疲倦而降低数据填写的质量、降低测量的信度。研究也发现，长问卷占用更多的时间，强迫问卷参与者使用他们不喜欢的回答形式，增加参与者的劳累和枯燥程度，从而导致更多的拒绝回答、更多未答问题以及更多中途退出的可能（Dillman et al.，1993）。Nakash 等（2006）发现将问卷缩短可以提升 9% 的反馈率。虽然研究基本确认短的问卷对于受访者更加友善，他们也更愿配合完成，但尚无确切的数据来证实最适宜的问卷长度是多少（Baruch & Holtom,2008）。而且，研究也发现，以往的测量研究也确认了问卷的长度对于数据的质量没有影响，或者只有微弱的负面影响（Dillman,1991）。另外有研究探究问卷的长度对问卷回收率的影响，Ganassali（2008）在比较了使用 20 个问题和 42 个问题的问卷后发现，受访者的退出率在长问卷组更高。

问卷的质量在一定程度上与问卷的长度有关系，但需要具体分析。研究决定测量某一变量的选项类别的数目时，在信度上需要知道条目的数量以计算相关性。因为效度与条目的数量不存在稳定的关系（Jacoby & Matell,1971），效度则不需要对问卷长度加以考虑。效度在理论上反映了条目本身在多大程度上表征了所测量的构念的意义，只要在理论和统计上都能有效验证这一点，长度就不是主要问题。例如，在消费者行为的量表中，专业程度（expertise）是测量消费者的科学决策的影响因素的重要概念，Kleiser 和 Mantel（1999）最初建构了由 55 个条目组成的测量体系来对它进行评估，随后通过探索性因子分析将其减少到 15 个条目。其后的 Taylor-West 等人的（2008）研究将该 15 个因子进一步减少到 10 个因子，而他们通过探索性因子分析，发现有 3 个因子可以解释 87.4% 的方差。这 3 个因子是"我喜欢了解汽车""我能够从记忆中记起现在所有的汽车品牌""我能够记起所有汽车品牌的名字"。Taylor-West 等（2014）认为使用 3 个问题比使用 10 个问题更能有效率地测量专业能力，因为这3个条目验证内部一致性（internal consistency）所获得的Cronbach'sα系数为0.89，大于原来使用10个问题所获得的系数0.87，统计显示更高的信度；而与附加问题（triangulation question）的高相关性显示这3个问题也有高的效度。这里应当重复指出的是，统计有时会讲一个似是而非的故事：相关性本身显示了条目间在数值上的共变趋势，但在理论上这种共变趋势绝不意味着这些条目之间必然存在联系。内部的一致性只是部分反映了这些条目可能同时在解释同一个概念，这种可能性的确定在于理论，而不是数据本身。

随着条目的增加，Cronbach'sα可能会出现下降的趋势；但另一方面随着测量样本数的增加，该系数则会上升。也就是说，使用测量条目少的问题实测于大样本人群可以获得高的条目内部一致性的数值，从而提供一个相对不够准确的信度指数。如果问卷中的条目在表面上的意义差异减小，在统计上显示这些条目围绕着某数值聚类，相对的条目的平均方差会减小。显示条目在稳定地测量某一核心变量，Cronbach'sα系数由此也会上升。但是正如所讨论的，这种聚集（clustering）所围绕的某一构念未必是所预定的测量的构念，而仅仅是显示这些条目选择了一组条目中在数值上最接近的数字。这些接近与测量本身对于构念的质的反映没有任何关系。举一个简单的例子，如果我们使用一个信度高的构念，来代替测量信度值不能令人满意的构念，信度值会得到显著提高，但是这个被替换的测量对于测量目标构念的意义可能是零。相反，如果某测量的条目的单个数值或者相互关系数值稳定性比较弱，也就是标准偏差比较大，呈现很大的离散趋势，在测量上并不一定代表该测量的质量低。在问卷的反馈过程中，如果受访者无法清晰为地界定每个问卷的细微差异,他们会倾向于认为这些问题在意义上是一致的。为了保持逻辑上的一致,防止出现认知不协调对于自我的压力,他们也会选择同样的选项。这样就人为夸大了这些条目的信度。

同理,附加问题间的高相关性也未必反映了该量表的效度。同信度的逻辑关系相一致,与设定的测量同一变量的系列条目之外的测量关系的强弱,只是在可能性上呈现了该测量发现了正确的工具,但是有关并不意味着测量了应该测量的构念属性。而且这种关系,还受到被用作参照的另一个变量的测量的影响。这种关系所显示的测量信度,首先的前提是另一个变量的测量是科学的,否则这种关系的强弱与方向都缺乏意义。由此可见,在问卷的简化中,需要注意这种优化对于信度和效度的更加细微的影响,而不只是依据统计值来简单地做出判断。正如已经讨论的,虽然条目增多所带来解释效价的提升,会受到效率衰减的影响,但是首先这种效价比效率更有价值。在没有一个统一的标准来确定最佳效度指标值以前,问卷质量的主要参考应该是效价。只有当理论和研究本身接受效价的减少时,对于问卷条目的减少才是符合科学原则的。当然从效率上说,如果减少测量条目的数量,依然能够保持所反映的概念的域的解释度,能够有效地表征概念域,使得概念测量的误差保持在可以接受的范围内,减少测量条目是优先的选择。这种简化测试所遵从的简单原则是:该测试包含了已经被实现的(realized)条目集合的一个适当的子集。这里所说的已经实现的意思是说:所选择的条目是"真实"的,也就是被理论或者其他研究所验证的,而不是"书写"的或者是"建构"的(McDonald,2003)。这种对于以前的测量条目的简化是必要的,或者因为便于操控,或者因为原来研究中的部分条目被认为并非是验证构念的令人满意的指标（McDonald，2003）。一个简单的原则是，如果增加的条目不能显著地提升构念的解释方差，则该指标可以被去除。

对于问卷长度的原则是合"理"，按照庄子的观点就是"故性长非所断，性短非所续，无所去忧也"。长的问卷并不需要消减，短的问卷也没有加长的必要，在理论上没有任何增减的安排。问卷的总体长度与每个问题的长度需要按照研究目标来设定策略，依照基本研究问题来框定范围。最后，在具体测量每个概念的过程中，需要准确观察概念的各个维度，同时考虑效率原则，找寻对于客观世界的最佳平衡点，在能够解决研究问题的总前提下尽量简化问卷的体量。虽然在理论上并没有认为量表的长度会影响数据的质量，不同的社会科学对于潜变量的测量都有习惯的选择。如果对社会科学的问卷调查研究做粗略的审查就会发现，心理学与社会语言学通常使用更多的问题来测量变量，政治学和传播学的问题数量则更少些。例如，有研究认为，语言学测量（被认为）存在一个问题——测量使用的题项太少，建议认为使用 30 个以上的优质题项才能更好地表征构念（Purpura et al.，2015）。实际上社会科学，特别是心理学研究中对于测量的优化的重要构成，便是分析、提炼最能有效完成测量的量表。总体自我效能是社会心理学的核心概念之一，是人们的一种特质的、遇到任何焦虑情态都能够处理应对的自信（Luszczynska & Gutierrez-Dona，2005），是跨情境的扩展化的自信。相对于自我效能对于具体处理对象情态的依赖，总体自我效能在理论上拥有更加抽象的特质，因而对它的观察也就更加具有挑战性。对其测量的量表最初发展于人格研究中，Sherer 等人（1982）提出的 17 个问题组成的总体自我效能量表，在社会科学各领域中被使用于 200 多项发表的研究中（Chen et al.，2001）；后续的研究在广泛借用这个量表的同时也提出了许多质疑，例如认为该量表中的"如果有些事情看起来很复杂，我甚至不会尝试去解决它""我很容易放弃"等条目测量的是努力或者坚持等因素，是总体自我效能的影响结果而非这个概念本身（Woodruff & Cashman, 1993），这些因素造成了这个广泛接受的量表在信度和效度上存在误差。Chen等（2001）删除了6个多余的、不能解释方差带来增量的条目，并合并了意思相关的条目，最后将其简化为8个能保证内容信度、构念信度以及符合信度的量表。当然，简化或增加本身不是测量优化的理论目标，优化的方向是更好地反映概念在各个情境中的意义。准确和效率是辨证统一的原则，准确是测量的根本原则，效率是科学测量的美学原则。

问卷长度的另一个含义是问题和选项的长度。随着每个问题的长度的增加，受访者产生认知误差的可能性也在增大。虽然这种认知误差可以通过提升问卷中的核心概念的定义的质量来改善，但是同样改善的情况下，短问题的质量的提升效率要高得多。例如，问题"在过去的四周里，你做过锻炼、运动或者需要身体积极参与的业余爱好吗？"该问题存在的主要问题是对于"锻炼"等的定义模糊，优化后的问题为："在过去的4周里，你做过运动、包含体能参与的业余爱好或者锻炼，如走路吗？"修正后问题的疑问减少，短的问题经过概念的厘清后导致的认知困难显著减少（Fowler, 1992）。可见，对于问卷的每个问题的精炼也要科学对待，要在完整表达意义的前提下，提高条目文本的文字效率。为了帮助受访者召回记忆，有时需要增加非直接测量概念，也可以辅助增加数据质量的问题，如记忆提示问题（Belli et al.，2006）。在问卷开始时通常避免问需要作许多分析的问题，而是提问浅记忆的问题，这一做法也有此效果。这时问卷长度的增加对于受访者和研究本身都是有益的。

从推展（generalizability）理论来说，一个测量是可以实施的观察中的一个样本。测量可能在多个琢面（facet）产生误差，例如测量条目的多少、条目的长度、实施过程中的不同时间、不同情境等，都可能带来测量的误差。条目全集可以被看作单琢面地测量某一概念的所有的可以操纵的、观察的样本。当我们是通过某些条目来测量概念的意义时，误差总是存在的。对于单琢面的条目来说，带来方差变化的因素有四个：一是，被测者有关测量条目问题的知识储备，受试者在这些问题上存在差异；二是，测量同一概念的条目存在难度差异，有些问题在回答上比较直观，如具体提问有关媒介使用的问题，相比较于对于社会问题的态度的条目，可能可以更加准确地得到受试者的相对精确的数据，后者由于受访者的不确定或者不稳定，会给结果带来很大误差，这个差异可能最终带来对于测量数值预测的误差；三是，受试者与条目的匹配程度，受访者对于条目的知识储备以及认知区别可能导致所获得的数据的变化，但同时同一个受测者在遇到不同问题时的表现也存在差异，也就是受访者与条目问题之间存在调节现象，对不同条目的问题难度的反应受受访者认知与反应的调节。四是，随机或者是难以被确定的情境，例如问卷反馈时的时间空间因素。

"受访者界面友好"（respondent-friendly）的问卷设计可以提升问卷的回收率，而且有助于提升数据的质量。我们的问卷一方面需要尽可能直接获取受访者的信息，这些信息需要具体，直接有数学含义的选择是最佳的。越是具体而精确的数据，后续研究越可以使用高级的统计来分析它，调高测量中变量的方差，使得发现更接近于社会现实。例如，在杜绝了伦理或隐私问题的情况下,如果可以获悉每个人的具体收入,我们就能够精确地预测与收入有关的概念之间的关系,更清晰地了解收入在社会中的作用或者影响收入的因素。相反,如果使用定序的方法测量收入,至少在逻辑上我们不能将收入的测量值直接进行完全的数学运算,由此得出的结论就与社会现实有了一定的偏差。但是,有时这种理想的测量也难以达成目标,例如受访者可能因为隐私而拒绝填写问卷会造成回收率下降,或者提供错误的数据。前者会降低信度而后者会造成更严重的错误发现。因此,问卷设计在实践上会遵循"受访者善意"原则。虽然学术界并没有清晰界定这个原则的内涵与外延,但都认可这个原则描述了问卷的形式应该方便受访者完成,避免在填写时对于问题产生误解,填写过程要保持参与者对于问卷内容的中立或者正面而不是负面的反应(Dillman et al.,1993)。

现在社交媒体为问卷的填写提交提供了很多便利,传统的纸质问卷和电话问卷,已经逐渐被可以无纸化填写、发送的问卷所替代。这种方法便利了受访者的工作,同时也使得数据的收集和处理更加有效率。研究者可以在后台直接获得数据,不需要再对原始数据进行电子录入,也可以随时对已经获得的数据进行统计分析。必要时还可以对数据收集的过程进行调整,甚至及时对整个研究设计加以优化,由此研究效率得到提升。这也潜在地为问卷长度的增加提供了空间:在效率提升的情况下,人们可以完成对于更多问题的回答。当然问卷参与的电子数据化也存在问题,如可能因为参与的简单也导致认知投入的减少,人们可以比较容易地勾选答案来完成问卷的回答,由此可能影响所收集的数据的质量。

在以智能手机为实施平台的问卷设计中,问卷的文本形式、长度和内容等都需要加以调整。相对于纸质问卷的容量,智能手机的显示页面可以呈现的内容有限，如何迅速地使问卷参与者接触到问卷内容就成为重要课题。这个问题首先是整体接口形式的选择。现在的接口主要包括下拉式和页面式两种。在下拉式接口中，问卷的参与者需要不断引动滚轴以获得内容呈现，问卷的内容在不进入另一个接口的情况下全部得到显示。而在页面式呈现模式中，问卷的内容被加以分割，形成不同的页面。每页的内容在容量上是相同的，类似于印刷书的页面形式，不同页面内容通过换页的方法来获得。这样一个长的问卷设计可能需要多个甚至几十个页面来完成呈现。对于哪种呈现方法可以更有效地提高问卷的回收率（response rate）从而提高测量信度，以前的研究有不同的发现。回收率在不同的研究中呈现类似或者相互竞争的差异，但是大家普遍认同使用不同页面来分别装载内容，增加了页面呈现的时间（Nielsen & Budiu, 2013）。实验研究显示，下拉式呈现格式的问卷需要的完成时间比页面式问卷要少（De Bruijne & Wijnant, 2014）。上述问题都需要在设计问卷时考虑到。

分支问卷（branching）是问卷长度增加时帮助受访者提高效率的一种选择。分支问卷时通过筛选问题来将受访者进入不同的问题组，受访者进入适合自己特征的"分支"问题组中，使用这种形式可以使问卷参与者跳过与自己情况不相适用的问题。比如在测量受众的媒体使用时，首先询问其是否在上周读过报纸，如果受访者阅读过报纸，则问卷可能紧接着提问阅读的报纸的类别以及接触时间。但是如果受访者没有在近期阅读报纸的经历，则可以略过后面的有关报纸接触的问题而直接回答其余问题。这种模式是基于问题处理中先分解再整合的逻辑。将复杂的社会问题分解成为多项问题，这种逻辑不但效率更高，而且可能比一次解决所有问题的方式得到更加的解决方案（Gilbert,2015）。分支问卷既有利于避免因提问毫不相关的问题而扰乱参与者，也可以提高研究数据的精确度。美国主要的问卷研究，如美国全国选举研究（ANES）都在增加使用这种问题模式的频率，研究者使用电话调查提问分支问题来比较不同年份的同一研究得出的数据（Gilbert,2015）。

分支问卷还有一种意义是将问卷总体的问题特征细化，将整体细分为个体来分别表征事实，也就是将整体划分为部分的方式。分支的逻辑来源于Armstrong等（1975）的研究：当一个复杂的工作被分解成一系列小的、简单的而且是必要的组成部分时，这样人们可以比直接处理整个问题时有更精确的决策。我们在现实生活中经常会遇到这种情况：是总体疑问还是切成片段进行各个分析。例如，当我们想知道某群体社交媒体的使用时，问他们上周每一天使用这种媒体的时间然后再获得总和，比直接问他们上周花费多少时间来接触这种媒体所获得数据要更精确，而被访者也更容易回答具体的问题。实际上研究也发现，相对于直接寻求受访者在7分量表上的选择，首先询问受访者的态度方向，接下来再来获取其态度的极端程度（非常不喜欢/不喜欢）或者具体倾向，这样获得测量更加具有信度和效度（Krosnick & Berent,1993）。

对于分支问卷在信度和效度上的优势，既有的研究产生了矛盾的发现。首先，以往的研究通常支持分支问卷可以提高信度和效度。也有研究发现分支版本的问卷产生了更加强的验证—再验证结果，并且测量的政策态度变量与其他政治态度的关系也更强；但是这种差异受受访人的教育程度的调节：受教育高的人回答不同模式的问卷产生的结果没有显著差异（Krosnick & Berent,1993）。Malhotra等（2009）发现，将3分量表（正面或负面或中立）的顶点分支为两个回答选择（有些/强烈正面或负面），相比较于只是用 3 分量表，显著增加了标准效度；但是另外的研究发现分支问卷的优势是不显著的，甚至是未分支问卷可以得到更多的信度和效度：未分支问卷收集得到的数据中，丢失的数据更少，问题间的相互关系也更强。

但是，即使受访者清楚地知道跳答问题符合自己的具体情况，在具体操作中也可能发生错误。为了完成跳答的步骤，受访者可能需要记住接下来需要回答哪道问题，再遵循着问题的顺序来寻找适合的问题。在这个过程中思考过程可能被打断，也可能对应该略过的问题做出选择而得出了更多的答案，这些对于问题的误读都可能影响信度和效度。因此，问卷的设计者需要尽量减少受访者的信息搜寻困难。在问卷设计中要考虑到受访者的动机和时间等的限制，以下原则可以使用：尽量减少分支问题的指引来消减问卷参与者的阅读时间、误解以及对于问卷的困难感知；表面看来，在指引上使用的文字越多，受访者对于问题的理解会越多，可以简化问卷完成的难度，实际上文字的增多很可能增加他们的阅读时间、疲倦和在认知上的过度投入，可能增加他们对于问卷的抵触情绪从而降低数据质量。而且问卷的精炼也是设计科学的表现，可能提升参与者的专注度。尽量使用自然分枝问题，但是给予参与者选择的权力：允许他们选择自己喜欢的问题来回答，而强求他们一定选择符合他们情况的问题来参与；当所回答的问题需要背景支持时，问卷需要提供背景知识来帮助受访者理解问题的精确涵义以及问题间的逻辑关系。由此需要减少受访者在认知上的困难，以获得精确的、能够反应社会现实的数据。

跳答是一种特殊的对于问题定位（position）的反应。实际上对于问卷文本的定位是问卷设计的重要步骤之一。这个定位首先是问卷区块的定位,也就是对于核心概念和从属概念的测量区块的定位。在问卷的设计中,有些研究者喜欢将人口统计学的变量测量问题安排在问卷的开头部分,如询问受访者的性别、年龄、收入等。这样的问卷设计蕴含着可能的危机,就是对于研究参与过程中认知投入的损害。问卷的数据质量在设计完成后首先需要获得受访者对于参与的效度,这个参与最佳状态是受访者放弃对于研究内容之外的过度解读。而首先提问个人身份信息就可能使受访者对于研究的形式,而不是内容加以过分解读,从而影响测量的信度;而如果在问卷开始先问研究核心变量的有关问题,则可以使受访者尽快进入研究情境,在问卷参与的最后自然地完成个人信息的自我报告。

这种定位还包括对于各变量的测量条目,在整个问卷中的分布定位。这种分布对于多条目的测试更加重要,因为研究者需要决定将这些条目组成为一个区块在问卷中分布,或者将各条目分散在问卷的不同区位放置。将测量同一个变量的多个问题成组安排的优势是明显的:由于它们在测量变量上的基本内容相同或者类似,受访者在回答时可降低认知投入,这样有利于条目间一致性的提高;即使内容有差异,条目之间也会在逻辑上存在联系,问题间的信息可以互相辅助理解,这同样可以提高测量信度。但是这种分布策略也存在潜在问题:受访者在回答问题时会产生顺移效果(carryover effect)(Feldman & Lynch,1988)。受访者按照同一回答模式来回答相关的所有问题,在这个过程中对于问卷问题的认知投入,以及相关信息的记忆召回都可能弱化,只需将对上一问题的认知带入下一问卷问题,即可满足判断的需要。这样给数据带来的可能影响是条目间区别效度被人为降低。另一个可能的影响是,如果受访者不能有效判别问卷问题的细微差异,可能会认为问题存在冗余而造成无注意回应（careless responding）（Weijters & Baumgartner, 2012）。如果将多条目的各个问题随机放置在问卷的多处，则可以在很大程度上消除顺移效果：受访者在理论上需要对每个问题加以区分并判断，从而可以更好实现问卷设计的区别效度的目标。但是正由于这种问卷相邻条目间缺乏逻辑上的相关性，问卷的参与者需要投入的认知努力会增加，而对于同类问题的回答也可能增加不一致性。同类题目在问卷上的空间距离越大，这种不一致性发生的可能性以及差异的数值也会越大（Weijters & Baumgartner, 2012）。

　　选择问题数目的一个总的原则是能最有效率地测量一个概念的条目量。这里包含两个含义，首先也最重要的是测量的准确性。问卷的一组问题是一组变量，其测量的变量是模型能够解释概念的效价。该值越大，显示量表对于测量的概念解释的方差率越高，则该量表的精确度越高；同时我们也要认识到，虽然每增加一个概念，所能解释的被测量的概念的方差就越多、该概念的残差就越少，但是每次条目的增加所带来的方差变化并非总是显著的。也就是同时量表的效率也可能降低，因此要在效价和效率之间求得平衡。平衡的基本要求是选择决定系数最高的条目，这样在很大程度上可以获得效价的有效增加。世界上的事物是存在广泛联系的，由此每一个指标都或多或少帮助我们对于抽象概念的观察。但是哲学认为"乱联系"也是唯心主义，该理论对于问卷设计的指导意义就是发现有效的联系，而摒弃无效的甚至的假的联系。相较于问卷条目的多少，每个条目的测量的准确度更加重要。这不仅有利于提高问卷的效率，更重要的是可以减少可能的问卷中的多元共线性（multi-collinearity）问题。当条目之间的相似性增加时，其相关性也增加，对于概念的解释能力的提升减少，同时也意味着这些条目的多元共线性的可能性在增加，也就是可能这些问题条目在反复测量同一个意义。这种条目间的相关性有正向和负向的区分。正向问题的多元共线性在意义上比较容易发现，很多时候我们却会忽略逆向问题可能存在的多元共线性问题。例如在测量整体自我效能时，一个典型问题是"即使当工作很棘手时，我也可以做的很好"（Chen et al., 2001）。如果增加一个反向问题"当面对棘手的问题时，我可能做的不好"，似乎该反向问题可提高受访者对与问题的认知专注度，从而提高问卷的质量。但是意义的逆向反复仍然增加了问卷的多元共线性。这种问题存在很强的逆向相关，在逻辑上是在测量同一个维度，可以合并为一个问题。虽然在问卷设计中这种极端的情况不容易出现，但是更加细微的多元性问题需要引起注意。

测量各个题项之间是否存在多元共线性，通常可通过两种方法：（1）方差膨胀因子（variance inflation factor，VIF）；（2）共线性诊断（collinearity diagnostics）。在测量多元性时，我们实际是在测量某一题项在多大程度上能够被其他题项所解释。如果解释得越多，则多元共线性越大，我们以测量某变量的其中题项作因变量，其他测量该变量的题项作为因变量来多元直线回归，其中的多元共线性指标是 $VIF_k = 1/1 - R_k^2$，其中 R_k^2 是以题项 X_k 为因变量的多元回归模型中的其他所有被测的题项的共同解释的方差率，如果 R_k^2 的值越接近于1，则表示该题项被别的题项解释得越多，则多元共线性的可能性越大，则该题项也越可以被别的题项替代。一个通常的临界值是如果方差膨胀因子 >10，或者共线性诊断 >100，则存在多元共线性的问题。在回归检测的统计分析中需要同时进行多元共线性检测。

第七节 选项的次序

在问卷设计中,所提供的选项的次序也可能对受访者的判断产生影响。这种影响对于不同的研究或者不同的问题产生的效果是不同的。某些测量由于初始效应(primacy effect)的影响,最先提供的选项更容易被受访者所认可;而在另外的研究中基于新近效应(recency effect),位置在最后的选项更可能被认可,反馈次序的效果在分布上呈现随机的特点。心理学有时将这种次序效果产生的原因解释为回忆偏差:初始效应的产生是因为首先出现的问题在回答的过程中,相较于后来出现的选择,拥有更多的时间来重新处理和解读,因此更容易被选择;而新近效应的产生源于最后出现的问题更容易被记忆,而其前面的信息可能被后面的选择覆盖因而难以被处理(Krosnick & Alwin,1987)。按照该逻辑,在面对面的问卷访问中,调查员提供问题和选择的速度提升后,首先呈现的选项较最后提供的问题的时间减少,首先出现的选项获得的信息处理时间减少,因此位置在后面的选项被选择的可能性增加。但是实验发现,选项呈现速率的提升并没有减少前置选项的被选概率(Mingay & Greenwell,1989)。

在自愿填写问卷的条件下,受访者倾向于使用简单的方法来对信息进行解读,然后就选择的答案做出快速决定。受访者对于选项的解读,以及随后的处理策略成为这个过程的决定因素。许多研究发现,在回答问卷的过程中,受访者的初始效应比新近效应更常出现,但是后者的作用同样不可忽视。与这两种效果相联系更接近的心理概念是系列位置效果(serial position effect)。产生初始效应时,与记忆编码过程中在最初接触的信息，比中间出现的更容易被回忆。这是因为最先获得的信息被首先感知，这些信息进入认知系统后也被更多的循环处理和排演比对，因为此时头脑尚缺乏其他信息对于认知资源的竞争。这对于该信息获得更多深刻的短期记忆和坚固的长期记忆提供了更多可能。当人们在处理信息时，无论是获得短期记忆，还是长期记忆都更容易被召回。而获得排演的信息，在信息的处理过程中被赋予更多的意义，也就是说这些信息被用来与其他信息进行比对以备选择并存储，被比对的信息也更容易被记忆和召回。当然这种初始效应或新近效应的产生，是以受访者对于信息有参与的动机为前提下。当被提供两个冲突的信息时，有高动机的人通常会产生初始效应，而非新近效应。但是在缺乏参与动机的情况下，新近效应减小甚至被新近效应取代（Petty et al.,2001,p.332）。初始效应的另一种解释是最先出现的信息建立起认知框架或者标准，后来的信息被使用这些信息加以处理，由此最先出现的信息就产生更强的效果，也更容易被接受（Krosnick & Alwin,1987）。

新近效应与初始效应相反，它认为最近获得或者在系列时间中最后接触的信息被更好地记忆，并且在做决定的过程中被赋予更多权重。至少有两个因素对于产生这种效应有影响：一是提供的信息是如何被排列的，另一因素是判断者如何处理获得的信息。在第一个因素中，获得的信息的长度是重要因素：如果获得的信息是复杂或长的，或者获得的信息有延迟，或者受访者需要在阅读内容后做出立刻的回答，他们很可能按照新近效应要求的方式来回答问题。相反，如果问题较短或者信息在呈现时连贯而没有中断，则初始效应所要求的行为更加可能出现（Jones & Goethals,1972）。以上是产生呈现循序效果的客观原因，信息处理的容易获得客观上促进了这种方式的使用。

如果信息可以帮助受访者完成工作，他们愿意使用这种方式来高效地处理信息，做出他们认为理性的判断。应当注意的是，当人们在处理信息的过程中，如果被要求按照步骤来处理信息并且在信息获取后及时更新记忆中的信息，初始效应会减少而新近效应更容易出现（Jones & Goethals,1972）。对于问卷的设计，这意味着问卷的问题和选项可以要求受访者对每条信息做认真的处理，并依照全部获得的信息做出判断。但是因为人们记忆是不完整的，以及人们在参与度缺乏时通常产生的认知惰性，受访者未必会对全部信息做完整解读，并对相关信息全部召回后再加以判断，结果可能依然是新近效应在受访者回答策略中占据优势。

初始效应和新近效用在问卷呈现方式不同的情况下，效果也会产生差异。在视觉呈现（visual presentation）时，即受访者自己阅读调查问卷的情况下，更可能产生初始效应。因为在受访者有充分时间来对问卷做详细分析的情况下，新近效应扮演了更重要的角色。当问卷的题目从听觉上以语言呈现给受访者时，也就是受访者倾听问题并对选项做出判断时，初始效应就更加可能产生。因为受访者在倾听问卷的内容时，无法同时对所有选项加以分析，认知会被引导到最后的选项。此时最后的选项成为做出决定的最直接的信源，受访者因此也会将更多的信息处理时间应用于最后接收到的信息，新近效应由此产生（Krosnick & Alwin,1987）。应当注意的是，新近效应会阻挡人们对于后面的信息的接收，这是注意损害假说（attention decrement hypothesis）。即使信息是前后一致的，受访者对后面信息的注意力也会减弱，由此，前面的信息就对人们产生更强的效果。如果后面的信息与前面的信息产生冲突时，对于后面信息的处理会出现同化效应（assimilation effect），也就是对后面不一致的信息的判断会被前面的信息判断所同化，最终后面原本可以产生不同效果的信息不再发挥作用，即前面的信息产生了最终的效果。这显示人们的心理基模使人们的决策过程偏向于原先建立的心理印象而不再发生改变（Steiner & Rain, 1989）。由此，我们可以预测人们更加趋向于选择首先出现的条目选项。但是，研究也发现，当信息是负面的情况下，最后被接触的信息可能会产生更强的作用（Steiner & Rain, 1989）。

按照包容/排他模型（inclusion/exclusion），人们在对刺激做出判断时会做出两种再现：对于目标刺激的再现和对于判断所需的参照标准的再现。当接触到的信息被直接用作相关判断的内容时，同化效用产生，意味着这些信息被用作分析的核心依据；相反，如果可获得的信息用作比较的标准，那么产生的就是对比效应（contrast effect）（Schwarz & Bless, 1992）。在"人性善恶"的议题中，在讨论时提供一个负面的个人特质，如贪婪的某人，如果对"人性善恶"的分析将此人作为评价人类总体品行的参照标准，则可能得出"人性恶"的结论；相反如果将此人作为判断善恶的标准，我们可能做出其他个人是"人性善"的结论。在对问卷的选项进行判断时，如果选项在意义上差别小，前面的选项会产生同化作用，后面的选项则不再产生作用；人们会倾向于接受首先出现的选项。但是如果后面的信息与前面的信息有显著差异，人们可能将一类信息作为判断的标准，而选择与此对立的另一方信息。在问卷调查的回答过程中，应对相对立的反馈选项时，人们可能选择与标准差异显著的另一选项。

实际上，问卷的完成时间在限定的情况下，受访者对于每个问题的解读时间是有限的，对于信息的处理难以在每个条目上产生显著的差异，所以信息的呈现就很难产生认知差异。而且这种理论解释的前提是受访者在回答问题时，不会对每个选项进行平等地考虑，在做出判断时也不会对每个选项进行再解读。但是人们在完成选择任务时，在具体选择时会再次对选项进行认知确认，这样认知才最终完成。在对选项进行再次认知比较时，每个选项都获得了相近的时间加以分析，由此在信息处理上的时间差异或者短期记忆所造成的选择倾向变化才会被中和、弱化或者不再产生影响。如果受访者没有对每条选择都加以解读，也就显示他们没有投入足够的认知来对待决策所需的信息，回忆偏差也即失去了其假设的对于选择的影响，因为认知在这个过程并没有被重视。所以，基于信息的回忆和分析所需的时间来解释初始效应和新近效应缺乏理论依据。Krosnick 和 Alwin（1987）的实验也部分推翻了初始效应和新近效应假设。

我们也可以从其他角度来解释受访者的反馈选择策略，首先这种回忆偏差假设受访者需要足够的信息召回来完成问卷的解答，例如，上周玩游戏的时间需要细节的召回，而在很多对于态度和意见的测量的数据的收集过程中，受访者在很多时候是基于整体的判断。而记忆召回的信息丰富与否，可能与最终的判断并非完全是正向相关的。对于某问题认识越丰富，则更倾向于该选项缺乏逻辑关系，信息的准确对于选择倾向的影响还受到该种信息对于选择倾向支持度的调节：如果信息在理论上背书某种选项，则这种信息的召回越多，该选项也越可能被接受；相反如果所召回的信息与判断不一致，则信息的增多反而会减少该选项被选择的可能性。例如，在游戏暴力内容影响的研究中，询问这些内容对于人的攻击性的影响，如果受访者在记忆中获取到有关教化理论的信息，他们会倾向于认同这些内容对于人的负面影响；而如果记忆中获取的主要信息是许多研究否认媒介这种对于人的教化作用,他们会更倾向于选择更中立的效果。总之,回忆偏差会确认或者强化观点,或者强化与信息一致的选项,但也可能反向影响与信息关系在逻辑上相对抗的选项。

第八节　反向问题的问题

问卷调查研究法被运用到社会科学以来,研究者就使用问题条目来寻求受访者回答的有关态度的各种方式的问题:正面遣词(例如,×是好的、同意—不同意),负面遣词(例如,×是坏的、同意—不同意),或者是两级量表(例如,×是好的—坏的)(Kamoen et al.,2013)。在设计多条目量表时,研究通常会思索问题的方向选择,或者使用同向问题,或者在同向问题中植入一个或多个反向问题。反向条目被定义为:"一个条目的意义是与相关的比较标准相反"(Weijters & Baumgartner,2012)。反向条目的一个特点是总在多条目测量中出现,对测量结果的重新编码而产生的值才能成为概念值的一部分。其第二个特点是:是否反向是语义问题而不仅仅是文本的遣词问题,"不"并不一定代表其所表达的意义是反向的,对它的判断不能通过单独考察该条目来完成,而需要所测量的构念的其他条目的意义来获得,这个被用来对比的对象就是判断具体反向类型的标准。长期以来,社会科学一般认为,标准(正面)和反向计分(负面)应该同时在量表中出现以控制反馈偏见(response bias)(Anastasi,1988)。在社会科学的问卷调查研究方法中,反向条目被广泛使用。例如,在对市场营销学主要学术杂志发表的论文中的1330个条目的分析发现,其中约16%是反向条目;而在测量变量的多条目测量的情况下,

30%的问题是反向问题；在测量的314个因子中，8%的因子测量中使用的反向和非反向条目数目相同。(Weijters & Baumgartner,2012)。

虽然研究对于条目意义多元能否提升问卷质量依然存在争论，这种反向条目使用模式被认为是常规的，甚至是标准的问卷设计思维。这种复合问卷在数据质量上的优势判断基于以下假设：这些反馈偏差对于测量工具的效度有严重威胁；反向问题的使用不会产生副作用，也就是不会在避免某种误差的同时又导致了另外的误差；两种正面问题，即正常问题和负向极端相反（negated polar opposite）或者负面积分的条目之间在表征概念上不存在显著差异（Schriesheim & Eisenbach, 1995）。

如果一个条目的文字中包含对某种事物的否定，则该条目是否定条目（Weijters & Baumgartner,2012）。与反向条目相反，否定条目是语法问题，可以单独通过对该条问题的分析做出判断，而不需要通过与其他条目的关系或者数据收集过程中的数值的正负来体现。如"我不是一个热心的人"（Smith et al., 2006），从语法上否定了"热心的人"的意义。反向条目只出现在多因子的测量模式中，而否定条目由于只与文字本身所反映的含义是肯定还是否定语气有关，所以在单因子和多因子测量中都有出现。实际上，以往研究也发现在1330条测量消费者心理或营销效果的条目中，20%的条目有至少一处使用否定语气词；在这些使用否定语气词的条目中，最常使用的方式则是直接加"不"（not）（45%）（Weijters & Baumgartner, 2012）。

由此可见，社会科学研究量表中使用反向条目和否定条目是很普遍的，为了激励受访者的参与，问卷经常在同一量表中交替使用这两种条目。如果把条目按照反向与否以及否定与否来做交叉统计表格，会形成四种类型的问题条目：正常条目，反向非否定条目、非反向否定条目（否定极端相反条目）、反向否定条目（否定正常条目）（Weijters & Baumgartner, 2012）。例如在测量利他主义的 11 个条目中（Smith et al., 2006），存在两个反向问题，其中"我不是一个热心的人"是否定正常条目，也就是直接对构成利他主义的"热心"因子加"不"（not）。而"如果别人伤害了我，我通常会恨他（她）很久"则是极端相反条目，该条目直接使用"原谅"等意义的反义词"恨"作为测量文本。如果对该构念的测量需要否定极端相反条目，则例证可为"如果别人伤害了我，我通常不会恨他（她）很久"，而用以作为比较标准的条目可以是"如果别人伤害了我，我通常不会原谅他（她）"。

使用反向问题的主要优势是可以减少受访者的默认（acquiescence）。当这种默认发生时，加入反向问题可以间接计算正反回答对冲对于数据偏差的影响；不过加入反向问题只能在理论上通过提醒受访者来减少默认，或者只有在理想状态下，也就是受访者按照研究者的设计思路来调动自己的认知并积极填答问题的情况下，才能减少同向问题造成的默认，显然在操作中人们也许不会领会研究者的意图，也许不会真正投入认知来区别这些问题，也就并不能改变默认的发生。虽然如此，单一使用"同意"或者单一使用"不同意"都会使测量结果偏向单一选择，而反向问题使测量同一构念的多条目的均值产生"回归"效果，从而更加接近于受访者的真实态度或意见，也就是减少测量的偏误（Swain et al., 2008）。

Chessa 和 Holleman（2007）使用一个两阶段模型来解释人回答问题的行为：理解—召回阶段（comprehension-retrieval）

为第一阶段，定位（mapping）为第二阶段。在第一阶段中，受访者将首先认知、理解问题的内容以及分析问题答案的内容。例如问受访者在多大程度上认同"人性本善"的命题，受访者需要知道问卷是何种类型的问题，此时不能造成对题目理解的偏差，然后受访者需要从长期记忆中召回有关此态度的信息，并将这些信息加以比较后最终做出具体判断。部分受访者可能只能浅层次地回忆自己学习到的或者经历到的关于人的本性的认知，而有些受访者却可能收集更深层次的信息，如哲学领域对于该经典命题的讨论，并对相关的争论做出比较和评估。例如受访者可能联想到孟子的"恻隐之心，人皆有之；羞恶之心，人皆有之；恭敬之心，人皆有之；是非之心，人皆有之"。由此认识到孟子主张人性本善；如果他们同时知晓同为儒家的荀子却持人性恶的观点，"其善者伪也"，那么受访者又可能会对于该论题进行比较，得出其认为更加接近于真理的认知。相反如果受访者只是知道孟子的思想，那么会做出支持该论述的选择。从另一方面看，如果记忆召回更多的哲学家的相近或者相对立的思想观点，那么这些信息会产生零和效应，也就是信息在判断的过程中发生中和反应，人们最终的选择可能会趋向于中立。在定位阶段，受访者将自己对于问题的认知，与问卷提供的答案选择进行比较。在这个阶段，认知还可能受到研究者难以控制的其他因素的影响，如受到周围情境的影响，从而造成他们选择与自己的认知并不符合的答案（Kamoen et al.，2017）。

对反向条目和否定条目的使用应该非常小心。首先从语义上来看，任何两段文字上不同的叙述方式，都在再现社会现实的可能性上存在差异，完全意义相同的抽象概念是不存在的。我们对于数字的理解通常不会存在信度问题，但是对于文字，特别是叙述具体事物之外的抽象概念的文字，不同的受众存在不同的解码策略，面对同一个概念，不同的人都会有定义和理解差异。在解释社会问题时，人们使用抽象的构念来概括想想，使用变化的概念来从多方面考虑构念，这种差异（variance）可能会更大。再以"我通常会恨他（她）很久"为例（Smith et al.，2006），假设某受访者在该问题上选择"1"分（非常不同意），如果该测量的原标准类型"我通常不会原谅他（她）"对于测量利他主义是有效的，受访者应该是选择"1"分（非常不同意）。但是在意义上"恨"与"原谅"并不是完全相对立的，此时这两个选择可能是相反的，而不是矛盾的：对矛盾的一方的否认等于对于另一方的完全承认，而对于相反的否认，则可能同时意味着对另一方的否认或者承认，也就是受访者对于相反的两方答案可能同时认同（Weijters & Baumgartner,2012）。受访者可能"恨他（她）很久"，即"5"分（非常同意）；但是也完全可能同时选择"原谅他（她）"，即分数"1"分（非常不同意）。即使条目在意义上不是相反的，矛盾的条目也可能给受访者带来认知压力，对于文本的误解可能造成错误反馈（mis-response）。

即使是中文中语义完全相反的形容词，其语义的差异也符合基本逻辑的方向。一方面，语言中肯定一个词必然否定另一词，例如评价某事物"高尚"，必然意味着该事物"不卑鄙"，因为高尚与卑鄙是语义相反的概念，但是否定一个概念，却并非一定表示其符合另一概念的定义。如"不高尚"与"卑鄙"并不等价，"不高尚"的意义在具体个人的理解中可能仅仅是"没有那么高尚"，与"卑鄙"的意义距离还非常远，由此中文的反义词可以同时出现在「既不……也不……」中的空白处。由此看来，反向非否定（极端相反条目）也就是使用反义词的问卷条目，在意义上存在很大的方差变化。但是由于其反义的概念的定义又存在着很大的迷惑性，人们趋向于认为在意义上完全相反的概念满足了反证法的基本内容，也就会自然地在回答时做出完全相反的选择。这种语义上的迷惑性会对数据的质量产生潜在的或许是很大的损害：首先可能造成信度的下降，因为不同的受访者对于概念的理解不同，在问卷中频繁的概念变化可能带来人们对于这些概念的具体定义的频繁转化，这个过程会造成同一受访者对于不同概念的理解的信度下降：从理论上讲，概念变化得越多，这些变化的意义的分布就越分散，由此造成理解过程的信度值也越低。

由此，从数据的信度值上考虑，如果不是必须要求，在问卷的设计中需要尽可能避免使用反向问题。如果反向问题是为了减少受访者参与度低所造成的误差，避免这种误差可能要考虑使用其他方法来筛选问卷。反向问题本身并不能提升受访者的参与度，即使这种参与度提高了，也可能因为造成的其他误差，抵消了参与度提高所带来的信度改善。而且这种抵消的程度也是随机的，不可避免且难以估计。有研究发现反向问题可以通过"回归"效果来减少测量的误差（Swain et al., 2008），该发现的假设前提是回归的数据分布是有序的，而且与正常叙述文本所获得的数据成对称分布。由此反向问题与正向问题可以在总的数据分布上，得到与所测量的构念的值更加接近的数值。但是这种假设的实现存在困难，因为回归的过程中，人们对于数值的提供更可能是无序的，并受到回答问题过程中许多因素的制约。如果与正向问题的回答并不完全对称，那么两项相加获得的值又再度偏离了构念的原值，也就是说回归的过程本身也可能产生新的误差。

更严重的是，反向条目和否定条目可能对问卷产生误应

(mis-response)的问题。当受访者主动但是无意识地选择了一个与其本意相反的选择时，误应就产生了。严格来讲，问卷调查数据的有效首先假设受访者对于概念的理解，是在基于自己认知肯定的情况下，做出的自以为最能反映自己观点或态度的答案。如果受访者故意选择不能反映自己的答案则不是误应，即数据对于受访者个人意见的偏离来自于个人的"失误"，而且受访者并不知晓这种失误反而认为自己是正确的。对于产生这种"失误"的心理机制尚未有系统的研究发现（Baumgartner et al.，2018），但是以往的研究也确认了产生误应的许多客观因素，如受访者对于问卷问题中具体文字的细节差异的忽视、受访者默认、问题条目确认障碍等（Swain et al.，2008）。

包含了正面和负面的问题可以减少反馈偏差，但是由于负面问题同时引入了非期望的因素，使构成构念的因子结构变得复杂（Ye，2008）。这种复杂性导致的一个可能结果，是参与问卷回答的受访者不能有效地发现概念之间的差异，使用不同的思维方式或者方法来回答反向问题，从而使原本应该反映同一构念的测量获得了不同的数值。如果反向问题导致回答的变化增多，而受访者不能有效地区分这些变化的细微差异，或者对变化产生误解，那么这种误差比只使用正向问题所产生的可能性更大。再以"我不是一个热心的人"（Smith et al.，2006）为例，假如使用正向问题"我是一个热心的人"，受访者可能选择5分制量表里的4分，以表明自己相对愿意帮助别人，但实际使用的量表中的"我不是一个热心的人，"同一个受访者可能极为反对该论述所以选择了1分，那么在正向问题中对应的分数是5分"非常同意"，这与正向问题所获得的数值就有了1分（5—4）的差异。如果其他所有正向问题的回答都是4分，在进行因子分析时，可能萃取得到两个因子。而在理论上，该条目是测量相关构念的有效组成部分，由于反向条目的使用统计却显示出了非期望的因子。如果完全按照统计的数据，那么这个因子可能因为不符合因子的载荷值而被删除；而实际上，虽然其数值与其他指标存在显著差异，却因为在理论上是构成概念的维度，原本是应该保留的。

误应实验研究发现，由于反向条目造成的误应，超出一般模拟研究的预测：大约有20%的反向问题被误应（Swain et al., 2008）。这种回答错误产生的原因有许多，有些是由于受访者对于问卷的卷入程度不足，导致忽视了问题在文字上的细微差异。当问卷长度增加或者受访者陷入疲倦时，这种忽视更容易产生，这也是我们在设计问卷时要同时考虑测量的效率，以及可能潜在的测量质量下降的原因之一。在问卷中，对所测量的构念增加符合科学依据的测量条目，在统计上一般可以提供对变量的更多的解释效力，但是这种增加也可能同时带来受访者对于测量完成的懈怠，最终损害研究数据的质量。另一个显著的原因是：文字的变化即使能够在语义上反映构念的领域，该语义未必一定得到每个受访者同等的理解，这也会造成误应问题。概念在定义时要设定该概念的基本域，包括核心陈述以及其边界，包含应该包含的内容，但同时要舍弃与该构念无关的陈述，也就是与其他的构念加以清晰的区分。这种论述可以是正向的，也可以是反向的；可以是确认的，也可以是对于确认的否认，或者说是从另一角度来反映构念的构成域。构成域越宽，对于该域的理解也就更多加入个人解读，从而损害对于概念的共同解读。

按照测量的基本理论，如果两个域不存在交叉的特性而相互独立，对于某一域的认同也同时意味着对与此相反的另一域的不认同。例如熊猫的主食是竹子，如果非竹子的其他食物熊猫都拒绝作为主食,这可以从反向来证实同一个概念:熊猫主食。换一个反向的角度可以更加确认对于熊猫主食的认识,对它的测量也更清晰。不过,这种反向的问题,只有在两个方向的内容都是单一元素的条件下才能成立。在熊猫的例证中,主食等于竹子。如果反向的问题中两个方向的内容存在多种元素,这个反向的问题则在逻辑上可能产生错误。如人类的主食包括小麦和大米,说非小麦就不是人类的主食就是错误的,只有说既非小麦也非大米的食物就不是人类的主食才是正确的。

从推论上说,反向题是一种特别的反证或者反向测量构念的方法。反证法是一种特殊的归谬法,而归谬法是数学家最精良的工具之一(Hardy,1940)。假设检验的通常方法就是使用反证法——首先假设关于人群的关系是正确的,通常是有关人群的统计没有差异的零假设,然后从这个没有差异的假设出发,来测量在这个情境下发现有差异的样本的概率,最后基于概率来接受或者推翻没有差异的零假设。这种使用反证法来验证假设的逻辑首先默认的是两分法的结论:是或者不是、有差异或者没有差异,至于差异的方向则不会作深入分析。因为这种相对简单的推论,假设检验在研究中也被局限于验证样本中的发现在多大程度上可以被泛化到人群中。

在实际的测量中,这种非 A 即 B 的二分法推论经常会遇到困难。按照基本逻辑,如果 A 推出 B,则逆否命题非 B 推出非 A 也成立;在 A 推出 B 成立的前提下,非 A 推出非 B 则是错误的推论。在设计反向问题时,我们确实有时在使用这种错误的推论。再以"我不是一个热心的人"这一反向否定的问题为例,如果受访者选择"非常同意",其正常命题是"我是一个热心的人",我们通常期望获得 1 分,即"非常不同意"的选择。这样反向否定问题在进行逆向编码后获得的数值，与原标准测量获得的数值有完美的相关性1。但实际上，"我是一个热心的人"得到完全确认，与"我不是一个热心的人"得到完全否认，他们在测量上并非是完全等价的，因为当原命题为真时，逆命题与否命题未必为真。如果按照真命题的要求来规范，"我是一个热心的人"的逆否命题应该是"没有热心的人不是我"，这样才是对于"我"的性格特点的等同测量，严格来讲这样的反向命题才准确表征了反向命题的基本原则，反向问题选择"逆否反向问题"才能完全反映构念的域，除此以外都可能超出了构念的既定域，或者是测量了概念之外的特征。

从反向问题和否定问题可能引起误应的可能性来说，每种问题方式获得错误回答的概率是不同的。在问卷中可能使用的问题包括正常问题（RG）、反向否定（nRG）、极端反向条目（PO）、否定极端反向条目（nPO）。研究发现，使用否定问题更加可能获得误应，其中的差异是 MR（nRG）+ MR（nPO）> MR（RG）+ MR（PO）；如果问卷含有极端反向条目，含有极端反向核心概念的问题比不含有的更加可能导致误应，即 MR（PO）+ MR（nPO）> MR（RG）+ MR（nRG）。在反向问题方面，反向问题比非反向问题更加容易导致误应，即 MR（nRG）+ MR（PO）> MR（RG）+ MR（nPO）（Baumgartner et al.，2018）。

否定问题对于问卷的质量也有益处，例如可以在一定程度上避免受访者的同质接续（take-over）效果，也就是对于所有问题选择同一答案。这种答题策略抵消了问卷设计中，各个条目所希望获取的对于构念的多维度反映。虽然从统计层面上看提升了测量的信度，但是这种人为地通过随机选择而夸大的信度，并不是测量本身质量的反映，相反可能会在统计上提示测量的各个因子之间存在多元共线性，因而是对测量条目的浪费。因此，在问卷调查研究方法中，肯定与否定遣词的条目混合使用是经常被鼓励的。使用眼动仪对人们的问卷反馈过程进行分析发现，人们在阅读否定条目时需要更多的处理时间。在随后对于选择做出决策时，否定条目又可能被反复阅读，并花更多时间来加以分析（Kamoen et al.，2017）。对于这种认知上的差异，一种比较合理的解释是人们回答"是"或者"否"缺乏固定的意义，本身在量表上存在不确定性。当需要对某种表述做出判断时，他们需要使用不够确定的答案"是"或者"否"，来对陈述中更有清晰意义的内容做出判断。此时"否"的答案可能承担更少的实际意义，因此受访者在回答否定条目时更加可能做出否定的选择（Kamoen et al.，2017）。当受访者不同意"人性本善"时，我们不能简单地认为他们会同意"人性本恶"，其原因可能仅仅是他们不认为"人性本善"符合他们的观点。对这个"不同意"的的合理解释有多种符合逻辑的可能，可能是受访者对此没有确定的观点，或者是认为人性是"善和恶"的综合体，当然也有可能是支持"人性本恶"的表述。任何问卷的回答都没有附着绝对的意义。问卷最多是使用等距量表的（interval scale）测量而已，其意义都是相对的，不能过分解读，如果将"否"只解读为一种意义，在本质上存在错误可能。

实际上，在一些舆论调查中，有研究也认为美国受访者对于问卷中的所有问题都有"说不"（nay-saying）的偏见：他们更加可能对所有问题说"不"（Kamoen et al.，2013），也就是倾向于否认问卷中的论述。这似乎与受访者所处的社会环境以及个人的基本性格特征有关。在美国等西方社会里，个人相对独立并推崇个人主义，在政治立场上也更容易趋向于自由主义的倾向，因此对于任何政策常常表达批判的态度，这种犬儒主义倾向在年轻人中表现得更为明显。基于这种批判主义的心理，他们对于任何社会政策通常表示怀疑，在对具体政策未进行分析前已经有了心理预设，所以他们愿意对于否定的问题选择"说是"。而对于肯定类型的问题，回答"同意"的可能性并没有成比例的增加。他们也可能并没有认识到这种逻辑上的矛盾。但是研究也显示，虽然总体上美国受访者倾向于同意正面的论述，而较少的不同意负面的论述，但是这种文字的选择更加可能与所涉及的议题、受访者本身，以及实验环境等产生交互作用，而对回答产生影响（Kamoen et al.,2013），这也说明了文字的选择效果并没有超越情境的确定理论。因此，我们也可以推论，在李克特量表中，负向问题将获得更多"不同意"的选择，而人们在回答正向问题时，更可能选择确认"同意"。

另外，虽然负向问题对于数据质量的提升可能有贡献，Kamoen等人（2013）反对在测量态度的多条目量表中使用正面和负面混合的问题，认为当受访者对于这两种问题的回答不一致时，混合问题不可避免地制造额外的条目方差（误差方差）。因为信度与问题条目间方差直接相关，因此混合问题在增加问题间方差的同时，也意味着减少了测量信度。或许这是反向和负向问题对于研究最大的困扰，如果这种问题显性地带来信度缺失，在使用这种问题条目时就需要谨慎。现在问卷调查在测量潜在变量是，所使用的问题条目数量有增加的趋势，这已经增加了受访者的认知压力，如果这种增加由于反向问题再减少信度，可能会形成叠加效应而损害数据质量。

第九节　问卷中的视觉元素

问卷采访过程（interview）通常主要以提供文字来提问受访者。自我管理（self-administered）问卷中的主要元素依然是文字，但是非文字的信息也是重要的组成部分。这些信息包括数字、符号和图片类信息。虽然文字在严格意义上也是视觉元素，它通过人的视觉接触才能达到人的大脑认知，有时我们甚至直接使用文字来作为媒介信息的主要视觉符号，在本研究中我们更愿意将文字与其他视觉元素区分开来，而将文字作为更加需要认知投入的被抽象编码的符号，而其他视觉元素则是更加具象化的，将意义分解使之趋于容易解码的文字替代符号。这些视觉元素中最主要的代表是图片。Dillman（2007）将图片语言定义为基本的视觉特点，包括大小、形状、位置、空间安排、颜色反差、图标以及版面设计。也有研究进一步将视觉元素进行分析，认为图片语言包含文字大小的变化、颜色和亮度、文字的位置、符号和数字，将这些人们更容易感知到的和更少需要大脑认知的信息看做是可以补充，甚至是替代其他语言表达的管道（Wallschlaeger & Busic-Snyder, 1992）。问卷设计的一个基本原则是简单和精确，简单容易理解就降低了误读发生的概率，也就提升了测量的信度。为了回答过程的简单（Clark & Schober, 1992），我们通常假设视觉元素比语言元素能够更加便捷地被受众所理解，所以会在以文字为主的调查问卷中加入这些视觉元素。

使用视觉元素来简化认知过程，可以提高问卷调查的回答效率。视觉传播研究发现，视觉元素与视觉智能（visual intelligence）和动机认知（motivational cognition）有关（Lang,

2006），这些信息通过引起不适或者激起心理其他反应来获取认知的注意力，获得受众对于认知资源的分配，获得该类信息的记忆，也就是得到更多的对于这些信息的处理（Reisberg & Hertel, 2004）。在严肃的问卷中加入字体、字号变化以及图像、表格等元素，也可以增加问卷设计元素的丰富度，减少受众参与的无聊和劳累，鼓励他们更积极地参与调查研究，但是也有研究通过对于10个实验研究的元分析发现，使用粉色纸张来印刷问卷对于问卷回收率提升了12%，但是使用其他颜色的纸张印刷的问卷却对于回收率无显著影响（Etter et al., 2002）。另外有研究发现，颜色在不同尺寸的纸质问卷上的效果不同：开本小的问卷，印刷在白色纸张上比在蓝色纸张上获得更高的回收率，而在开本大的纸张上，白纸印刷比蓝色印刷在回收率上反而低了（Beebe et al., 2007）。视觉元素也是问卷美学特质的构成部分，这些视觉元素包含字体、字号以及线条等，如果运用得当可以提升受访者在问卷回答过程中的愉悦和有趣度（Lozar et al., 2002），提升参与研究的动机和完成问卷的意愿，也可以在情境上提升受访者提供精确信息的可能性，从而提升问卷调查数据的质量。在调查问卷中插入图片，而不仅仅是提供文字，可以减轻问卷填答的参与者的认知压力，毕竟相对于文字解码，图片解码对于人们而言更加简单。这也确实是提高测量信度的有效手段。而且，使用图片也可以帮助受访者更加有效率地做出选择决策，尽管这种决策未必是真实的信息：人们或许可以使用图片作为决策的诀窍和简单的指引。以往的研究也确认：展示一幅发生频率高的事件图片增强了调查问卷受访者对这些事件的检索，并增加了报告的事件总数。

以往的研究表明，受访者在对于问卷进行解答时，对于文字以外的其他一些视觉元素也同样注意。甚至在某些情况下，这些非直接参与测量核心变量的因素，会被受访者作为判断的中心参考路径，对于这一点，心理学的详尽可能性模型已经加以解释：当受众对于信息的精细解读可能性高时，中央路径也就是问卷的核心内容——主要是文字有更多效果；当精细解读信息的可能性低时，边缘的路径也就是对于问卷测量的周边文本信息则变得重要，如问卷文字的字体、字号等视觉元素就是周边文本信息的重要构成要素。受访者从非语言和语言符号中同时获得问卷的意义（Toepoel et al.，2009）。也有研究认为，如果问卷的文字设计的质量存在问题时，基于图片等视觉元素所提供的信息，更可能帮助人们来完成信息回忆和呈现（Toepoel & Couper，2011）。

视觉元素可以提供一些简化认知过程的信息，使得填答过程变得更加符合受访者的思维模式。正如刚才所讨论的，在填写问卷时，受访者有时并不具备关于问卷所研究问题的所有信源，即使他们掌握了足够的信息，他们又或许不愿意参考这些信息来填答问卷，而是使用多种启发策略（heuristic）来对选项做决定。这种外围的认知路径其中之一是基于视觉的相似性：当两个选项在视觉上具有相似性时，例如，对两端的选项使用同样的灰度，受访者会认为这些选项在意义上也是相似的。而当两端选项使用不同的灰度时，受访者会认为顶端的选项更有极端意义，从而更加可能选择数值高的选项。这种对于视觉元素的差异化解读，可能导致可视化信息被当作问卷中的显著区别特征。被视觉元素所加持的问卷信息被认知为具有一定的暗示或者指引作用，在这个问卷的情境下被认为是中心的内容（Yegiyan，2014）。信息中视觉元素的形状、与其他信息事物的相近性、运动特性、亮度以及位置都可以被认为是作为信息中心的因素（Yegiyan，2014），而被判定为中心信息，即被认为在视觉信息所处于的文本中是与理解最相关的内容（Yegiyan,2014），也就是被作为中心的信息，是判断事物本身的主要标准。这些信息由此更可能被认知体系当做信息译码，被认为是更重要的，也被赋予更多的意义，甚至被认为是整个文本的代表意义，而替代其他的意义。不同的中心信息也就造成了对于信息编码阐释的区别。

　　由此看来，如果我们在设计问卷时考虑到人们的这种启发性的填答策略，通过视觉元素来配合这种策略，就可以在很大程度上减轻受访者参与问卷填答的负担，他们可以更加直观地理解问题的意义，也相应可以提高数据的质量。例如，相关实验发现，在测量人群对于自己社会地位的估计时，问卷的选项可以使用梯形分布，也就是每个选项使用方形呈现，且面积相同；也可以使用金字塔结构的视觉呈现，该设计将社会最底层人群标注为金字塔底部的部分。实验比较这两种呈现方式后发现，当使用金字塔呈现时，人们更加可能对于自己的社会地位做低的估计（Smith,1995）。这个实验显示受访者对于问卷的视觉元素做符号化解读，这种解读在很大可能性上与问卷设计者的初衷是没有任何关系的。但是视觉元素的不确定性为受访者提供了多样化的定义空间，相对于数字的直观，视觉符号并不具有直观而确定的意义。在问卷设计中加入这些视觉信息，相当于在具象的文字和数字中又加入了抽象的概念，这是与问卷设计的基本理论相抵触的。不同的受访者基于不同的理解方式和文化情境，对这些视觉元素进行符号分析，这是在实证主义的文本中加入需要应用阐释主义方法的信息，这些解读的差异就可能造成对测量信度的影响。

　　但是，人们对于视觉元素的不同解读也会造成随机误差，这是问卷设计需要避免的。这种随机误差难以预测但是频繁发生,且难以解释。例如有研究发现,当问卷的选项出现负数时,受访者会认为该选项是问卷在意义上表达反对的态度。实际上选项数字的设置差异在统计分析时,对于关系的验证并不产生影响,数字的差异只是表征程度上的差异,而并不表征研究的价值判断或者意义的差异。但是受访者并非完全理解数字的含义,他们也并非直观地解读数字,而可能试图解读数字背后所隐含的实际上并不存在的意义。这种过分解读就是造成受访者反馈误差的原因。在数字的例证中,受访者认为同时有正数和负数的问题是双极的问题,因为不希望获得负面的价值判断而更加可能选择带有正数的回答选项(Schwarz et al.,1991)。

使用视觉元素可以帮助受访者尽快做出选择,但是有时这种效率的提升,反而可能同时预示着所获得数据的质量的下降,而不仅仅是增加误差。有研究显示,视觉元素和谐的调查问卷,可以获得受访者更加积极的反馈,但同时也带来较低的量表信度和令人怀疑的效度,这种数据质量的下降在女性受访者所提供的数据中表现得尤为明显(Orth et al.,2020)。这些研究发现显示,视觉元素对于受访者产生了预示效果的作用(priming effect):视觉元素在问卷填答过程中激活了其他概念,而这些概念被受访者赋予更多的权重,由此可能调节受访者的判断与问卷量表的核心元素的关系。也就是说,这些被激活的概念本身可能成为问卷填答的基础,而问卷所设置的量表等核心测量工具却在无形中被受访者弱化,从而造成了问卷所获的数据偏离理论概念值。我们使用视觉元素的最终目标是获得有效的数据,简化人们的认知的过程也是为这种目标服务的,如果视觉元素将人们的认知引导进入无效的领域,则偏离了测量的中心区域,对最后获得数据造成系统误差。

总之，调查研究旨在从受访者那里收集可靠而且是稳定经得起各种环境所确认的数据。然而，尽管研究者在改善设计问卷等调查工具方面作出了很大努力，这些测量文本可能依旧不完善，例如问题结构不够清晰，从而给受访者造成认知的负担甚至错误（Fernandez-Fontelo et al.,2023），从而带来测量结果的系统误差。造成这种误差的因素既包括本章所谈到的因素，也还有许多其他因素在机制上影响受访者提供真实的信息。理论上，任何可能影响人们心理行为的事物，都能在一定程度上介入人们对于问卷参与的过程，也就都会污染最后的测量结果，由此需要更多研究来观察这些因素，以提高问卷对于研究结果的有效贡献。

第五章　问卷反馈陷阱

问卷调查科学性的一个前提是，测量方法可以完全反映所要解释的概念，另一个前提是这些问题在受访者解读和回答的过程中，既能稳定地获得与问卷所预设的相同的意义，也能完全呈现受访者自己真实的信息；两个前提必须同时满足，才可能实现测量的有效性。这两个前提都不容易得到满足，前者受制于概念的意义，以及概念意义在表征上的复杂性，对于后者的影响因素则更多，其中有问卷本身的问题，也有受访者在完成问卷回答时所产生的问题。相对于问卷设计，受访者的反馈误差更难以控制，它作为随机误差更加难以预测和避免。但是研究需要注意到问卷设计对于这种反馈误差的影响作用，在尽量控制随机误差的同时，却要努力避免因为问卷设计所造成的系统误差对于随机误差的贡献。任何设计的变化，都可能带来随机误差。但是以下讨论的、在问卷设计过程中所经常遇到的文本设计挑战，对于反馈误差的影响是更为常见和显著的。

第一节　自敏问题

对于社会问题的调查，不可避免地会遇到获取涉及隐私信息的问题（De Jong et al. ,2012；Levin-Aspenson & Watson,2018；

Tan et al., 2012; Tourangeau & Yan, 2007),这些敏感的问题如果设计时被忽视了,就可能影响受访者的反馈质量。现代问卷研究从1930年代开始以来,一直在分析隐私问题的影响,但是最近这种问题变得更加明显起来。其中部分原因是人们对于一些社会问题的担忧,如非法使用药物、艾滋病毒的扩散等(Tourangeau & Smith, 1996)。研究者对于社会民生问题的关怀也促进了这种趋势,而社会学、政治学以及传播学寻求有趣的研究的同时,也在推动研究者寻求更加难以获得的信息,来增加我们的发现,以验证对于理论的解释。例如相对于以往问卷调查中人们的基本信息,以及对于显性社会问题的态度,现在的问卷调查对于个人隐私越来越具有侵入性,以往被刻意忽视的极为个人化的社会问题,被人们置于放大镜下来观察。

隐私存在于不同的层级,同时受情境的影响:对于不同的受访者,隐私的定义也是变化的。例如在一个相对封闭的社会里,人的性取向可能是个人隐私,受社会规范或者文化习惯的影响,有非传统性取向的个人,对于相关的问题会采取抵制的态度,当必须回答这些问题时,他们或许会提供并不能代表实际情况的数据。因为这种可能的误差,大多数的使用自我报告获取的对于自敏课题的研究的效度都是未知的,由此,如何最大限度地减少测量误差是这类研究所遇到的核心挑战(Fenton et al., 2001)。自我报告中的随意性或者是其他因素造成的误差,其结果是在关于人的性格特质方差(trait variance)的解释度降低10到20个百分点,这样的测量对于构念的测量质量也就很值得怀疑(Spector, 1994)。因为这种问题的敏感程度,可能是社会层面的共识,也可能是具体到某个个体的自我评估,所以我们将其称为自敏问题。

在本研究中我们扩展了隐私问题概念而使用自敏问题的概

念,因为在问卷调查中,对于信息的获取的担忧来自于多个方面,这些担忧或者是问卷本身,或者是社会的真实存在的规范,但更多的担忧存在于受访者本身。受访者自身对于环境的量度以及对于自身的认知,在很大意义上预测了他们采取何种策略来参与问卷作答。这种对于问卷问题的易感性,可能与问题本身可测量的广泛与敏感程度有关,但也可能是完全没有关系的,其操作定义因此远远超出通常意义的敏感含义。如果敏感包含自我的易感和对他人或者整个社会的易感,也就是对于整个社会共同认知的敏感,自敏是基于自己的现实的或者是虚拟现实的担忧的感知。自敏问题与隐私问题的区别是,有些问题并非个人隐私,但是由于各种因素的影响个人并不愿意公开自己的真实信息,例如对于某社会问题的态度的公开可能会遇到社会规范的挑战,人们可能趋向于表达符合社会规范的态度,这个问题并非涉及隐私,但对于受访者本人是敏感的问题。自敏的另一个含意是其所呈现的个体差异,自敏是个体导向的,当然可能与群体无关。而且自敏的感知受情境的影响,所以自敏的产生对于个人来说可能是系统性的,也可能是偶然的。

可见自敏问题是一个宽泛的类别,不仅包含了触发社会期望担忧的问题,也包含了被受访者认为是侵入性,或者可能会导致社会广泛争议的问题(Tourangeau & Yan,2007)。自敏问题首先是带有侵入性的文字,这些问题触及了可能是被称为禁忌的话题,或者是不适合在日常生活中谈论的话题,或者是除某些部门或者团体之外不能随便询问的问题(Tourangeau & Yan,2007)。这一类问题是否是自敏的取决于问题本身,而不是提问的情境,也就是说,在任何时间和空间场域里,有些内容都会对受访者产生侵入性,如收入问题属于个人隐私,收入多少在很大程度上与其他人没有关系，在理论上不应该是其他人所关注的，受访者也没有义务告诉与自己无关的人，除非法律规定或者其他特别的原因需要受访者提供这类信息。随着人们对于自我认知的深入，或者个人主义的强化，自敏问题的类别范围会变得更宽，而意义范围也可能更扩展。

自敏的第二个意义包含了表露威胁（threat of disclosure），也就是担心真实信息的表露会被第三方接收到，并由此可能引起的负面心理效应（Tourangeau & Yan, 2007）。很多时候受访者并不担心在同侪中交流真实的想法，这基于该人群类似的社会背景和共同信任，但是当这些交流，发生在一个有混合特征的个体所构成的群体中时，受访者可能会选择沉默或者提供错误的信息。在问卷的前言介绍中，通常会标明问题本身不会收集可以定位到具体个人的信息，如姓名与住址等，获取的信息也将只是被用于科学用途，其他人群并没有机会接触到原始数据，研究也不会公开这些数据，在文本话语上对受访者的隐私权进行保证。但是有时受访者可能并不会因此感到信息表露是安全的，即使他们不选择对问题沉默，潜在的危机感可能会使他们选择表露与自己的实际情况有偏差，甚至是完全相反的信息。传统的纸—笔问卷以及有访问员直接参与的当面访问，对于受访者有更多的责任提示，可能更容易使他们在回答问题时，考虑自我信息发布所可能产生的社会反应，由此导致弱化自敏信息的表露倾向。与面对面的访问相比，自我管理式（self-administered）的问卷更可能获取回答真实的信息。从心理学上解释，社会期望是一种社会规范的表现，面对面的采访时，人们更容易联想到社会规范，从而给与受访者造成压力，从而人们选择规避的策略来完成信息提供，例如研究发现传统的纸—笔填答方法，在获取关于流产的数据时，比面对面访问更加精确（Aquilino & LoSciuto,1990）。

现在在问卷实施过程中人们亲身参与减少，这在理论上减少了受访者的实时压力，例如计算机辅助问卷调查，可以淡化问卷参与过程中的社会情境的调节作用，受访者也许需要投入更多的信息整合过程，来对问卷本身所产生的可能影响做出考虑，这似乎意味着计算机辅助问卷调查可以提高有关自敏问题的数据的质量。但是计算机辅助问卷调查对于自敏问题数据的获取的影响也存在矛盾之处。有研究发现这种机器减少人们压力的假设，可能忽视了新的可以限制受访者自我信息表露的因素的产生，计算机辅助调查对于受访者的安慰作用也会随着时间的进展而逐步衰减。可能最终影响受访者担忧程度的因素，是研究发布后所带来的现实或者潜在的心理压力（Weisband & Kiesler,1996），也就是说在这种机器协调的问卷调查中，也包含更广泛意义上的在线调查，它直接减少了面对面的压力，但受访者在感到压力时获得的解释和安慰也减少了，零和效应使得机器辅助调查在总体上并不能有效地提升自敏问题有关的数据的质量。

有关自敏的第三个意涵是问卷中的问题能够导引出多少迎合社会期望的反馈评估（Tourangeau & Yan,2007）。虽然社会科学的研究过程希望排除主观因素的制约，在数据收集时脱离价值体系的影响，但是在实际操作中，人的主观判断总是会发挥作用，这种主观判断有时是合理的，如在态度的测量中，我们对于社会问题的看法和倾向本身是主观判断，主观判断的差异造成了数据的不同，这也是研究所要发现的现象。但是在数据收集的过程中，如果对于问题本身以及所涉及的议题加以主观判断，将价值观念引入到答案的选择中，从而基于价值观念来选择，则会对数据造成污染。实际上，科学研究包括社会科学在内，首先要发现"是什么"，然后才可以谈的上讨论"应该是什么"，如果在没有发现事实的情况下讨论理想的人或者社会状态，在理论上可能会陷入空想的窠臼。具体到对于问卷的回答中，人们往往趋向于依照潜在的社会规范，来评估自己的行为，或者是评估整个社会现象的广泛性，在实际行为中将"是什么"等同于"应该是什么"。如果我们把调查问卷的填写过程看作是广义的研究过程，这就改变了研究的基本原则，而实际上填写问卷所经历的认知和对信息映射等过程实际也正是研究过程，依照社会规范来填答问题，等同于使用规范研究思维来代替实证研究思维。

不可否认的是，虽然科学研究需要遵从基本的规范，我们也希望所有参与研究的每个个人也按照这些规范来行为。但是在现实中，人的行为是复杂的，社会规范有很多表现形式，这些社会规范的共同合成值，才最终对他们的具体行为产生影响。例如对于公共场所吸烟的态度的研究中，询问受访者对于在公交车站禁烟的态度，不吸烟的受访者可能会非常赞同这种政策，但是吸烟者可能会在选择答案时遇到困难，其中的重度吸烟者可能对于在这些环境禁烟存在抵触情绪，但他们或许会考虑各种社会规范的影响。一方面科学研究的规范需要他们完全地表明自己的态度，这样研究者可以发现吸烟的程度与反对禁烟的关系，这是研究者所希望获得的真实数据；另一方面，在公交车站禁烟在某些城市已经成为了既定政策法规，公众对于吸烟的反对概率正在上升，由此受访者对于这种社会规范的认知会有清晰的界定。这两种社会规范会形成合力，对于该吸烟者的回答产生影响，在这种情况下，哪种社会规范的效价更高，产生作用也就更大。通过对于相关研究的观察就可以发现，在社会科学规范和社会期望共同存在的情况下，受访者回答似乎更愿意遵从社会期望,也就是偏离实际值,而以或者低或者高的策略来提供有关于自己行为倾向、实际行为或者态度的数据。例如通过比较调查问卷数据,与第三方数据如政府公报的数据发现,人们会倾向于低报社会非期望行为如吸烟、酗酒、燃料使用等,但是对于社会期望高的行为人们高报的做法比较少(Tourangeau & Yan, 2007),也就是说,对于社会期望值越高的行为,人们似乎越倾向于报告真实的数据。当然这种趋势受具体的调查问卷的问题和社会情境的影响,现在还缺乏具体的数据,来解释社会期望值对于问卷问题的回答的影响,也不能判断这种现象是否已经扩展到全部的问卷调查研究中。我们依然需要相关的理论来帮助预测,在不同的问卷调查研究项目中,社会期望如何影响人们的行为,我们也需要观察这个因素的效果值,从而可以在具体研究时,对问卷的设计进行必要的调整,来控制它带来的研究误差,或者是通过策略来规避社会期望的代入。

自敏问题是污染研究数据的因素,其首先导致的结果是受访者拒绝回答整体问卷或者部分问题(Tourangeau & Smith, 1996)。对于缺失的数据的处理方法有很多,但是无论哪种方法都只能减少这种缺失对于发现的影响力,我们无法估计这些缺失的数据所包含的数据的分布状态,因此也就很难预测所观察的概念的关系在效价上受到何种影响。一个显著的例证是对于第三人效果的研究,该理论认为接触与社会期望相对抗的信息后,人们对于该种信息对于自己与他人影响会产生判断偏差,认为他人相对于自己受到该种信息的负面影响。但是这种偏差会受到人们经历的与这种信息有关的其他信息的调节,例如淫秽信息会对人们产生判断上的偏差,然而如果受访者长期接触这些信息,对于这种信息对自己以及对他人的影响的认识都会发生变化，我们如果要发现淫秽信息所产生的第三人效果，需要对人们的个人经历做控制，或者直接测量个人经历在第三人效果生成的过程中的调节作用，但是如果受访者对于这种经历做出虚假的呈现，这种效果就被弱化了，由此得出的第三人效果的结论可能由此被夸大了。

在社会问题的研究实践中，对于自敏问题的弱化或者夸大呈现是经常发生的。再以女性自我报告以往成为性犯罪受害者的情况调查为例。对于被性侵经历的测量是有关女性的犯罪研究中具有挑战性的议题（Fisher & Cullen, 2000），社会学家希望能够准确估计女性受到这类侵害的概率。在美国女性主义渗透社会的背景下，受访者对于公开受到性侵的事实的态度在发生变化，但是她们对于性侵行为的定义，特别是对什么行为构成了强奸依然存在很大的理解差异。为了发现问题的遣词对于预测女性被性侵数值的影响，Fisher（2009）设计了类实验来发现表露差距，该研究比较美国全国大学生性侵受害者研究（NCWSV）和美国全国大学女性性暴力受害者研究（NVACW），NCWSV的研究显示：样本中1.66%的女性报告曾受到过实施完成的性侵害，由此预测全美国有1.29%到2.04%的大学女性是该犯罪的受害者（95%置信水平）；而NVACW研究项目虽然同样使用随机抽样获取样本，却发现只有0.16%的大学女性报告受到过同类侵害，由此预测全美国该人群中受侵害的概率是0.04%到0.27%（95%置信水平）。在问卷其他信息都相同的情况下，Fisher（2009）分析认为产生这种差异的原因是筛选问题不同：NCWSV的筛选问题中对于性侵有关的行为，使用12个问题对于每一种行为进行具体的形象化描述，而NVACW的筛选问题是关于受访者"是否被强迫或者恐吓来参与非自愿的性行为"。另外，两个研究对于强奸概念的操作定义也存在很大的不同；NCWSV 具体询问何种行为被完成、未遂、或者威胁将被完成；而 NVACW 问卷中，当受访者表明"发生什么"问题后，她将被询问是否认为自己遭遇了非法性行为，此时受访者自身被赋予了界定受害与否的责任。由于 NCWSV 的问题是具体描述，所以其问卷调查所用的时间（25.9 分钟）是 NVACW 时间（12.7 分钟）的两倍。NCWSV 的问题的优势是因为其筛选问题的具体，最大限度地涵盖了性侵的种类与具体情节，受访者对于问卷中非法侵害的定义有了具体认识，可以更容易判断自己所受的侵害属于其中的哪一种；而 NVACW 筛选的问题则相对模糊，这个问题可以保护受访者的隐私，但是她们可能在短时间内难以理解性侵的具体种类，也难以联想到自己所受到的伤害是否属于研究者所定义的性侵，因此选择"没有受到侵害"可能是更加安全的回答，因为要在信息尚不明确的情况下做出回答比较困难，需要更加广泛的数据作为支持。

自敏问题的影响，除了可能使得受访者回答问题时直接提供与事实不符的信息，另一个更大影响是其可能对受访者的问卷参与行为产生启动效应，造成后来的数据都可能被污染。启动效应是基于内因记忆的连锁反应，当人们受到某种刺激时，会导致另一个刺激也产生的反应。任何信息都可能产生启动效应，这种启动信息激发保存在人们记忆中的概念，后者就成为随后认知和判断新的信息的基础；而且当被激发的概念与新的概念或者信息被同时提供时，两个概念之间的关系变强（Holman & McKeever, 2017）。在问卷的启动效应中，问卷前面部分设定的问题会促使受访者在随后参与问卷回答时，产生与问卷无关的联想，或者使他们对后续的问题产生预设的期望和应对策略。以问卷问题"你为什么没有对房屋进行氡测试？"

(Willis et al.,1991）为例，该问题目的是促使受访者准备相关的回忆材料，但在后续的问题中，这个"氡测试"概念可能会促发"氡的危害"的概念，受访者们认为氡测试是人们普遍接受和进行的选择，这样他们在回答该问题以及其他相关的问题时，虽然并不知道在家居中接触氡是否以及在多大程度上对居民有害，但这两个概念的互动所产生的效果远远超出单一概念所产生的效果，从而使受访者做出与该联系逻辑有关的回答。问卷调查研究方法的预设条件是：受访者在没有任何提前预设认知和压力的情况下回答问题，其回答过程应该仅仅与问卷内容有关的，基于这些问题所提供的信息也应该是个人的真实情况的反映。为此，在设计问卷的过程中，需要激发受访者的直线思维，将认知集中于问卷本身，而不是促发他们产生相关联想。以上例子也暗示，促使直线思维的一个策略，是尽量使用中性的不带有引导性的语句来设计条目，这样可以更好地避免这些语句产生启动效应。

需要指出的是人们因自敏问题而感受到的压力，在许多时候可能并非真实的压力。在不同文化环境下的人们都有自我保护的倾向，这种倾向促使人们对于假定的负面结果提前做出预防策略。按照第三人效果理论的预测，人们会趋向于认为信息会对于他人产生更大的影响，虽然自己认为相关信息对于自己影响很小或者不会产生任何影响，这种对于信息对于别人的影响的过度估计，也会对自己的行为产生后续的影响，也就是说人们会基于假定的对于他人而不是自己的影响而修正自己的行为。个人生活在社会群体的环境里，个人估计的信息对自我的影响反而可能不起作用，我们的行为有时在很大程度上，是依据我们所估计的别人的反应来进行调适。在对于问卷条目的信息处理中，任何问题都会产生第三者效应，但是自敏问题可能会导致受访者投入更多的情感参与，或者与研究本身没有直接相关的认知参与，由此产生更大的对于其他人影响的假定效果。当这种假定效果被自己认为是负面的时，受访者在自我保护的总体动机下，就可能会选择避免参与到信息反馈的过程中，或者选择提供一个可能减少这种负面效果的反应方式：拒绝填答问卷可以避免信息的产生，而概念条目答案的随机选择，也被认为同样可以减少这种假定效果。问题的敏感度越高，这种第三者效应值也会越高，而受访者在问卷的参与中的应对机制也会被调动得越充分，相对的带来的对于数据的影响也可能越大。当然，对于问卷设计的文本所可能产生的第三者效果的程度，还需要更多相关研究的验证，但是自敏问题所产生的潜在影响，需要研究者在设计测量时加以考虑。

为了提高问卷数据的质量，考虑到受访者可能的夸大、弱化甚至是完全改造信息来完成答卷，参照统计的思维方式，一种有趣的问卷设计方法是直接首先假定这种伪造数据的存在，进而在问卷中直接加入社会期望反馈量表或者谎言量表（lie scale），并通过统计的方法用它们来控制社会期望误差，从而对于所预测的数据进行修正（Paulhus，2002）。但是有些研究也认为，这种方法在理论上是不可行的，因为该方法假设受访者只是夸大了数据，在现实的问卷调查中，人为缩小数据的情况也经常出现，并且增加这种社会期望反馈量表减少了测量的效度，因为其同时测量反馈方式和受访者的性格和状态（De Jong et al.，2012）。

为了减少受访者由于各种因素导致的对于信息的误报，研究者设计了许多方法来测量这些误差，并修正错误以做出更准确的信息呈现。其中最普通的策略是减少受访者的担忧，例如在问卷介绍中严格保证数据的匿名和保密特征，这样可以减少受访者担忧自己所透露的与社会期望存在差异的信息，可能会招致社会审查和惩罚，从而使他们可以在没有忧虑的情况展示真实的信息。但是这种方法适用于单一频次问卷、学生样本和中度自敏问卷的情况下；而在自敏信息凸显或者被反复触及的调查问卷研究中，例如固定连续样本研究如纵贯研究，通常很难建立起受访者对于数据保密承诺的信任。因为在纵贯研究情境中，需要比较个人在不同时间点上的态度或者行为变化，受访者前后的个人资料在一定程度上被反复记录，这可能会引起受访者警觉。更严重的是，在纵贯研究中，随着问卷在不同时间段的重复进行，受访者对问卷中的问题的敏感程度和怀疑程度上升，因为受访者可能认识到关于个人的不同时段的调查问卷的数据会被联系起来加以分析，他们对这种前后的比较会感受到更大的心理压力（De Jong et al.，2012）。由此可见，匿名首先在某些研究情境下难以完成，而且即使在保证匿名的条件下，受访者依然受到自敏问题可能产生的后果的压力，可能调整反馈策略从而影响数据质量。

对于社会期望的行为，受访者趋向于夸大呈现个人的信息，如愿意参与投票、义务献血等行为。为了减少这种超报（overreporting）行为，问卷的一个策略是使用"体面"反馈选项（face-saving response options）来缓和如实回答可能带来的压力，这种选项意在安抚受访者，使其认为没有从事某种与社会期望一致的行为是可以被接受的。例如在问卷中增加回答选项"我考虑过参加这次投票但是没有参加"，以及"我通常都会参加投票，但这次没有参加"，这类问题可以帮助维护受访者的自尊，他们也就愿意承认可能发生的在回答问题时的记忆错误（Belli et al.，2006）。

随机反馈法（randomized response technique，RRT）虽然并

非更加科学的调查研究方法，但是被许多社会科学所使用以获取有效数据。随机反馈法是一种保证受访者个人的回答结果，被从客观形式上保密的方法，而不仅仅是在问卷上以话语方式承诺"保密"。依据这种方法，受访者被随机安排回答自敏问题形式中的一种，因为问卷仿真，受访者都并不能知道哪种问卷被随机分配（randomized），受访者转动陀螺或者扔骰子，来决定或者提供真实回答或者任意选择限定选项之一（De Jong et al.，2012）。按照 Warner（1965）的随机反馈法的指引，受访者可以被分配给两种问题（声明）中的一种，如：A：我支持提高香烟课税（A：计算选择 A 问题来作答的概率 p，p ≠ .5）；B：我反对提高香烟课税（非 A：计算选择非 A 问题也就是相反意义问题的概率，1 - p）。两种可选择的问题在意义上完全相反，即使受访者回答了"是"，这个"是"可能是支持或者反对某种声明，这种随机分配的方法分化了对于隐私的担忧，以及回答问题时非诚实的反应。

在上文的例证中，在所收集的样本大的情况下，依据基本概率理论，我们估计出人群对于回答支持提高香烟课税的概率是 $\pi = (\hat{\lambda} + p - 1) / (2p - 1)$，在这个公式中 $\hat{\lambda}$ 是观察到的样本中所有回答"是"的概率。而对于支持提高香烟课税的概率的抽样分布的方差是 $\hat{var}(\hat{\pi}) = \hat{\pi}(1 - \hat{\pi})/n + p(1 - p)/n(2p - 1)^2$，在这个公式中 $\hat{\pi}(1 - \hat{\pi})/n$ 代表标准的概率方差，而 $p(1 - p)/n(2p - 1)^2$ 代表因为随机反馈法而增加的对于预测所增加的方差。元分析发现，相对于传统的回答方法，也就是对每个受访者使用同样的问卷的方法，随机反馈法获得的数据更加准确，并且问卷内容的自敏性越高，使用这种方法获取更加精确数据的可能性就越大（Lensvelt-Mulders et al.，2005）。而 Warner（1965）所建议的随机反馈法进一步引入了回归的逻辑，其基本假设是在使用一种方法误差大的情况下，增加一种在意义上相同的问题来调节这种误差，使用统计的方法获得中间值以对偏差加以调整，从而得到更加接近于实际情况的数据。

随机分配法也可以减少由于调查员对于问题的了解，而给受访者回答问题带来压力并由此造成的数据污染。但是它的预设是随机分配不会出现特殊的情况，如当 P＝0 或者 P＝1 时，随机分配的模型实际上成为了直接提问的单一问题（DDQ），因为此时只有一种可能被选择。因为对于两个非偏估计，方差较小的具有相对有效性（relative efficiency），我们可以把随机分配法与 DDQ 的相对有效性定义为：

$$RE_{W \to D}(\pi, p) \hat{=} \frac{var(\hat{\pi}_W)}{var(\hat{\pi}_D)} = 1 + \frac{P(1-P)/(2P-1)^2}{\pi(1-\pi)}$$

在通常情况下，要达到直接提问自敏问题的估计准确，使用 Warner（1965）的随机反馈法所需要的样本数将成倍数增加，所以缺乏相对效率。对于隐私保护来说，最佳值在 p＝0.5 的情况下达到，此时对应的方差是无穷大。当 p 值太大或者太小时，受访者都被置于被估计可能回答某种问题的情况下，对于隐私的保护度都不足，所以研究者需要将 P 值设定为（0.25,0.45），此时却又实际违反了随机分配原则，选择了存在偏向的分配方案，在实践中并未达到被访问者随机反馈的目标。

在 Warner（1965）的模型被应用之后，对于该模型的优化主要集中于四个方面：（1）改进该模式的相对有效度；（2）扩展到多类别的选择，而不是拘囿于"是"或者"不是"；（3）将非自敏问题引入该模型；（4）包含多个自敏问题（Tan et al., 2012）。但是这些优化都不能改变该模型的基本问题。

首先受访者在回答两种类型中的不同问题时，会呈现不同的答案，这降低了这种模式对于真实信息观察成功的有效性。第二个问题是这种随机分配的选择过程是由调查员来完成，这样的方法在实践中是双盲的，受访者和调查员都不知道自己被分配了何种问题，且受访者无法确信他们的隐私被完全保护；第三个缺陷是虽然受访者在一定程度上可以得到隐私保护，但是第二个问题依然是自敏的，它仅仅是以否命题代替了原命题，是原命题的补充而非改变了议题的真实意义。第四个问题是随机实施过程或者随机设备（randomization device）存在缺陷。最后一个问题是这种模型有很大可能是只能被用于面对面的问卷调查之中，其他方法难以使用，因为受访者在其他形式的问卷填答过程中，不能被随机分配到某一类型的问题组中（Tan et al.，2012）。总之，这种方法并不能完全防止非真实数据的产生，研究也发现这种方法获得的数据依然有不能解释的残差，显示出研究者既不能完全控制对于随机反馈法的使用，也不能完全的预测误差。

为了有效消除随机反馈法存在的问题，Tan 等（2012）提出了非随机地有效提高自敏问题数据质量的方法。假设 Y = 1 代表存在敏感性格的受访者群体，而 Y = 0 代表不存在敏感性格的受访者群体。假设 W 是非自敏的二分变量，该变量与 Y = 1 受访者，在研究过程中，我们首先选择一个在统计上可以很快预测人群总体概率的变量，最常使用的是时间或者空间信息固定的变量，如出生日期，如果将生日为 10 月到 12 月的界定 W = 1，如果出生在其他月份则界定为 W = 0。如果人群的出生日期是正态分布的，我们可以估计 p = 3/12 = 0.25。研究的目的估计比例是 π = Pr（Y = 1）（Tan et al.，2012）。

而且，随机反馈法的预设是所要寻求的信息是自敏，问题的自敏程度与这种方法的优势成正相关。许多时候这种自敏是与情境相关，对于某人的自敏问题，对于其他人而言却可能是中立的。为了优化这种问卷方法，学者们提出了在统计上更加高效，并且在实施过程中更加符合心理调适的方法，这样受访者更愿意提供真实的信息（Ulrich et al.，2012）。如在非相关问题模型（unrelated question model UQM）（Greenberg et al.，1969）中，自敏问题被某个中立的问题所替换，如"我出生在六月"，这个问题的显著特点是如果样本大的情况下，其预测的数值在统计上应该是接近于 $\pi_N = 30/365$，如果假设每天人口的出生率相同，实际人群的每月的出生率可以从政府机构的统计数据报表中查到，由此使用 UQM，对于回答"yes"的最大可能概率是：

$$\widehat{\pi_S} = \frac{\widehat{\lambda} - (1-P) \cdot \pi_N}{P}$$

而对于获得"是"的抽样分布方差是

$$Var(\widehat{\pi_S}) = \frac{[p \cdot \pi_S + (1-p) \cdot \pi_N] \cdot [1 - p \cdot \pi_S - (1-P) \cdot \pi_N]}{n \cdot p^2}$$

研究证明这个模型对于回答问题的数据的获取更加准确，估计的范围更加小。该方法有以下几个优势：（1）在每个问题条目上保证了问卷参与者的隐私；（2）受访者没有被欺骗；（3）同时控制了受访者对于实际数据的可能的夸大或者人为的缩小；（4）没有按照规范来完成答卷的受访者将被发现，由此这些质量低的数据在解读时被控制；（5）多个样本群可以被同时分析，由此可以进行跨文化的比较研究；（6）自敏的行为既可以被联系到广义的国家层面，也可以被联系到微观的性格层面来做分析（De Jong et al.，2012）。

在随机反馈法之后，条目计数方法（item count techniques）

也逐渐被用来获取自敏问题的真实数据，这种方法同样避免直接询问受访者在某些问题上的意见，而是给不同的受访者提供不同的问卷内容，受访者和问卷的发起者都不知道这些问卷的版本。根据条目计数方法的基本概念，该方法首先将受访者随机分成多组（至少两组），其中一组获得问卷是短的版本，问卷中没有涉及自敏信息的问题条目，而另外的组则为加长的问卷版本，包含简短版本问卷的内容以及敏感信息有关的问题；另外，在两个问卷版本中，受访者不需要具体回答问题中的事实性信息或者态度内容，只需要表示问卷中的哪些条目对他们适用。由此，受访者没有透露对于自敏问题本身的确认与否。例如短的问卷版本可能是要求受访者回答，在某段时期内做了如下四个行为中的几个，"去看电影""网上购物""与朋友一起参加运动""去外地旅游"；而另一组则在这四个问题之外加上"过马路时闯红灯"，获得"过马路时闯红灯"的人群的普遍程度则是以 5 题组的平均值减去 4 题组的平均值。我们在样本中经常使用的敏感问题 $\widehat{\pi}_{ICT}$ 可以通过用长的列表的均值（$\bar{x}_{LL}$）减去短的列表的均值（$\bar{x}_{SL}$）来获得：

$$\widehat{\pi}_{ICT} = \bar{x}_{LL} - \bar{x}_{SL}$$

假设样本之间是相互独立的，抽样分布的方差可以由以下公式得出（Tourangeau & Yan, 2007, p. 872）：

$$Var_{(\widehat{\pi}_{ICT})} = Var_{(\bar{x}_{LL})} + Var_{(\bar{x}_{SL})}$$

而"过马路闯红灯"的方差则是短问卷组的方差加上长问卷组的方差（Wolter & Laier, 2014）。

再以观看带有"性"的信息的媒介作品为例，在东方文化中，通常将这种行为视为缺乏个人和社会道德的，或者只是属于个人隐私的；而在西方的文化中，对于相关信息的容忍度相对更高一些，这种社会信息和文化的差异，造成了东方和西方的受众在回答相同问题时会产生不同。但是，也应该意识到，随着中西文化的交流和教育的延展，中国的受众对于相关信息的容忍度也在提升，人们越来越愿意公开讨论关于性的信息，由此受访者提供的信息也就更加接近于实际情况。在回答相关的问题中，有一些因素需要考虑：第一个因素，是第一人信息，也就是人口统计信息对于问卷数据的质量的影响，例如对于相同的问题，男和女的反应方式是否存在差异，男性与女性谁更愿意提供精确的信息等。通常认为男性比女性更有自我主导意识，对于敏感信息的感知度也更不敏感，由此可能更加趋向于提供有效信息。但是与整个社会的进步一样，中国女性受女性主义的影响增大，她们在对于社会的认识与认知成熟度上有了有效进度，在某些社会问题上甚至比男性更加成熟，特别是年轻女性更加具有此特征，因此性别对于此类数据质量的影响可能并不如我们通常所认为的那样显著。第二个因素是问卷问题文本的选择，这也非常可能影响所获得的数据的质量，对于有关性的信息的接触是传播学研究的重要内容，学者们希望通过对此非社会期望信息的接触来验证相关的理论。但是通常使用的问卷文本是直白的，这与中国人语言隐晦的特征相抵触，这就产生了悖论。如果使用非直白的文本，研究难以产生差异；而使用直白的文本则可能使受访者产生心理抵制，由此产生的数据虽然更加容易获得有效的差异，但这种差异又可能是由于受访者随机或者是故意伪造的，并非真实的人群数据的展示。如果改变文本的语汇，使用东方文化语境中的受访者可以接受的语言，来表述这些问题，由此得到的结果可能与西方的直白的表述所获得的数据有质的差异，数量上产生平衡，在意义上则损害数据的质量。

总之，影响受访者提供虚假数据的因素有很多，自敏信息的获取仅是其中之一。这种自敏反制问题在每个文化群体中都会存在，而且可能任何问题都会存在某种程度的自敏效果，而自敏产生的对于问卷的回答误差是随机的，也就是不可控制的。但我们在问卷的设计过程中，对相关问题进行调适，可以减少这些误差的产生。在处理问卷调查获得的数据时，也需要通过必要的统计方法，来对相关误差进行估计，或者在观察概念之间关系时，直接将这些误差作为变量来进行分析。

第二节　问卷前测的策略

自敏问题只是引起受访者反馈警觉从而影响填答意愿和质量的一个因素，此外许多问卷设计的文本都会因为随机或者系统性的问题的存在，而对最终的数据质量产生影响。因此在问卷正式发放实施前需要对问卷进行必要的测试，以尽可能地发现并修正这些问题。调查方法的使用者一直以来在系统性地探索该方法作为范式，如何从理论上和实践上变得更加具有科学逻辑，其中就包括如何改良已经设计完成的问卷，目标是在正式发放给大样本的受访者前发现和修正可能的问题（Bassili & Scott, 1996）。由于社会科学对于数据的质量要求的提升，从定义开始进行问卷设计到问卷文本的形成已经按照规范在进行，问卷的质量已经获得了尽可能的保证。但正因为如此，这些工作需要反复验证，避免在正式验证概念时遇到可能的错误和问题，因为已经付诸实施的测量最终失败所带来的损失会更大。重新测量可以解决这个问题，但是人员成本的上升以及研究议题本身的时效性等因素制约，也要求减少正式测量重复的频率，需要将设计对于数据的影响在实施前减到最低。另外，现在不论是问卷研究还是实验研究对于资源的需求都在增加，如果研究在正式实施阶段出现原本可以避免的误差，研究效率会受到很大的影响，这也需要在研究的设计时尽量避免噪音。

前测是正式的测量实施以前，完全按照正式研究规程对测量所作的初步演示，相对于正式实施测量来验证理论，前测有更具体的验证假设结果可能性的目标，是为了提高所设计的研究目标的可能性的初步实验。按照这种目标所设定的过程，可以通过前测结果对测量设计进行必要的修正，以最大限度地减少各种可能的影响数据质量的噪音。在研究设计初步完成以后，我们通常假定量表已经涵盖了社会问题的各个域，可以帮助我们有效地观察社会，如果没有这种理论上的确定性，前测也没有进行的必要。研究的设计并不是一次完成的，需要经过各种严格的质量检查阶段才能成为测量产品，这些可以通过适宜的统计方法来辅助完成。但是即使通过统计检测的测量，在实际的事实中还可能遇到各种不可预测的挑战，因为最终要被受访者所完成，而受访者在具体行动中的某些反应我们无法预测，为了发现这些可能的研究者不能事先控制的误差，就需要对研究先进行路演。使用真实的问卷对真实的受访者进行调查以获取真实的数据。这个过程的目标是为了验证问卷以及问卷实施过程的科学性。

在研究设计完成的过程中，按照理论的要求来设计问卷和实验，但是对于问卷获取的数据是否能够验证理论尚存在疑问，对于实验结果的最大挑战，是按照变量操控所获得的数据不能确认假设。问卷数据如果不能验证假设，可以在研究过程对于模型等做出修正，而且其他的假设得到验证可以在一定程度上弥补研究发现，所以单个测量不能达到研究默认的目标，尚不会对整个研究造成严重的影响。而对于实验来说，由于变量的关系更加集中，模型中参与的构念相对较少，因此研究设计的每一个测量对于最后的发现都会产生显著的影响。例如在暴力游戏对于人的攻击性影响的研究中，对于暴力水平的操控，就在很大程度上影响了效果是否显著，以及是否会达到假设所假定的关系强度。而对于这种操控的检验所通常使用的量表的设计，也会在根本上提示研究设计是否达到了要求，例如是使用"是"或"否"的两级问题，还是使用连续的层级，这会在实践中导致完全相反的结果："是"或者"否"的两级问题更加可能显示对于操控变量的处理是成功的，而后者很可能不能产生显著的差异，这种情况在实验样本数目有限的情况下更容易发生。在实验中，测量变量的问卷调查问题设计也存在这一现象，如果测量在理论上与操控变量存在很大的相关性，该测量在不同的实验组别中，很可能不能产生显著差异。但是我们虽然不能验证假设，却并不能将这种对于虚无假设的确认等同于研究失败。在范式稳定的状态下，理论被赋予预测社会现实的功能，理论不能被验证时，我们通常不会认为理论的预测发生了错误，这样就暗示了研究本身在设计的过程中出现了误差甚至偏差，这样需要从实验过程本身，以及相关的问卷设计上，来考虑是否会产生差异的问题。今天许多科学方法被设计来做测量的前测。其中观察监控（observational monitoring）关注调查员和受访者的互动，其依赖于通过行为编码来发现问卷存在的问题，其分析填答过程中调查与与受访者互动的文本，来发现影响填答过程的因素。在问卷的最初发展阶段，传统的发现问题的方法，例如对于文本进行审读，可以被用于问卷调查方法时存在的缺陷。但是这些方法通常只能发现表面的问题，如问卷的文字或者逻辑存在的问题，却不容易发现受访者在认知过程中存在的困难。随着心理学研究的发展，问卷调查方法也开始使用这些心理学理论和发现，来解释受访者对于问卷的认知过程以及做选择的过程。对于受访者的认知过程,在实践中有两种基本的方法来发现这些认知有关的问卷缺陷:实验和基于实验的语言报告(Willis et al.,1991)。实验在方法上的优势从逻辑上看是显而易见的:研究者可以基于理论来操控可能的概念,来检验这些概念对于受访者在问卷回答过程中的认知影响,例如我们假设负面的问题可能对于受访者影响,大量的实验已经观察到这种问题方式对于问卷结果信度和效度的贬抑作用。但是实验存在的问题是一次只能验证限量的概念,其通常用于理论性的全局性的问题,例如,负面问题的选择。其结果也比较好的用来在理论上对问卷设计提供指引,而且它的研究目的多样化。

实验的方法,要求按照科学实验规程的所有步骤来执行。例如我们长期以来关注受访者在回答问题中的初始效应和新近效应对于问卷填答的影响:在问卷的答案选择中,第一个或者是最后一个都可能被认为是最佳的选择,有研究对于这个现象解释为答案记忆,从而立足于寻找能够合理解释这些选项中的记忆偏差(memory bias)的因素(Krosnick & Alwin,1987)。但是,科学实验却发现,加快阅读问卷的选项并不能减少初始效应(Mingay & Greenwell,1989)。该实验显示试图减少问题答案的文字数量,并不能有效消除初始效应和新近效应,我们或许应该将选项的文字进行更加完整的表达,而不能因为追求简练而损害了表单所反映的意义准确度。

作为第二种方法的语言报告更加接近于质化的研究方法,它包含了两种具体的实施手段:同现思宣(concurrent think-a-loud technique)和对话探问(verbal probing)。其中同现思宣是鼓励受访者在回答问题的过程中,同时大声地讲出他们对于问题以及问卷填写过程的感受,而经过训练的实验者聆听这些话语,同时音频或者视频设备将该过程记录下来以备日后分析(Willis et al.,1991)。这相当于受访者自主完成对于填答过程所遇到的困惑的记录,他们再没有受到任何压力的情况下,可以比较完整地表征大多数人对于所涉及的问卷的意见。对于这种开放式问卷的编码和分析,可以帮助我们发现测量问卷中的各种细微问题。

在对话探问方法中,参与探问的研究者则可以发挥更多自主性,对于受访者主动提出问题,以发现他们在认知偏差中有哪些因素是问卷本身造成,哪些是因为受访者因素偶然造成。应该指出的是,对话探问方法所面对的受访者存在很大差异,所涉及的问题的使用情境可能并不能适用于具体的问卷中,这时实验所难以完全解决的,实验外在效度问题需要被考虑到。而且,在每一个问卷中都有条目存在细微的缺陷并不能被量化,这时就可以通过质化的方法来,对具体的文本加以分析,结合情境阐释文本或许能够取得更好的效果。另外,单一的实验也不能在有限的时间和范围内解决问卷的所有问题,辅助以语言报告的分析可以补充实验所不能涉及的因素。

严格来说,认知探问是一种访问的形式,其上一级研究方法认知访问是更加抽象的获取受访者填答过程本身的数据,更加接近于深度访谈的系统研究方法。其与通常的访问的区别是后者是为问卷本身获取回复,而认知访问是对于问题有关的过程提供清晰的视角和分析(Presser et al.,2004)。认知访问是获取受访者有关回答问卷过程的具体信息的方法,其使用的具体方法包括在调查期间或者其后不久通过集中探问来获取关于受访者回答行为的数据(Jobe et al.,1993)。其主要目的是发现受访者具体如何解读问卷中的问题并且得出答案,然后这些对于受访者的分析被用于对问卷进行分析以解决导致受访者困扰的问题，也包括任何可以减少研究数据质量的、和与受访者有关的问题。认知访问与"类前测"的最大区别，是其对于调查员的观察过程的控制，研究的规程规定了对于受访者行为的记录以及对于这种记录文本的分析标准和方法，虽然我们依然不能保证所观察的文本完全表征了受访者的行为，有时问卷本身所存在的缺陷受访者也不会通过其行为表现出来，或者受访者的个体差异在问卷回答中有不同呈现，但是这种方法被证实更能有效地提升问卷质量。

认知访问技术虽然在科研中存在多种形式，其实施的具体前提条件、过程以及对于数据的具体处理方法等也存在多样化呈现，它们同时也拥有一些基本的共同点：访问过程以调查员和受访者一对一交流的方式进行；在访问的过程中，调查员可能会依照研究者提前设定的工作流程表（protocol）来依序进行访问；在访问以前，调查员会首先对受访者描述在双方互动的过程中会采取的具体方式以及大致的过程；调查员需要确定自己如何进行该访问，并对可能的突发事件做出预先安排（Conrad & Blair, 2004）。认知访问可以发现回答错误中的认知来源，而后者通常不能在受访者和调查员之间的问与答交流中被发现，这种交流是典型的实地问卷前测方法（Willis et al., 1991）。

由于这种认知访问的方法的数据收集过程类似于深度访谈，所以结构式深度访谈或者半结构式深度访谈的基本规则被加以使用。结构式深度访谈在认知访问中是被动式访问，所有问题都由研究者基于理论提前设定，调查员只是将这些问题提交给受访者，后者按照问题以及自己对于问卷的认知和意见填写答案。在访问过程中，互动的双方对于交流内容广度缺乏选择自由。该方法的好处是研究者对于过程有很大的控制，后续获得的数据的处理相对简单，不需要对数据进行大量的筛选和归类以及编码工作。但是正因为互动在控制状态下进行，受访者在理论设定的范围内分析问卷和提交自己的反馈，由此发现的问题也是被限制在这些有限的、只与默认问题有关的信息里，可能会遗漏一些特殊的甚至是普遍性的问题。例如某些群体可能对于问卷中的某类问题有特别的理解，如果研究者没有考虑到测量在不同情境下的反应变化，忽略了个体差异，这些问题在封闭的互动情境就非常可能被掩盖。在对于工作满意度的调查中，测量离职倾向问卷通常会问受访者在未来某段时间内离职的可能性，其中的时间段设定包括三个月、半年，或者一年等。对于人力资源管理比较灵活的组织，受访者可能会从这些选择中做出快速决策；但是对于有些相对传统的用工组织，其离职的选择会复杂的多，受访者可能有强烈的离职愿望，但在现实语境中却可能永远不会发生，在这种情况下问卷的选项都不能代表其真实想法，由此其完成的问卷可能因为被迫选择是偏离实际情况。如果研究者在前测中没有认识到这一关系，不能使用更加开放式的问题来询问受访者对于问卷题项的理解，可能也就无从发现这些严重问题。

使用半结构的访谈法，在认知访问中给予调查员和受访者更多的自主权，调查员在遵从基本的默认访问路径的前提下，可以根据受访者的具体行为，或者是自己在访问过程的突然发现或想法来调整互动问题的方向，这样更加开放式的互动方式也就可以获得更加广泛的信息，发现问卷中更多的潜在问题，这些问题也更可能是与具体受访者的个案情况有关的，这是半结构访谈的优势。但是这种访问的方法也存在潜在的问题，首先我们应该承认个体的对于问卷理解的差异，不过如果这些差异被理解为问卷本身的具有共性的问题，也就是部分将部分受访者的误解看成是问卷设计造成，则可能夸大了问卷的问题，改正这些所谓的问题会带来对于其他受访者潜在的问题。正如 Conrad 和 Blair（2004）所认为的，问卷中的问题发现得多，并不意味着认知访问的效果越好，因为这些问题可能是个案的，对于其修改可能也会带来新的问题，由此发现更多问题绝不等同于问卷可以修正得更完美。两种方法比较，在认知访问中，研究者以及访问员对于访问前后的路径和实施有更多的控制，是更加有效和可行的方法，这也符合科学研究的基本逻辑。

但是无论是使用认知访问的何种规程和具体实施手段，一个前提预设是这种访问本身必须是符合科学逻辑的，我们需要保证在发现问题之后，不会造成新的损害问卷质量的问题，更不能通过缺乏科学依据的方法来测量另一种方法，也就是要保证认知访问在方法论上的科学依据。因为对问题进行前测所需的访问属于质量检测，其访问中首先遇到的问题同样是访问中的访问条目本身。正如应对卷中存在概念不清的问题时的对策，认知访问也需要首先对问题做出清晰的界定。例如，在认知访问中，一个典型的问题是"这个问题对你来说是什么意思"，这个问题可能比较适合来询问受访者的主观状态，如"满意""反对"等，但是对于获取受访者对于事实或者经历的信息却不够直观，例如受访者很难联想到"观看电影的频率"等信息（Fowler，1992）。

同时我们也要认识到，虽然认知访问被广泛的使用来发现问卷问题，并且也被用来探求如何来修正这些问题，它在长期以来也同样是松散的而非系统的，是一系列相关的研究方法的集合，不同的研究又通常将这些纷繁的规程加以组合来建立自己的认知访问方法（Conrad & Blair,2004）。例如，相当于半结构访谈的访问方式也可以称为传统探究访问，而更加接近于结构式访谈的按照固定规程来进行的访问，可以被称为"有条件探究访问"（conditional probe interview）。从宽的角度讲，对话探问（verbal probing）也可以被归入系统或者非系统的认知访问之中。正如此前所讨论并被证实的，这种访问方式有更多的控制可以获得研究所需要的信息，对于问卷的优化也有更多的帮助。在这种方法的实施以前，调查员通常会接受固定时间的培训，内容涉及如何来访问受访者，如何将在访问中发现的问题进行归类（Conrad & Blair, 2004）。归类是研究测量的重要构成因素，有条件探究访问假设在访问中发现的问题，虽然在具体呈现上存在多样性，但是都可以被归于某一特定类别，例如遣词（wording）错误、计算错误、逻辑错误等。受访者由此可能会迷惑问题到底问的是什么含义？是不是自己的理解出现了偏差？因为任何可能的对于问卷中条目本身的迷惑，都可能会降低测量的信度，调查员有必要在这些问题做出分类的判断，然后在"逻辑错误"的默认下，可以进行更深层次的信息的获取，如问受访者"你是如何理解这个问题？""它的目的是了解什么信息？"等。

对于访问的技巧，调查员通常被要求从受访者获取同步的话语报告，并且探问专注于记录受访者所报告的、能够指证问卷中所存在问题的行为证据（evidence），除此以外受访者需要保持一种被动的观察和记录的角色，而不要主导调查员与受访者互动的话语权。调查员在互动中脱离主动的角色，是因为受访者可能通常只对于工作中的直接内容有记忆（Ericsson & Simon, 1993），对于他们的深入探问，可能会鼓励他们提供合理但并非真实记忆的内容，或者是经过修饰的信息。

因此，除非发现受访者的行为中强烈地暗示了问卷存在某些问题，而且他们有能力真实地解释自己的行为，否则保持沉默而不介入受访者的回答过程是更好的策略，且等在更适宜的机会来获得更加科学的反馈。其中一个有效的测量方法是使用反应问卷来回答存在问题的指标：响应延迟（response latency）。响应延迟是对于受访者获取回答问卷所需要的信息的效率的测量。按照 Tourangeau 和 Rasinski（1988）的模型，回答问卷需要四个信息处理步骤：问题阐释、回忆召回、信息综合、反馈选择。当然我们没有清楚地认识到对于每个人来说到底有多少具体的步骤在进行着（Willis et al., 1991）。从提高问卷完成效率的角度来说，问卷中的任何问题都可能增加信息处理的难度，如果受访者经历认知困难，对于该问题的反馈或者增加了时间或者会产生错误（Bolton, 1993），甚至两个负面效果同时产生。任何对于认知制造噪音的问卷，都会增加回答问卷的时间，这种逻辑暗示时间是考虑问卷是否存在问题的指标。实验发现，含有多余负向问题和双管问题（double barrel）的问卷比同义但是没有这些类型文字的问题使用更多时间。这显示受访者在问卷修正后对于回答过程所需要的信息的处理效率显著提高。但是实验也显示，行为问题可能呈现相反的结果，存在问题的问卷相关的反馈速率有时比修正的问卷更少。例如"你经常运动吗"的平均反馈时间是 12.6 秒，而修改后的问卷"你是否经常参与运动或业余爱好，例如身体锻炼或者练习如健步行走？"反馈时间增加到 17.1 秒（Ericsson & Simon, 1993）。由此可见，在认知访问中，发现的问题许多时候并不是在访问中显而易见的，而是通过分析受访者同时提交的评论内容或者是访问者探问得到的内容（Willis et al., 1991）。

由于认知访问对于问卷中缺陷发现的重要意义，我们再以 Willis 等（1991）的实验为例来观察其实验的过程与结果，该实验验证了如何通过分析语言报告来修正问卷。该实验研究使用了两个原始问卷。第一个问卷是一个大型问卷设计中的一部分，其研究目的是探索残疾人使用辅助设施如轮椅、助听器等17种设备的情况。问卷的发放以调查员为主导的方式，即面对面地将问题口述给受访者，总数24名受访者通过报纸广告被招募。第二个作为实验材料的问卷同样是大型问卷设计中的一部分，主要测量对于房屋氡测试和健康危机的知识态度和行为等。在实验过程中，他们首先被说明他们要回答的问卷，并被告知需要清楚地说出对于问卷每一道问题的所有想法，他们也被告知在他们回答的同时将被进行语言探问（verbal probe）来需求更多信息。受访者的自我表述和探问获得内容被直接记录在问卷上，其后探访员也写出过程的总结描述，同时受访者参与实验的过程也被录音以作必要的补充使用。

在对于这些回答总结进行描述分析的基础上，该研究发现辅助器材问卷中31%的引起受访者反馈错误是由于问卷条目的结构设置，而69%反馈错误是因为问卷文本本身造成认知困难或者混淆；而对于第二个问卷填答过程文本分析发现所获得的数据缺陷100%是由于问卷文本对受访者造成了困扰。具体而言，产生认知困惑的问卷条目通常有以下影响因素：（1）受访者没有能力理解问卷条目中的术语。有些研究者认为问卷所包含的都是公众都熟知的术语，但实际上个人虽然大致了解这些概念，对其在意义上的准确差异却缺乏认知，甚至可能存在大量偏差，例如"交通工具"，专业定义与普通市民所理解的定义存在很大差异。（2）反馈类别过长造成关注度和理解能力的缺失或变化。（3）受访者对于核心概念理解存在变化。（4）问卷顺序造成受访者理解或者判断的差异。（5）问卷中有时需要受访者回忆以往经历，或者相关知识，而他们又恰好缺失这些信息以致于造成了认知困难。例如一个典型的问题是"这些设备的付费来源是什么?"如果受访者想到一个来源,例如受访者自己,他们可能就完成答卷,但在实际上可能有其他的来源来帮助购买这些设备。Willis 等(1991)基于这些判断提出对于该问题的改进方案,为了鼓励受访者扩展思路以提供更多的信息,该问题被分成三个:(1)谁提供资金帮助自己购买了该设备?(2)只有这个资金来源购买该设备吗?(3)(如果不是)还有谁提供了资金?在用于实验的第二个问卷中,有问题问"你是否认为长期接触高水平的氡环境会导致头痛、关节炎、肺癌等?"如果受访者没有进行过相关检测,他们在很大可能上完全不了解这种化学元素对于人类健康的影响,即使有过相关的检测也未必会理解其危害。但是受访者在回答这些问题时,研究者通过探问发现受访者指称氡的危害被人为夸大了,这在一方面合理解释了部分受访者没有对房屋采取氡检测的原因。但是当调查员要求他们回答氡的危害时,他们又确实不耐烦地确认了问卷中列出的各种危害,这些文本记录显示受访者的回答,可能并不是其本人真实认知的表征,而只是基于他们的所有认识、社会期望,甚至是问卷选择本身所作出的决策,由此他们所提供的信息对于研究缺乏真实意义。基于对话报告中发现的受访者的认知问题,Willis 等(1991)将第二个问卷问卷改为两个问题:(1)你是否认为接触氡会危害健康?(2)(如果是)你相信以下哪些健康状态可能是因为接触氡造成的?(选项包含头痛、关节炎、肺癌、其他癌症、哮喘,以及不知道)。

由此看来,在认知访问中会发现许多问题,有些问题可以立刻修正,但是有些问题在逻辑上难以修正。在问题难以解决的时候,一个有效的方法是直接将问题删掉,或者换成其他的问题，因为容易引起误解的问题即使准确，可能本身没有那么重要，也并不能有效改善对于构念的解释程度。如问"你为什么没有参加义务献血？"这个问题所涉及的议题有社会期望含义，对于没有义务献血的受访者可能会产生很大的压力，如果受访者已经参加过献血，这个问题是"风车"问题，没有存在的必要；如果受访者没有献血，他们可能不愿意直接回答个人的实际原因，如果必须要回答，他们就可能随便在封闭的类别中选择一个，因此最好删除这个问题。当然也可以通过其他的方法，如直接问受访者献血对于身体健康的影响，然后再问受访者是否支持献血以及是否曾经献血，这样可以获得更加真实的数据。在更多的时候，我们或者会对问卷增加筛查问题，或者重新排列问题，或者对文字进行必要修改，以符合研究者的设计问题的基本意义（Willis et al., 1991）。

当获得受访者"自言自语"（think loud）或者是研究者主动访问获得的文本后，还需要有有效而准确的编码表来判断问卷所存在缺陷。相比较于发现问卷中的问题，对于问卷的修正更加具有挑战性，因为修正需要建立在前测所获得的信息的基础上，而其成功的标准则是观察修正后的问卷是否解决了以前的问题，而这个解决问题质量的标准可以通过实验或者使用其他方法验证（Conrad & Blair, 2004）。对于这些缺陷修正的基本逻辑，就需要在理论基础上对于问卷调查的条目进行再自我测量，即对测量本身进行测量，也就是需要对测量的科学性程度进行证伪，从而判定该测量是否真正反映了构念的意义。

第六章　测量证伪的矛盾

在前面的章节中，我们分析了测量以及更广泛的实证观察时所蕴含的关系，其中在讨论测量时有两个概念，即研究的信度与效度被频繁涉及。在社会科学中，对于信度与效度的重视是基于这两个概念是研究发现的预设前提：没有信度，我们无从知晓所谓的科学发现是否仅仅是偶然，而缺乏效度的问题更大，我们甚至不可能认识到这个偶然是真的存在过，还是仅仅只是幻象。因为抽象的本质只能通过观察来表征，而表征总是建构出来的，这种建构在多少程度上可以反映本质，这需要首先来进行验证，也就是需要对测量本身进行证伪。

社会科学研究，例如传播学在观察研究发现的意义时，或者说是研究广义意义上的效度时，通常将 p 值作为考虑的起点，确认 p 值显著后，人们才会进一步来分析发现的关系的具体特征，如果 p 值低于显著的门槛，人们则停止对于关系值的进一步观察，因为我们通常对偶然现象没有兴趣，希望看到的是真的关系，或者说是必然规律，也就是主要矛盾。人们通常认为 p 值是研究发现的意义的稳定性的重要指标，或者说是研究发现的信度的指标。如果显著性低于人们通常设定的 p 值，我们就说发现是不稳定的，或者说发现可能来自于随机差异而

"缺乏意义"。而实际上 p 值在统计学意义上带有很强的欺骗性，在逻辑上 p 值的大小与研究的价值，或者与研究发现的重要性并无直接的关系，而只是这种关系存在首先需要满足的预设条件。但是 p 值在很多时候被误认为是构念间的关系强度本身，这导致人们有时对于该值产生不符合逻辑的迷恋。显著的未必是重要的，而重要的也可能算术值很大，却难以达到统计意义上的差异显著性。在 p 值之外的信度和效度的其他考量指标，也被包括传播学在内的社会科学赋予很重要的意义，特别是对于效度的分析被作为研究的基本构成要件，而信度值是研究通常需要提供的最低标准，虽然对于两个概念的意义我们有时依然存在模糊的认识。

我们在开始观察以及依据观察来做出科学结论，从而对于理论认识有所贡献之前，首先需要对这些测量工具本身的科学性做出反复的验证，其中基本的是信度与效度。这些验证既有理论和逻辑上的理性解释，也需要通过其他的工具来对这些测量工具做实证的测量，也就是研究需要对于观察的观察，或者可以称为对于测量的"元研究"。这些对于验证的验证通常具体由统计，例如信度分析和效度分析来完成（Purpura et al.，2015）。如果这些测量缺乏有力的证据来确认它们的科学和稳定性，社会科学的发现也就是值得怀疑的。但是通过基本的元分析我们也看到，在社会科学的各个域中，依赖实验方法的学科相对更加重视这种对于测量的验证，例如心理学等社会科学的基础学科；而一些相对新的学科如传播学，对于这种研究方法本身的测量的重视和使用，还有很大的优化空间。对于这种论述一个有趣的例子是，传播学的许多构念在不同研究中存在很大的定义上的差异，即使定义相同，对于这些构念的测量也可能存在多种模型来呈现。当文献在研究中的论据作用被越来越重视，而学科间的理论交叉引用也更加常态化的时候，测量的工具，例如量表本身的发展却似乎有滞后的现象。一方面，传播学等一些学科如范式理论所建议的那样，将测量建立在积聚科学（cumulative science）的基础上，在形式上尽量借鉴使用现有量表，或者与原来传统一致，立足于建构自己的独立量表，另一方面，这些量表本身的科学性，通常并没有如心理学中对于构念的量表建构过程一样，经历严谨而反复的检验与修正。

正如所讨论的，传播学以及其他使用量化方法来观察问题的社会科学，都依赖于可靠的数据以及获得这种数据的对于概念的有效测量。这些测量所得到的数据被认为是理论化的构念与其他理论构念发生联系的一种体现，由此在研究中使用的理论构念必须反映我们所要测量的社会现象的共同理解，即使这种理解与我们自己的领域的传统定义不同（Purpura et al., 2015）。一方面，我们在测量时，需要满足学术社群对于某概念的传统认识，在使用概念时遵从理论对于它的基本定义，而不是试图对定义做出另外的解读；因为如果有另外的解读，我们完全可以引入另外的概念来替代它，与理论的引导作用一样，概念的基本定义与测量的过程只能是完善的过程，而不是试图进行革命性的改变。例如，对于框架概念的定义与测量，在传播学与社会学领域有很大差异，其在传播学中对于这个概念理解，需要使用大家一般接受的、对于信息的选择和突出的信息处理方式。另一方面，这个共同理解是指对我们在研究中使用的概念，是被信度和效度事实所验证的，这个信度检验同时符合理论和推理的基本逻辑，在理论的帮助下，信度和效度也可以从数据上对测量的科学性提供依据。

第一节 因子分析

从逻辑上说，统计数据和概念测量本身一样，只是建构出来的反映所检验对象的部分指标，并且只是所有指标中的代表性样本，其并不等于所验证的对象本身。因为这种反映的不完整性，单一的测量存在很大的偶然性，需要通过在理论上相互关联的多个指标相互印证，来形成对于概念表征的"证据链"，才能比较有效地做出对于相关关系观察的结论。所以，在测量时我们遇到一个表面现象，即所使用的条目越来越多，这些条目如果不能及时呈现其对于所测量概念的解释程度，以及解释的效率，或者说在不能有效证实某条目是否能测量有效因素之前，需要先将其保留。而对于这些条目的取舍，在质量与数量以及效率的比对中首先要考虑质量，也就是期望对于测量目标的解释度获得更大效率。

在对所获得测量进行质量验证，需要通过多种工具来交叉进行，其中就包括因子分析。因子分析是一种用于将大量变量简化为较少数量因子的统计方法。该方法从所有变量中提取最大公共方差并将它们放入一个公共数值中，作为所有被卷入测量变量的公共指标，我们可以使用这个公共数值进行进一步的分析。因子分析的目标是界定分析中的变量潜在的关系结构，它分析我们所获得大量测量中相互关联的关系，然后试图根据这些相互强的关系来使用一些各变量共同的维度来抽象解释这些关系，这些共同的维度就是因子。因子分析由 Charles Spearman（1904）在研究普通智力因子时最先使用，到现在这个统计方法被社会科学广泛使用，成为仅次于回归分析的多变量处理方法（Peterson,2000）。因子分析在本质上是与效度联系在一起的，是对于心理构念的测量的核心（Nunnally，1978）。该分析有两个主要目的：数据的概括和简化，类似于对于每个变量的描述性统计，统计使用标准偏差和平均数来描述一组数字的离散和集中分布情况，这样对于一组在数量上庞大的数字可以有直观和更加抽象的理解，也为后续验证数据分布之间的关系做好基础。在统计上，我们可以进一步将因子分析所获得的公共因子，类比为最能够代表所要反映的概念的次抽象的概念，这个获得的公共因子聚合了相关测量的方差，能最大限度代表所被代表的每一个具体测量，相当于抽样分布中的每一个可能样本的集中趋势统计。

在社会科学中，我们关心的是抽象的构念之间的关系。但是收集到的是具体的数字，这些数据与构念之间的关系，以及构念之间的关系，通常不能从这些数据之间的统计所直接观察；只有在单条目测量的情况下，测量才可能直接代表构念，在多条目测量的情况下，则需要分析数据相互间的关系，以及找出能够最佳反映这些关系的统计，正如使用标准偏差来反映一组数分布的离散程度。通过因子分析，可以对纷杂的原始数据进行简化，发现各个条目间的关系，以及抽取出能反映这些关系的公共的潜在维度，也就是因子。这些因子成为在研究中通常被实际用到的变量，而原始数据被这些因子所代表，通常不在关系研究中直接参与，正如在统计分析中，代表集中趋势和离散程度的平均数和标准偏差是各种统计中的基本指数。在对于数据概括并抽取核心的因子后，数据被高度"浓缩"为公因子，这些公因子表征了各相关变量的替代指标，或者在集成量表时被使用。

由此，因子分析是一种降低概念测量维度的方法，也就是使用一个代表性的维度，来代表类别更加丰富而具体的下一级别维度,这些下一级维度在问卷调查研究中就是每个具体的问卷条目,而因子则是这些条目所反映的变量。基于降维理论,因子分析没有将涉及的因素分成自变量和因变量,而是一种互依的分析技术,也就是将这种统计分析中的各个变量,包括一级的因子和次级的条目,当成无方向关系的、同时发生的因素。通过因子分析可以在理论验证构念的维度,同时这些构建的新的变量(因子)又尽可能地保留了原始变量,即测量条目所提供的信息,也就是尽可能地保留了测试条目原有的方差。

基于对于理论的依赖程度的不同,因子分析有探索性的和验证性的两种,这是与研究本身分为探索性研究和验证性研究遵循同一逻辑。所谓探索性因子分析,是脱离了研究理论支持,而仅仅依赖于统计理论的降维方法。它通常是我们对于构成公因子的构件,即测试条目缺乏必要的认识时,完全依赖于统计方法来观察,在根本逻辑上是根据各因子间的相关性来对各因子进行聚类,最终将其中相关性强的因子用公因子或者说是潜在变量来筛选出来。这些潜在变量,如果缺乏理论的支持,实际上仅仅在数上存在相关性,而没有任何理由确认来所萃取的因子能够表征这些测试条目的意义。因此使用探索性因子分析需要特别小心,至少需要认识到其实施的基本依据是相关性,从而需要分析这种相关性是否是有意义的,而不仅仅是在数值上存在共变的特征,就将在理论上完全无关的因子加以聚合,而将这些因子随机联系成为形而上学的公因子。

探索性因子分析对于萃取的因子有多个主要原则。首先,至少要萃取一个因子,同时萃取的因子越少越好,萃取的因子能够解释更多指标则效果越好,这反映了因子分析的效率,符合该方法降维的主要目标:更少的因子意味着更多的测量指标围绕在核心周围,也就是更多的因子共享方差,至少萃取一个因子反映统计潜在功能是发现不同指标间的区别，这也与构念的测量域的表征是一致的。在因子萃取之后，每个主成分需要有三个或以上的指标来反应，如果少于三个指标，在计算这些指标的内部一致性时，不符合对于数据的默认条件；每一个指标只主要被一个主成分来解释，因为每个指标都可以由被萃取的主成分来解释，或者是组成回归模型，解释指标的回归方程只有一个非零因素，而其他因素对于该指标无影响，测量构念的指标的各误差间也无相关性。

对于因子分析所需要的样本量，以往研究提出了方差非常大的数值范围。因子分析在最初设立时支持样本越多越好的理论，这些理论提出从 50 到 1000 的范围；现在的研究一般认为，样本大小虽然重要，但并不存在一个理论上可以验证的样本数标准，合理的样本数受公因子方差（communality）、变量（条目）与因子的比值（p/f）、变量（条目）的数量，以及载荷（loading）的影响。MacCallum 等（2001）进一步分析认为，对于因子的抽取质量的提升受多种因素影响：样本数量增加；公因子方差增加；变量与因子比的增加，而适合因子分析的最小样本数标准并不简单存在。Winter、Dodou 和 Wieringa（2009）也通过模拟研究确认了这种理论：在高载荷低因子数以及高测量条目的条件下，即使在样本量低于 50 的情况下，探索性因子分析依然可以生成稳定的结果。

在因子分析中，被观察变量的共同性是指该观察变量，也就是可能的测量指标的方差被共同因子群所解释的比率，在这里因子分析可能获得多个因子，每个因子对于该观察指标产生载荷，这些因子对于该单一指标的总的方差解释度就是共同性。从心理测验来看，共同性是测验总方差之中由共同因素所解释之方差的比率。从因素分析来看，某观察变量的共同性，是该变量在所有因素载荷量的平方和。每个单一因子的有效载荷越高，即相关性越强，对于该变量的方差解释就越多，总方差解释度也就越高，通过因子分析所获得因子群也就越能显示与观察变量的关系，这也可以间接反映该指标测量这些因子中某因子的信度越高。

由于因子分析在本质上是基于相关性的，对于因子分析测量数据就首先默认这种相关性的存在，这是存在有共同的因子来表征这些具体测量的基础。而对于萃取的因子，则在理论上需要获取的因子之间存在互斥，也就是萃取的因子之间不再存在相关性，否则结果与因子分析的目标相违背。进一步的讨论是，因子分析在逻辑上是将各条目进行分类，而类的标准即一个变量的方差不被另一个变量所解释，由此在因子分析的基础上我们还要进一步对萃取的因子进行因素独立性检验。在统计上这种变量的独立通常使用 KOM 检验和巴特利（Bartlett）样本球形检验。巴特利球形检验的统计数是相关矩阵的行列式（determinant）经过卡方（X^2, Chi-square）转换而得出，数值越大，则在自由度限定的情况下，假设为每个变量的相关性都是零的情况，该数值发生的可能性 P 值越小，也就表示各变量之间的相关性都出现零的情况下我们无法获得观察到的数值，也就验证了变量之间存在相关性。当变量存在有相互关系的情况下，可以进行因子分析，否则理论上条目之间并无关系，也就是并不存在其他变量来解释某测量条目的方差，不能使用因子来代表任何两个测量条目。巴特利球形检验存在的问题是与许多统计一样，其 p 值受样本量的影响，当样本量足够大的情况下，总是可以得出存在相关性显著条目的情况。由此通常还需要使用不受样本影响的统计方法来验证测量的独立性，如 Kaiser-Meyer-Olkin 抽样适切性指数（KMO），当 KMO 大于 0.6 时一般被认为各因素间存在高的相互独立性。

对于探索性因子的具体萃取方法，有元分析研究心理学和营销学发表的论文共 568 篇，发现 67% 的研究使用主成分分析法，92% 使用因子分析探索旋转和初始因子方法，而在使用旋转方法的因子分析中，82% 使用了最大方差旋转法（varimax rotation strategy），而平均每个因子分析所使用的条目是 18，其中用的最多的是 5 分量表（占 43%）以及 7 分量表（29%）(Peterson, 2000)。对于因子分析获得的因子所解释的各条目的方差，均值是 56.6%，但是元分析也显示了从 8% 到 99% 的范围很广的解释方差值。在总体上被抽取的第一个因子解释了 28.2% 的总方差或者 49.3% 的被解释的方差，由此可见第一个因子在因子分析中扮演决定性的角色，另外通过因子结构旋转获得的解释方差率（53.9%）要显著大于未旋转所获得的方差解释率（48.7%）(Peterson, 2000)。

当测量的条目制定后，需要对这些条目与构念的关系进行审视，核心是验证测量在多少程度上准确地表征了所测量的构念。Loken 和 Gelman（2017）建议遵循如下步骤来进行：（1）使用表格在栏中列明构念的所有方面，并在行中列明每一个测量条目；（2）评估构念的每一个方面是否都被所列明的测量所覆盖；（3）可以加一栏来列明混淆变量，这些变量的特点是被列明的部分测量条目所覆盖，但这些条目并非是对核心构念的测量组成；（4）可以列出被遗漏的但是必要的测量条目，或者对已有的条目重新调整文字以避免概念混淆。

无论是进行因子分析，还是更进一步的概念间的关系研究，寻求指标间最佳的相关性水平是非常重要的。在这一点上存在两种不同的逻辑，一种观点认为，指标间的相关性越高越好（Selltiz et al.,1976）。但是另一种理论则认为，中等的指标相关性是最佳的。例如 Briggs and Cheek（1986）认为测量条目间的相关性处于 2 和 4 之间时反映指标质量的最佳信度值，低于 1 则不能有效地表征构念的复杂程度，但是高于 5 则显示指标中的条目存在冗余，构念的测量陷于琐碎和过度具体的问题（p.114）。Bollen 和 Lennox（1991）则对于中度的指标间相关性水平是最佳的观点提出挑战，认为在反映型指标的测量模型中，任意两个指标间的相关性是由两个指标分别与核心构念的相关性的大小决定的，如果指标间相关性高，则显示每个构念与核心构念间的相关性也高，这正反映了该指标能够有效地测量构念，所以在理论上条目间的一致性越高，指证指标在信度上就越有效地测量了核心构念。

因子分析的一个有趣的值是特征值（eigenvalue），它是显示一个因子在多少程度上能代表各条目的指标，是所有指标被一个因子所解释的总方差比率，也就是某因子相对于所有条目所有载荷的平方值之和（sum of squared loadings）。因为每一个项目的最高特征值是 1，我们通常设立所抽取的因子的特征值大于 1，也就是大于任何一个条目的最高理论特征值。如果抽取的因子与测量该因子的所有条目的载荷的平方和小于 1，也就是该抽取的因子实际上对于所有条目的解释力，小于其中任何测量条目的特征值，这种因子的抽取意义很小，不如直接将各条目分别作为一个维度，或者是一个变量更加有效率。但是特征值通常是以 1 作为标准，并不意味着 1 就确实比 1.5 或者 0.5 在统计上有理论意义上的显著差异，正如显著性检验中社会科学通常将 0.05 或者 0.01 以及 0.001，作为判定样本中所呈现的特征或者关系，是否在人群中依然存在的标准，在理论上 0 到 1 之间的任何一个数值，都可以被我们用来作为推翻零假设的临界值，对于这个标准的选择的依据是研究的目标本身，而不是测量理论的预测。

以上部分主要讨论了探索性因子分析，而验证性因子分析与探索性因子分析有很大不同。虽然都是对于因子的统计分析，探索性因子分析通常被用于辅助的测量检验，这是与其缺乏理论指引相关联的。社会科学研究很大程度上需要从理论出发，最后回到理论，而整个研究的过程也是需要理论指引的，这也就暗示缺乏足够理论引导的探索性因子分析不能成为研究本体的主要构成要素，而只能作为旁证来支持研究中测量的科学依据。我们使用这种方法来考证用于概念的测量的多个条目是适宜的时候，会在方法论的讨论中提供相关的探索性因子分析所呈现的值，特别特征值和概念被解释的方差值概率值。这些指标的呈现并不意味着这些概念的测量没有理论支持，是完全数据或者是统计导向的，相反这些值是侧面验证了理论所指证的测量，得到了该因子分析的验证。如果完全无理论引导，仅仅提供探索性因子分析的数值，即使这些指标本身非常符合统计学要求，依然是无意义测量。测量是否真正地测量了概念本身，我们还需要使用验证性因子分析来加以考察。验证性因子分析是完全基于理论的，是基于概念间的关系的统计，其不仅仅看测量间是否具有高相关性，通过这种高相关性来进行分类，验证性因子分析同时考量了测量间的相关性，也考量了测量与所测量的概念以及其他未被测量的概念间的关系，来更加理论化的观察测量是否真正表征而且是只表征了概念核心意义，也就是反映了概念意义的内涵与外延。由于验证性因子分析主要涉及测量的效度问题，所以在后续的效度分析部分有更加详细的讨论。

第二节 信度检验的效率

在理论上，信度与效度所测量的内容完全不同：信度检测的是测量中是否存在随机变异（random variation），也就是量表中存在随机误差的程度；而效度统计是检测测量中存在的系统变异（systemic variation），也就是系统误差存在的概率（Peter，1981）。自然科学重视实验的可重复性，如果一个研究的数据不能被反复验证，那么该研究发现的有效性甚至是研究者的研究过程的规范性会受到怀疑：学术杂志的许多撤稿决定是基于研究不能被重复，结果不能重复至少被认为该研究在设计或执行中存在缺陷，没有共性的研究孤例仅仅是特殊个案，不具有理论意义，得出的结论不能被断定对于学术有贡献。

对于测量来说，测量工具的稳定性是观察测量能否准确反映所观察构念的前提。这是与科学基本的广义原则是一致的，科学之所以是科学首先的前提预设，就是它的发现可以被反复验证，否则这种发现就很可能出现谬误：错误的方法所导出的数据最终导致了错误的发现与结论；或者这种发现来源于各种因素所引起的随机误差。在科学总的范式下可重复性是首先的标准，在微观的测量过程中可重复性也是需要首先遵循的原则，如果同一测量在不同时间、不同研究或者不同研究对象上产生不同的结果，该测量则缺乏稳定性。缺乏稳定性的测量，则没有基础再验证其是否可以用来观察概念，因为即使它可以观察到概念的意义，这种观察也是不稳定的，不能用来做必要的分析。在现实的研究中，学术期刊以前通常不会发表完全重复的研究设计与发现，而研究的意义又同时基于可重复研究的新奇设计与发现，可重复被认为是研究首先的预设前提。但是这种新奇的科学设计本身可能与可重复验证相对立，人们有时在研究还没有完全成熟的情况下公开发现，以防止多次的重复实验验证之后这种发现变得普通。但是最近自然科学杂志也认识到了重复研究对于科学的价值，认为为了培育更好的科学研究，再现研究必须成为普通的行为（Editorial, 2016）。但无论如何在自然科学中，结果的"可重复性"是科学发现的重要标准。

在社会科学中，结果与原因有时互相影响，彼此之间缺乏严格的先后顺序。由此在社会科学中，可重复并没有在规范上被强调，很大程度上是因为这种重复的不容易实现，如一个问卷调查通常很难以同样的抽样方法再次发送。但是对于研究发现的意义来说，需要在理论上认为该研究方法在不同的人群上，或者在同一人群中具有稳定不变的数据输出。无论原因与结果，测量的结果与原因又都是应该是可重复的，否则也同样因为缺乏可推展的依据而影响研究的理论价值。如此讲来，稳定的测量意味着一个测量只要设定，影响数据的应该只是测量所表征的概念本身，而不是测量本身。

信度是所有科学测量的一个基本问题，但又是一个经常被误解的测量和统计概念（Henson, 2001）。测量信度的概念涉及概念意义的真实数值与测试所得数值间的一致性关系问题。所谓概念意义的真实分数，只是一个理论值，表现在测量上可以被看作是所有可能的测量的无穷次实施的理论平均值，也就是作为样本的所有可能测量的抽样分布的平均值。尽管定义的方式多种多样，估计的方式也更多，信度基本概念很简单（Revelle & Condon, 2019），指测量的工具的稳定性和可依赖的程度，理想的信度要求使用的测量在不同的时间与空间上都保持同样的数据产出，在任何环境下对于测量的应用，除了测量条

第六章　测量证伪的矛盾　◇◆◇　289

目的不同，不会有其他因素导致观察的偏差。信度指代稳定的预测概念意义理论均值的可能，在问卷调查中这考量的是问卷测量结果的一致性、可靠性和稳定性。信度作为测量一致性的测量，也可以被看作是测量的条目集中在某种实体的周围的程度。它考察所使用的测量没有误差的程度，这种误差并不是离实际的构念数值的程度，而是离某假设数值的重合的程度，所以它是测验结果的一致性。信度所观察的一致性以方差理论为基础：在理论上信度是测量所获得的数值与构念的真实数值的相关性的平方，其表述模型是 $\rho_{XT}^2 = (\sigma_T^2)/(\sigma_X^2) = (\sigma_T^2)/(\sigma_T^2 + \sigma_E^2)$，其中 ρ_{XT}^2 为信度系数，σ_T^2 是概念意义的真正方差，σ_X^2 是测量所得的概念方差，是测量误差的方差值。对于方差的解释，可以在两个维度上表现出来：一是，受试者内在的稳定性，通过测量受访者内在的方差，标准误差的大小即反映了受试者的内在稳定性；二是，不同的受访者之间的方差，不同受访者之间的相关性大小也可以反映这种稳定性。

　　信度在逻辑上至少包含三种意义：（1）测量的数值，在使用同一测量在不同时间获取的结果具有稳定性；（2）测量结果在不同测量间存在一致性；（3）测量同一概念的条目具有同构性（Dooley,1984）。其中测量的稳定性相对容易找到依据，我们通过观察不同时间的测量是否会得出相同的结果，则可以进行判断，通过比较同一测量工具在不同时间能否得出不变的数据的方法也可以实现，例如再测信度是常用的方法。在纵观研究中，我们通常使用族群研究，来比较所感兴趣的概念是否真的造成了态度或者行为的变化，这种研究的前提假设，首先是测量在不同的时间，对于概念的测量可以得出同样的数值，如果这个假设在理论上存在问题，那么纵观研究则不能得出随着时间变化，人的态度或者行为发生变化的结论，也可能是测量本身造成了差异的产生。基于测量的一致性的信度检验，主要使用在同一时间不同题项存在的情况下，为了计算均值获得测量指标从而降维，首先需要假设这些题项都是围绕概念意义的反映值，而各题项核心意义不存在显著差异。在这种情况下能够表征这些题项间一致的方法，就是测量一致性的方法，其中最常使用的是题项一致性信度测量，如 Cronbach's α、复本信度以及折半信度等。测量的同构性检验，则要求测量被实施于不同的测量主体，其获得的数值依然是一致的，这就要求不但题项之间是相稳定的，而且要求这些题项在不同的测试主体上，也就是实施测量的人之间也不会发生大的结果差异。

不同的测量因为背后逻辑关系的不同，在验证这些测量的信度时也存在差异。问卷调查的测量在很大程度上是基于经典测试理论，经典测试理论假定潜在构念的测量数值的方差来自于构念的真实方差数值加误差（MacKenzie et al.，2005），因此意义从核心构念指向测量指标，每个测量都被看作是以潜在构念为背书的，受其支配但又并非对其完全反映，也就是说经典测试理论是以反映型测量模型为范式的。由此我们传统的测量信度的模型都是反映型测量模型。我们使用测量同一构念的多个条目间高相关性，来作为高的内在一致性的标准，高的一致性又显示他们高的共变性，高共变性暗示这些相关性强的指标，存在对于他们影响的共同因素，该因素就是核心构念对于各指标的共同影响，核心构念的改变直接造成了这些指标的同时变化，由此构念的信度测量可以使用各条目的相关性来作为指标（Christophersen & Konradt，2012）。这种内部的一致性原则在心理学以及其他社会科学中都有呈现，它构成了信度估计的基础，同时这种逻辑也是因子分析的基础（Bollen & Lennox，

1991)。信度测试测量条目的相关性，然后依据信度去除与其他条目没有关系或者有负的相关关系的条目，因为其理论是测量同一构念的诸个条目之间应该是正相关关系。对于形成性测量的信度考察不能使用 Cronbach's α、平行测量和折半方法来测量（Christophersen & Konradt,2012）。因为形成型测量指标在逻辑上具有不同的意义，应对的是不同的概念，并非由同一概念来映射，因此也不能由一个直线回归方程来呈现概念与测量条目之间的关系：这些指标和条目在意义上可能是平行的，而不是相互关联来表征共同的上一级变量。

由于测量信度也就是测量本身的稳定性，是测试质量首先需要保证的前提，因此在逻辑上需要观察测量信度的测量，是否以及在多大的程度上，符合理论上信度所定义的构件。正如测量标量的问卷问题需要最大程度上表征概念的意义，信度测量本身需要被加以重新审视，以判断这些指标如何反映了测量的信度质量。测试心理信度（psychometric reliability）的最常使用的三种信度指标是复本信度（parallel forms reliability）、再测信度（test-retest reliability）以及内在一致信度（internal consistency reliability）。这三种信度测试类型的主要区别在于，非特征或非真实评分变异的不同来源，其次是可靠性评估所需的测试和场合的数量。

再测信度的实质是追踪研究，其使用同一个测量在两个不同的时间实施于同一组人群，两次获得的数据进行比较，获得两组数值重复的程度。该数值表示该测量在多大程度上能稳定得获得同样的数据，也就是同一组样本在不同时间对于同一个测量数据的相关程度，该相关系数即为再测信度（test-rest reliability）。再测信度是直观反映信度的方法，如果两次测量的数值完全一致，则其信度较好，在统计学意义上该测量是稳定的：完美的稳定与是否真正测量了构念意义没有理论上的关系，但是双方有理论上的关系却预示这种相关是必然存在的，也就是说信度预示着相关性，而不是相反。这就是信度检验在逻辑上存在的问题之一：世界是广泛联系的，两组数据很可能在数学上存在很强的相关性，但是其在理论上无任何关系。这正如一台损坏的天平每次显示所称量的同一物体重量不变是100克，这种稳定性也仅仅说明天平标示为100克，并不能验证该物体为100克，很可能真实的重量是200克或者其他重量，我们认为物体重量就是100克，是假定天平能够准确测量物体重量，从这个假设出发来观察该测量的稳定性才有意义。

由此可见，仅仅使用信度来观察测量的质量是远远不够的。如果我们观察已经发表的研究可以发现，许多研究只是提供了信度值，却没有讨论这些数值是否在理论上支持测量，是否能够显示构念的值。信度绝不等同于准确，虽然现实中因为我们都是通过这些指标，来测试我们希望观察的物质或社会现象。另一方面讲，测量的稳定性是测量质量的前提，如果飞机在同一高度飞行，仪表盘却频繁显示高度变化，则无从谈起该仪表所测量的高度值是否正确。

复本信度从其文本意义来看，是平行的或者是可替代的测量之间的信度的一致性，也就是同一测量的两个版本实施于同一群受试者，对于两次测量数值计算所得的相关系数。复本信度对于两个版本的要求，是条目的数量、难易程度、测量内容等方面必须相等或类似。更严格的复本信度则要求，虽然在每一题项上可能存在微小差异，两组测量在平均值和标准偏差上需要完全一样，也就是说对于同一概念的两组测量相关系数是1。复本信度的最显著例子是正式考试中通常会设计两份平行试卷，当首选试卷因为各种原因被放弃时，会使用替代的复卷

第六章 测量证伪的矛盾

作为对于考生的测试工具,这种使用策略的预设,是被测试者通过副卷获得的分数,与使用正卷获得分数,在每个条目上以及总分上应该是完全一样的。如果副卷获得的分数与正卷获得的分数有显著差异,则我们无法确定两份考卷是否可以测出被试者的真实水平;至少有一份测量量表在测量实际值上存在大的误差,或者可能两份量表都是错误的。正如所讨论的,我们通常使用的信度检验都是基于古典测量理论,该理论对于测量数据有默认,信度检验是建立在复本测量的概念之上的。实际上并不是每个测量都使用复本,因为测量题项不易获得,我们通常会使用所有能够表征构念域的题项,而通常不会再设计测量效果相同的另一量表。即使副本是存在的,例如在纵贯研究中可能使用复本以减少测试效果,即使在这种情况下,我们也很难假定在两次测量时,被试者完全不受测量的影响,即不能保证相关性完全不存在,也就是说测量相互独立的复本信度的假设是难以实现的。

由此看来,复本信度通常被用于可能产生测试效果的研究,以及存在不同版本的测量的研究中,在这两种情况下都需要验证不同的测试,在研究结果上会否产生显著差异。导致这个测试效果的因素很多,单纯的增加测量可以直接产生,再就是受试者由于对于问卷的反复接触,而导致参与成熟过程加速,以及两次测试发生的统计回归现象等,都可能对测量的结果造成难以预测和解释的误差。例如在纵贯研究(longitudinal study)和固定连续样本研究(panel study)中,被试者被反复地进行刺激或者测量,很容易产生测试效果(test effect)。如果没有认识到这些因素,这种随机误差就会发生。避免这种误差的有效的方法是使用问卷复本,也就是选择与原问卷在理论上"相同",但又在文本内容上存在显著差异的问卷。这样被试者需要在不与原问卷产生联想的状态下，重新来分析与回答问题。这种情况也显示了复本信度与再测信度在理论上的区别，后者是测试同一文本在不同时间的稳定性，前者则反映不同的文本在意义上的相同程度，其对于时间是否有测量的先后间隔并没有限定。

问卷的不同版本是一个很值得关注的问题，正如前面已经提到的，传播学科相对心理学在测量的研究，例如量表的建构研究上尚有差距，其中一个现象是同一概念存在多种测量量表，这就可能造成复本信度问题。而多种语言翻译版本的量表，也很容易造成信度问题。如蒙特利尔认知量表（MoCA）测量人们认知的损伤，被用作多个研究领域的成熟量表，也被翻译成多种文字在不同文化背景下使用。虽然在翻译过程中，研究者会在最大限度上保持文本与原语言同义，但是观察纵贯研究以及对诊所数据的跟踪研究发现，这些量表依然存在多处被误读，或者存在测试不稳定的缺陷（Costa et al.，2012），由此依然需要复本信度检验来发现，并且采取有效调整来减少这些缺陷。翻译后的问卷本身是原语言版本的复本，原问卷的许多文字在另一种语言中可能难以找到完全同义的词，而且即使是同样的文字，在不同的文化语境下的意义也可能存在很大不同，由此也需要测试复本信度。但可惜的是，现在我们还鲜少在研究中对翻译的量表做复本信度的测试，而通常只是假设经过认真翻译后，翻译量表与原语言量表具有同样的测量意义。

对于复本信度的计算主要使用相关性分析，例如皮尔森相关性系数 r，该系数反映了两个或者多个测量复本间在多少程度上是同时变化的。我们同样应该知道，相关性高的数据并不代表两个测量，在理论上是相似甚至是相同的，只要两次测量的数据在数字上的变化符合线性的关系，其相关性就具有很高的水平。例如，如果两个测量符合 $X_{measure1} = \gamma X_{measure2} + e$，则两个测量非常可能有完美的相关系数 1，但是这种模型并不能显示两个测量之间在逻辑上是对等的，也就是说这种直线回归模型并不能证明两个测量之间是稳定地测量同一个构念的有效版本。这里存在理论上共变和统计上共变的问题，严格来讲，只有不同测量存在理论上的共变，我们才能使用统计来验证这种共变。统计上的相关性仅仅验证了可能的信度，而这种验证的预设前提是两个测量在理论上是一致或者接近一致的，这种理论上的两个测量之间的一致性通过假设来反映，相关性检验也是针对这种假设的统计分析。

复本信度因为涉及两次测试，这种测试可能本身就对信度产生影响。在问卷调查和实验方法中，测试效果是对人的行为直接观察所必然产生的，只要在研究中有侵入程序就可能出现。复本信度使用两个内容等价但是在具体文本上存在差异的问题版本来测试同一被试群体，通常其相关系数即反映了测量本身复本信度的高低，相关系数越高则显示重新测量的过程本身，并没有影响被测试者的反应，该测量的复本信度更好。重测信度使用同样的测量条目来测试稳定性，其潜在的问题是受访者可能因为成熟或者对于条目的记忆，而对于其真实的测试值造成误差。而复本信度的测量过程由于使用了变化的条目，很大程度上消除了这种误差。但是复本信度也会造成的另外的误差：由于两次测量使用的条目是不同的，其相关性高低在很大程度上依赖于两种测试条目在意义上的同质性，也就是说，复本条目的同质性可能对于复本效度造成随机甚至系统误差。

为了测量一个或者多个复本在信度上的统一性，在相关性检验之外还可以有多种验证，如 t 检验、双样本中位数差异检定（Wilcoxon signed-rank test），以及 Kruskal-Wallis 检验（其中使用 Mann-Whitney U 检验做验证后检验）等（Costa et al., 2012）。这些统计检测从多个角度，来比较不同的测量在数值上存在的差异数量。相比较于相关性分析，这些统计更能反映各种测量选择是否能够稳定地显示所测量的概念的数值，从而可以在实验或者问卷中被用作替代测量。

再测信度是通过在一段时间内对同一组人进行两次相同的测试而获得的可靠性测量。它通过观察将时间 1 和时间 2 的测试分数的关联度，以评估测试随时间的稳定性。再测信度符合信度测量的基本假设，很适合加入实验的问卷调查的数据分析。实验的操控材料是测量条目本身，实验使用同样的测量条目和同样的人群，当实验对于材料和被试样本控制的情况下，我们可以简单确定任何产生的前后测试之间的变化都是由于测量条目本身导致的，而不是因为条目产生变化，或者接受测试的个体变化而引起。但是这种方法虽然控制了实验材料变化对于前后测试结果的影响，测量本身也可能产生测试效果：重复参与对于相关信息的研究，会使参与者产生显著的学习过程，在其他因素不变的情况下，测试本身就可以产生数据改变的效果。而且，产生这种效果的信息可能是系统性的稳定的信息，如果测试的材料保持不变，被试者就可能对于问题产生记忆从而再重复回答，这种回答并非是条目理解后的结果，而可能是"对于结果的记忆"的结果，信度测试由此失败。

一个经常使用的再测信度的统计是计算测量与再测量数值之间的皮尔森积差相关（r）。皮尔森积差相关（r）是两个连续变量线性共变程度的摘要指标，该系数可以直观反映两个数值之间在多大程度上是同时变化，且这种变化符合线性关系。皮尔森积差相关值在 -1 与 1 之间，越接近于 0 则越显示两个变量无共变关系，相反绝对值越接近于 1，越显示两个数值间有非常强的相关关系，至少在统计学意义上两个变量存在直线关系，而正负值则表示两个变量之间关系的方向。在测量信度时，研究通常假设通过两次测量得出的数值之间，存在正向的强相关性；当然如果测量使用了反向问题，则相关性的绝对值不变而方向应为负向。

然而，基于经典测试理论的皮尔森积差相关在测量信度时至少存在三个难以修正的缺陷（Yen & Lo, 2002）：(1) 皮尔森积差相关的统计建立测量的对象是两个变量间的相关关系，而信度检验是考虑对于同一个变量的两个或更多个测量间的一致性。如果把两组测量当作为测量同一变量的两个二级反映型指标的条目，那么这些条目间确实应该有非常强的相关性，可以使用这种方法来进行验证。所以这个缺陷从不同的角度来看，并非严重的系统性问题。(2) 当多个再测被进行操控时，使用这种统计测量的再测信度难以实现，例如健康行动过程路径理论（HAPA）认为健康行为的采纳（adoption）、发起（initiation）与维持（maintenance）通常需要由多个阶段构成，这一过程包含了无意向阶段、意向阶段与行动阶段，对于该模型的完整验证需要在三个阶段分别使用量表对样本的运动意向等进行测量。如果使用皮尔森积差相关则需要对三个阶段的测量进行两两验证而获得三个相关系数，而不能仅仅通过一个指标来直观反映量表的信度。当然，HAPA 模型在三次测量时在理论上应该发生变化，在现实中我们为了对量表进行多次验证，除了模拟验证外，需要对被测试者进行实际观察，以验证测量量表是否稳定，因此需要能够一次就能反映全部测量一致性的指标。(3) 皮尔森积差相关不能检查系统误差。即使在两个测量所得出的数值存在很大差异的情况下，皮尔森积差相关系数依然可以显示完美相关系数 1，这是该统计的主要问题。我们可以设想测量变量 Z 有两组量表 a 和 b，a 量表的两次测量中第二次测量的每个个案所获得的值都比第一次的数值多 3 分，在统计上这个变化是共变的，获得相关系数就是 1，也就是显示了完美的稳定性，而实际可能两次测量没有任何关系，只是每个数值都稳定的增加了 3；而 b 量表第一次和第二次测量的相关系数是 0.85，是一个可接受的信度指标，但是在第二次测量中的每个被观察值都出现随机的变化，但是变化的绝对值比较小，平均值比第一次测量增加 0.9，依据信度检验统计我们得出 a 量表有更高的信度，也就是更高的稳定性。但是通过对于数据的再分析，我们却认为 b 测量量表更加具有稳定性的，也就是更能稳定地测量出实际的概念数值。由此看来，皮尔森积差相关数值的变化，有非常大的可能是由于系统误差引起的，而不是随机因素所产生的，皮尔森积差相关系数不能显示这种系统误差，其数值也由此反映了错误的关系。

　　为了修正皮尔森相关系数的缺陷，我们可以选用组内相关系数（intraclass correlation）来测量不同时间使用同一测量方法的测试信度，组内相关系数的逻辑是不同组间的变异方差与所有测量个体的总方差的比值。但是在计算组内相关系数时需要注意一些问题：研究设计的目标是信度检验而不是相关性检验；需要根据数据的特点选择不同的模型；测量条目的数量也需要在分析时考虑进去（Yen & Lo,2002）。

　　折半信度与复本信度的逻辑本质是一样的，其假设可以将一个量表中的全部条目分成两组互为正本和复本。由于被试者在测量的过程中可能出现的随机误差，特别是一组量表题项的测试效果所造成的误差，我们在检测折半信度需要将各种随机因素造成的测量误差控制住，其中遇到的首要问题是如何对题项进行折半，如果使用方便抽样的方法则在统计上缺乏依据，如果将奇数和偶数题项各分成一组，则可能遇到量表问题总数为奇数的情况，分组产生不平衡。对此一个有效的方法，是对一个构念测量的所有题项进行简单随机抽样，或者将测量同一变量的奇数、偶数题项分别合并成组，这在理论上使用了系统抽样的方法。从另一个角度看，进行信度分析是将不同题项的种类或实施时间进行操控，符合实验的基本逻辑，可以使用随机安排的方式来将题项分组，其总原则是在统计上避免分组本身造成系统性误差，随机的分组可以观察这些组在数值上的共变程度。如果两组量表的平均值不存在显著差异，而且两组得分的相关性也很高，则显示量表具有高的信度。

　　折半信度对于数据的默认，是参与比较的两组条目从群体上在平均数和方差上都类似，不存在显著差异。如果测量不存在系统误差，测量折半信度可以使用对于连续变量的皮尔森相关系数，或者对于等阶变量的斯皮尔曼相关系数，而更加适宜的方法是使用 ICC 系数。但也有学者认为，使用皮尔森相关系数以及基于皮尔森相关系数的 Cronbach's α 系数来检测折半信度是不适宜的，因为我们的检测目标是测量同一变量的量表条目的一致性，而皮尔森相关性检验等是基于测量变量间的异质性程度，这正在逻辑上是使用测量变量间关系一致性的统计来测量概念在内在意义上是否一致。

　　折半信度虽然在逻辑上简单，但在理论上存在的矛盾需要做更多的分析。信度检验是检验测量方法的稳定性，通过整组问卷题项是为了增加这种稳定性，在测量时整组题项可以被看成为一个人群，人群数值是固定的，不存在误差问题。而将群体分成两组样本，测量折半信度在逻辑上是使用样本的相关来替代人群的相关，这是存在误差的；这个误差并不是对于测量概念的估计，而是对于整组数的均值的估计。指标在测量理论上已经假设可能存在不确定性，由于在选择两组的题项时使用了随机抽样的原则，这种方法可以减少随机误差的产生，但是随机抽样又必然导致随机误差，只是随机误差在样本确定的情况下是可以计算或者估计的。其两组数值的相关系数在题项组成变化时，就一定存在不同的情况：第一，对于概念的测量使用量表题组已经是抽样的过程，对这种抽样方法产生的量表题项再分成两组，相当于对于样本的再抽样，其产生的误差会更大。随机抽样每次抽取题项组成的组都不同，这些抽样造成的误差需要在计算信度值时进行估计：使用折半信度获得的信度值，应该依据样本离散程度和置信程度等，提供置信区间而非固定数值。而在实际的研究中，我们通常只是提供单一的信度值指标，所以与量表真正的信度间就产生了偏差。折半信度的置信区间对观察测量的信度更加重要，因为对于该指标的测算过程又涉及了抽样。第二，信度分析是基于相关性系数的，这个相关性的最佳选择是每个题项的逻辑平均值，折半信度将两组的观察均值来进行计算，与信度检验的原始假设是不同的，两组之间平均值的相关性，不等于每一题项之间的平均相关性，后者更可以反映总体上一组题项表征核心概念意义的能力。当然，这种相关系数的不同，会随着测量题项的增减而增减，随着题项的增多，每一组以及全部题项与被测的概念的实际数值的差异会在统计上减少。

另一方面，问卷测量的理论前提是总体表征概念意义，每一题项对于这种表征提供相同贡献，对于测量的均值计算也是体现了这种理论。而折半信度将一组题项分成两部分，这样每一题项对于核心变量测量的准确性就变得更为重要，极端值的产生会造成对于均值相关性以至于信度系数的非合理估计。第三，折半信度由于使用两组之间的相关性作为预测指标，这种指标在统计上并没有固定的值，相对于 Cronbach's α 这种单一直观的统计，Pearson's r，Spearm-Brown 系数，Guttman 折半系数都可以作为指标来展演这种相关性，它们从不同角度表示两组数的相关程度，而 Spearman r 在假定量表是定序的情况下也可以对这种关系进行呈现，这种在统计上的非标准化是折半信度在技术上存在的困难：没有统一的指标，没有标准化的系数，我们可能难以有效比较量表在信度上的差异。

如果测量获得是类别型数据（categorical data）或定序数据（ordinal data），也可以使用科恩卡帕（Cohen's Kappa）系数（以下称卡帕系数）来测量信度。卡帕系数通常被用来测量两个编码员间的信度，但是它在理论上是比较两个类别，或者定序变量在数值上的差异，这个差异是去除了偶然造成的差异后的必然差异，因此其应用并非限定于测量编码员间的信度。只要两个测量的数值满足类别或者定序的前提，它就可以被用来考量再测信度。卡帕系数的优势是不仅用到一致的频率和概率，而且在计算中考虑到这些一致发生的频率，有多少是因为偶然造成的。例如，我们需要测量受访者对于某游戏内容暴力程度的判断，如果我们使用一个两分的量表来测量感知的暴力程度，我们希望发现受访者对于这种游戏内容的暴力程度的主观认知。如果这个测量是具有效度的，相隔一段时间后，受访者如果没有受到偶然因素的影响，其选择的值应该是不变的。如果每个受试个体都在两次的测量中得到完全一样的值，则信度系数应该是1。但是应该注意：这种前后的一致性有时是由于偶然造成，例如，受访者或许没有自己的确定判断，其选择是否认为游戏内容有暴力因素，完全基于随机，这种随机的概率发生的几率越高，越显示该测量难以表征需要测量的变量。因此当验证测量信度时，需要将这种偶然或者随机发生的判断一致的概率消除，使用非偶然的一致概率来表征测量的信度。

卡帕系数的计算公式是 k =（Po－Pe）/（1－Pe），在该公式中 Po 是实际观察到一致的总概率，而 Pe 是因为偶然产出的一致的概率总和。以测量同一构念的两个问题条目为例，如果测量为定序测量，假设有10位参与者回答问卷条目，获得值分别为（1,2;2,2;3,3;2,1;1,1;1,1;3,3;2,2;1,3;2,2），那么取得相同选择的次数是7，不同为3，卡帕系数并非是直接计算简单的一致发生概率即0.7，而是首先去除掉随机发生的一致概率再进行计算：在两个测量中，测量和再测量都选择1的概率为4/10＊3/10＝0.12，同时选择2的概率为4/10＊4/10＝0.16，同时选择3的概率为2/10＊3/10＝0.06，这样随机获得相同值得概率为0.12＋0.16＋0.06＝0.34，由此卡帕系数的值为（0.7－0.34）/（1－0.34）＝0.55，该值是保守的两次测量完全一致的程度，比仅测量一致性更能显示测量的稳定性。

卡帕系数值在－1和1之间，如果 Kappa＜0，说明偶然一致率高于实际获得的一致率；Kappa＝0，则表示观察到的一致率完全由偶然造成；Kappa＞0，则实际获得的一致率高于偶然发生的一致率，也就是说有部分一致值的获得并非是概率本身造成的，是真实的测量值的重合，观察值越远离理论上一致概率的值越预示一致性是稳健的而不是偶然的，说明测量是有信度的。由于 Kappa 计算中对于一致性的严格限定，依据研究目标和测量难度的不同，Kappa 值在0.4就是可以被接受的信度，而0.8以上被认为是非常高的信度值。当 Kappa 值获得之后，因为数值从样本获取所以获得值并非人群的值，通常希望估计在人群中卡帕系数值的置信区间，这样才可以知道获得信度值在多大程度上符合预设的标准。在样本足够大的情况下，CI =

$K \pm Z^* SE_k$,而 k 得标准误差公式是

$$SE_K = \sqrt{\frac{p(1-p)}{n(1-p_e)^2}}$$

卡帕系数值的另一个优势是该值为标准数,在不同的研究中对于该值的解释是一样的,不需要考虑不同研究中具体值对于比较标准的影响。但同时也要注意的是,卡帕系数依然是相关系数的一种形式,不能被直接使用方差,来解释两个变量间的相互依存作用。在验证测量的信度时,卡帕系数就是用于两个变量或者两个测量指标的信度检测。如果测量的指标超过两个,可以使用弗莱斯卡帕(Fleiss Kappa)作为调节的卡帕系数替代。

除了通过计算不同测量之间的信度值,来表述量表的有效性之外,更常使用的显示测量稳定性的指标,是这些测量本身的内部一致性。内部一致性是指一个由多个条目所组成的量表,这些条目首先要紧密围绕某实体,才有可能进一步观察其是否科学测量了某概念。内部一致性估计与项目同质性有关,指的是问题条目在一个测试中共同测量某概念的结构的相同程度。当测试的问题条目在线性组合中被合并成单一的组合指标时,问题项目的同质性,直接关系到该组合指标在多少程度上反映所有条目的意义。应当注意的是,条目内部一致性信度并不是信度的直接测试,而是理论化估计(Henson,2001)。

计算测量内部一致性信度经常使用的方法是库李信度(Kuder-Richardson reliability)和 $Cronbach's\ \alpha$ 系数。其中库李信度应用于二分条目的信度测量中,也就是条目的选择只有两个选项,例如"是"与"否"。库李信度的原理与折半信度相似,但是其计算过程不需要将测量折半。为了改变库李信度只能用于二元计分测量的限制,现在我们在多条目的信度测量中

多使用 Cronbach's α 系数来分析。这种统计可以用于二分制测量或者连续数值的测量方法，如等阶和等距的测量方法所获得的数据。如果 Cronbach's α 系数被用于二分制测量中，其获得信度系数与通过库李信度所获得的信度系数相同。尽管人们多次呼吁需要有更科学的统计来计算内部一致性，元分析显示 Cronbach's α 现在依然是最广泛使用的信度统计值。Cronbach's α 系数背后的逻辑是将一个量表折成两半，通过不同方法获得每一种折半的选择，然后根据折半信度公式对每一种可能的折半信度取算术平均值，对于所有可能折半信度的平均值就是 Cronbach's α 系数。该系数的计算公式有多种，但是使用效率最高的公式是 $Cronbach's α = \dfrac{k\bar{r}}{1+(K-1)\bar{r}}$，在这个公式中，k 指的是测量所使用的指标数量，$\bar{r}$ 是参与测量的构念条目的相关系数的平均值。例如假设某构念由三个指标来测量，其两两相关系数分别是 0.75，0.85，0.88，则 $\bar{r}$ 为 0.83，而 $Cronbach's α = \dfrac{3 \times 0.83}{1 + 2 \times 0.83} = 0.94$，由此计算出来的值为标准化的 α 值。Cronbach's α 在进行统计应用时，首先假设用来计算的所有题目都在测量同一向度，如果一项测验包括 K 个分量表，则应该计算 K 个 Cronbach's alpha。获得该信度系数值后，如果量表中的某个条目测量获得值，与该组量表信度总数值的相关系数很低，则可将该条目从量表中剔除，由此得到的量表的信度也会提升，从而获得更佳的条目间内部一致性，我们也可以更加自信地使用这些测量条目。但是这种提升条目间内部一致性的方法需要谨慎进行，如果概念在理论上显示某条目是测量概念的指标之一，删除该条目虽然可能提升 α 值，但是同时也降低了测量概念的效度，因此需要保留该测量条目；而如果理论显示某条目与其他条目间关系值较低，则可能该条目是测量概念非必要的，相反可能预示其他条目在测量上存在误差，或者是该条目在文本表述上存在问题，总之两种情况都需要对量表条目作重新审视，以概念为标准做必要调整。但是，α 值只是显示相关性存在差异，存在某些条目可能不能表征概念，而并非直接显示信度本身。

由于测量条目的内部一致性指标中，Cronbach's α 被使用的概率最高，人们也关注这个值对于信度的指引作用，即该值在多少时，测量的信度是理想的。但是，对于 Cronbach's α 的值所反映的信度指标，最佳信度值的标准并无绝对的界定，虽然在理论上讲这个值越高则显示数值间的相关性越强。尽管该指标被广泛用在社会科学的研究中，来表征测量的稳定性，却很少有明确的指引来表明对于研究目标来说可接受的或足够的信度值（Peterson,1994）。在社会科学的相关研究中，传统上该 α 水平等于或者高于 0.70 被认为是可以接受的信度值（Peterson,1994）。DeVellis（2016）则认为 Cronbach's α 系数低于 0.65，信度最好不要接受；Cronbach's α 系数处于 0.65—0.70 时是信度的最小可以接受值；Cronbach's α 系数在 0.70—0.80 之间时，信度相当好；Cronbach's α 系数处于 0.8—0.9 时，信度非常好。

对于 Cronbach's α 数值，大家通常简单地认为是高的相对较好，但是这与假设检验中的 p 值同理，只是习惯的设定，数值本身仅是一个指标，如果判断优劣则带有价值意义，有了规范研究的局限，所以提供这些指标本身比判断其优劣更有价值。虽然大家认为的可以接受或者足够的信度值有差异，人们也都认可信度值有如下特点：所需要的信度值受研究目标的功能制约，探索性研究、应用研究等所需要的值是不同的；所有被建议的信度标准值并没有实证基础和理论依据，也缺乏分析逻辑理性（Peterson, 1994）。由此一般认为，应用性研究的测量需要更高的信度，例如 Kaplan 和 Saccuzzo（1982, p106）建议在应用研究中信度水平需要达到 0.95，而基础研究中这个建议信度水平是 0.7 到 0.8。实际上对于不同类型研究信度值的标准也可以称作一种迷思：对于发表的心理学等学科论文的元分析发现，75% 的研究所提供的 Cronbach's α 值在 0.7 以上，而 α 值分布呈现负偏的特征：多数的值在 0.7 以上，其左边的长尾有些接近于 0.25 以下；而被接受发表的研究有的变量测量的信度值甚至低于 0.6，对于这些 α 值分布的离散统计发现其四分位距的首四分段的起始值有 40% 低于 0.7，对于性格特征或者动机相关概念的测量通常有更低的内部一致性（Peterson, 1994）。当然，在研究中如果出现 Cronbach's α 系数低于 0.7 的情况时，我们通常需要对该值做认真审查，分析是什么因素造成了条目间相关性比较低，因为现在大家普遍接受 0.7 是一致性的下限，低于该值人们趋向于担忧测量的质量，尽管这种担忧在理论上没有依据。

需要指出的是，一方面通常对于概念测量信度检验使用 Cronbach's α 值有可接受的下限，另一方面过高的该值未必一定显示测量的高质量，相反当这种情况发生时要特别小心，需要对测量条目做检查，可能条目在意义上过度接近，缺乏条目间的区分度而造成严重的多重共线性问题，会造成过高的 α 值。Cronbach's α 测量在一个问卷之中的条目间的平均相关性，在理论上如果每一个条目都没有误差地测量核心构念，那么所得到的 Cronbach's α 将会是 1。虽然高的 α 值显示了量表之中的问题条目的内部一致性，该值并不意味着该量表是单维度的：有研究怀疑高于 0.9 的 Cronbach's α 看起来太完美以至于可能并非真实。例如，问题"周围同事的意见对我的选择很重要"与"我的选择很重视周围同事的意见"就缺乏语义差异，受访者可能在短时间内无法区别这两个条目的差别，由此获得的高信度与问卷质量的关系可能很小，相反恰恰应该对问卷做必要的调整，或者去掉一个条目或者对文字修正以反映所测量的变量更多维度。

除了语义差异的不足，量表的其他特征也会对于 α 值产生影响。可以对信度值产生影响的首先是量表的长度与宽度，量表的长度是指一个量表所拥有的条目的个数，条目越多则量表长度越大；而量表宽度则是在量表中备选值所具有的选项的数量（Voss et al.，2000）。Bruner 和 Hensel（1993）从市场营销《研究量表手册》中抽取了 750 个 α 值，结果发现量表长度与 α 值的相关性值为 0.21（以 α 值为因变量的简单回归获得 R^2 = .044），而量表的宽度与 α 值的相关系数为 0.14（以 α 值为因变量的简单回归获得 R^2 = .019）。随着参与信度测量的被试个体的增加（N），α 值也会增加。实际上 Nunnally（1978，p.224）也提出了如何通过增加量表长度来提升信度值 α 值的方法，其提出的公式是 $k = \dfrac{r_d(1-r_e)}{r_e(1-r_d)}$，其中 r_d 是期望的信度值，r_e 是现存的量表的信度值，k 代表的是需要达到的现存量表的条目数的倍数值。例如，如果现存的量表对于某概念的测量使用四个问题条目，其信度值为 0.65，按照通常的标准该值离可接受的信度值 0.7 有落差，如果期望将信度值提升到 0.7，基于公式计算 $k = \dfrac{0.7(1-0.65)}{0.65(1-0.7)} = 1.26$，由此所需要的测量条目是 1.26×4 = 5.04，即所需要的条目大约是 6 条。我们从计算信度的公式也可以看出，随着指标数的增加，即使指标间的相关性处于低水平，例如低于 0.5，我们也可以得到看起来令人满意的信度值，这样 α 值的使用与解释需要小心进行，不能简单地将其与量表的指标的内在一致性等价。

实际上，统计研究发现，测量指标的数目与信度之间关系是正向但同时是非直线的关系，在指标数在 2 到 10 之间时，信度值上升速率高，在指标数在 11 到 30 之间时，信度值随这指标数增加稳定上升，在指标数大于 40 时，这种指标数带来的信度提升率逐渐减弱。但是也有研究发现，量表的长度与宽度与信度值并无直接的关系：信度值在元分析中呈现随机分布的特点，与具体的研究设计有关系（Voss, Stem, & Fotopoulosal, 2000）。拥有中间数的量表，例如问卷的分制是单数如 5 分和 7 分量表，相比较于没有中间选项的量表，例如使用双数如 4 分或 6 分量表，更加可能获得高 α 值（Voss et al., 2000）。我们可以将此差异归于居中反馈趋势：人们趋向于选择中间的选项，如果缺少该中间选项则人们的决策会变得随机，由此会降低内部一致性从而降低信度值。《中庸》认为，"故君子尊德性而道问学，致广大而尽精微，极高明而道中庸"。中庸作为人们在遭遇问题时的实用主义哲学策略，在参与问卷调查时依然得到遵循：在遇到难于回答或者由于各种因素不愿参与回答的情况时，选择中间选项似乎是被认为是最为合理的抉择。增加量表的长度可以提升信度值，但这个前提是该条目在理论上是反映构念的一个指标，与其他指标间存在比较高的相关性，如果量表中的某些指标，与其他指标相关性很弱，则会拉低这种信度值，因此在信度检验报表中需要对每个条目对于测量构念的贡献做分析，而数据发现报表也呈现删除任一指标对于信度值的影响，如果报表中对于某条目的删除可以增加信度值，我们可以删除这些条目以取得更好的量表内部一致性。

也应该注意，Cronbach's α 系数并非适用于所有问卷，其对于量表测量条目的数量通常有提前预设，就是三个或者三个以上的问题条目。在正确度优先的原则下，社会科学倾向于鼓励使用更多的条目来反映所测量的构念，因为这样可以更大程度地解释所测量构念的方差，也就是所建构的测量可以更加接近于真实的社会现实。从理论上说，只要条目符合经典测试理论的公式，能够在某些方面表征概念，这种条目的数量越多就越能有效的测量构念。当然从效率上说，既能够有效测量某构念，又能同时使所建构的量表可以有效率地测量更多构念，是最理想的状态，这就需要我们通过计算来筛选能够满足研究需要的最佳量表的条目数量。但是测量实践中遇到的困难如资金等问题，可能导致不能满足通常所约定的三个条目的下限要求。另外在研究设计出现的无效条目，也需要在后续的数据分析中予以删除，这也造成可能最终只有两个甚至一个有效条目，这时对于测量的信度的评估统计选择就需要认真对待，遵守 Cronbach's α 计算所假设的至少三个条目的标准。

有研究进一步指出，多条目量表中最常使用 Cronbach's α 系数测量信度，但对于两项目量表，Cronbach's α 系数有时是毫无意义的，建议使用 Pearson 相关系数来替代作为信度的度量标准（Sainfort & Booske,2000；Verhoef,2003；Crame & Stoner,2006）。但是也有研究发现，相对于 Cronbach's α 系数，Pearson r 系数比前者小也就是低估了信度，在数值上等于构念的真实数值与某一测量条目的相关系数的平方值，因此可以将使用 Persaon r 所计算出的信度值看作是单条目测量的信度值，而不是两个条目测量的信度值（Eisinga et al.,2013），这也预示使用 Pearson r 所计算的两个条目量表的信度值总是比实际值要低，也比 Cronbach's α 系数所计算出的两个条目测量所显示的信度值低。Cronbach's α 系数虽然并不能完全表征两个条目测量的信度值，但是其数值等于所测量构念的真实数值和量表数值的相关系数的平方，这与信度的概念也就是观察所发现的数值被构念的真实数值所解释的方差比例相对应（Eisinga et al.，2013），因此能够更好地反映双条目测量的信度值。Pearson 相关系数不足以衡量两项目量表的可靠性，更适合测试单项间信度，Cronbach's α 系数则是在相当严格的假设下对信度的准确估算，但这些条件通常无法从综合标度中得出，因此系数 α 几乎总是低估了真实信度，有时甚至低很多（Eisinga et al.，2013）。因此有研究者认为，题项间的相关性等于针对两个题项度量的折半信度，并且主张使用 Spearman-Brown 系数来估算总体信度（Hulin et al.，2001），对于两项量表，Spearman-Brown 系数一般会高于 Cronbach's α 系数，而且它的偏差也较小，因此是最适合两项目量表信度的指标（Eisinga et al.，2013）。

对于测量来说，获得足够的信度是决定测量质量的重要因素，或者说是观察概念之间关系有效的首要条件。但是根据内在一致性的主要指标的计算来看，Cronbach's α 系数的获得，一方面由条目之间的相关系数获得，另一方面随着量表使用的问卷条目的增多，该信度系数值也在上升，也就是增加条目数量本身在理论上就可以增加测量的信度，由此可能造成所使用的测量很稳定的表象。这告诉我们使用信度指标需要谨慎，要认识到该指标对于测量质量评估过程的局限性。另一方面，我们通常鼓励使用多维度来对构念进行观察，这样可以对该构念有更多的观察，解释的方差也更多些，更加接近于构念本源的意义。这样潜在的益处当然也使得测量信度值提升，似乎增加条目数量可以一举两得，既提高了测量稳定性，又提升了测量的质量本身。但是在研究中，我们也需要考虑到测量的效率，总的原则是使用尽可能少的测量条目，来获得对于构念最大程度的测量。这种逻辑是与问卷发放中样本的大小是类似的，后者样本增大可以减少抽样分布的标准误差，从而更加可能确认研究假设，但在研究中我们同样需要考虑效率问题。由此，研究需要平衡问卷中问题条目的数量，与最小可接受的信度值，并在此基础上根据各条目对信度值的贡献来增减条目数量。

观察每个条目的信度贡献的测量，是对于个别条目信度的测量。其基本逻辑是，我们设定某可接受的内在一致性值，如果已有的问题条目可以达到该值，在不损害对于该构念测量的总体信度值的前提下，可以删除测量中对于构念有效载荷贡献较小的条目。相反，如果已有的条目不能达到提前设定的信度值，同样需要检查测量中的各条目的单个信度，以删除低载荷条目，同时在可能的情况下依照理论来增加新的测试条目。或者说，在 Cronbach's α 系数考察量表的信度值之外，通过修正的项目总相关（Corrected Item-Total Correlation，CITC）值，与删除该项后的 Cronbach's α 值，来测量各量表下的测量题项的信度。如果修正的项目总相关 CITC 值小于 0.5，或者删除该项后的 Cronbach's α 值高于量表或构念的 Cronbach's α 值，则该题项可以删除。当然依据研究的逻辑相关性并不等于其解释概念的效度，只在理论支持的情况下，这种相关性或者载荷值才有意义。

即使信度指标之间相互印证，也并非意味着这些测量是正确的工具，测量在统计上得到完美的相互关系也绝对不等于是完美测量，相反同样可能是完全错误的测量。这些测量可能仅仅在数据统计意义上是正确的工具，能够验证这些测量的有效性的唯一标准是理论，我们需要将这些测量工具，与理论预测和理论所包含的概念的定义来进行比对，观察这些测量条目是否符合理论所指引的外在表征。当然这种比对在实践中是困难的，理论本身通常也不能被直接观察，越是抽象的理论越是如此，理论只能通过测量来间接验证。测量需要反映理论，而理论本身又需要以来测量来验证，双方处在矛盾的同体之中，其关系需要必然也需要偶然来呈现。

从理论上来看，信度通常被用来测量一些潜在变量测量的稳定性，因为人们对这些概念的观察存在多变的可能。而实际上，在事实性的信息上问卷测量依然经常产生信度问题。社会科学包括传播学经常使用一些常规变量来验证社会关系。这些常规变量被广泛使用，但有时我们并没有认真验证过其在数据呈现上是否能完全反映社会事实。例如在传播学研究中经常使用媒介接触；在政治传播中政治交谈（political talk）经常被分析以发现其与其他概念如社会团体参与及选举参与的关系；而政治交谈的维度之一，"政治讨论频率"是更常出现的测量目标。政治讨论频率长期以来被作为核心变量，对于其测量信度的忽视，部分原因是它看上去是一个非常简单的概念。因为我们每天都在讨论各种问题，对于讨论的定义本身成为常识。当讨论的内容涉及政治时，询问受访者每天讨论相关政治议题似乎成为应有之义，无需怀疑这种提问是否科学。但是，研究发现，政治传播的现有研究对于这一看似直观的概念的测量存在很大的差异：（1）确认这种行为时具体使用的文字不同（例如有些使用"交谈"有些使用"讨论"）；（2）在是否限定参与讨论的群体人员（夫妻、朋友、同事）上选择不同；（3）是否限定时间以及限定的范围存在差异（例如，上周、普通某一周、过去的六个月）（Morey & Eveland, 2016）。对于政治讨论的叙述，有些研究如 ANES 使用"政治"而有些使用"政治或公共事务"（Lee, 2005, p. 895），或者"政府、选举、政治"（Huckfeldt et al. , 2002, p. 4），这些叙述的差异部分造成了受访者提供不同的答案。在多轮的问卷调查中这个问题更为严重，因为不同轮次使用的问卷存在变化，客观上增大了这些轮次的发现的差异。

第三节 效度检验的效度

信度与效度都是建立理论所需要的科学观察的基础。信度在逻辑上是观察测量围绕某实体的集中程度，而效度则看这个测量是否是真的新颖有趣地表征了概念，而不是测了其他并非观察目标的概念。也就是说，效度是测量在测量所感兴趣的行为等相关概念时的正确程度，是指一个测量能够测到该测验所欲测的（研究者所设计的）心理或行为特质的程度，其主要包括与内容、标准和构念有关的效度证据。在本体论上看，有效性是测量的一个属性：有效的测量可以表现所要测量的属性变化的影响（Borsboom et al. , 2004）。效度反映证据和理论在多大程度上支持结论观点使用的测试解释，或者是从评估结果导出的结论在多大程度上是有根基或是合理的、是立刻相关以及有意义的。简单地说，效度评估所用的测量能够检验出所要测量的物质或意识的匹配概率。如果概念是动态的，效度也应该动态的反映出测量的变化是否同步。

与自然科学一样，社会科学使用各种方法来观察社会现象，问卷调查只是其中一种方法。但是相对于物理学或生物学等对于自然物质的测量，人的主观反映通常是不能被直接观察的，我们只能通过对主观意识的物质化呈现，来间接地观察和判断这些主观概念，正如使用文字来记录事件，虽然文字记录的仅是"再现"而非复原，这种再现过程就存在着偏离社会现实的很大风险。比如心理学中的一个重要概念"总体自我效能"，是人的行为的重要推动因素，但是对于它的测量，学者们几十年来难以达成共识，不同的研究只能通过不断改良的量表所解释的方差，来确认量表的精确度。可惜的是，对于社会科学来说，信度难以"证明"测量工具的合法性，而只能提示所确认的概念的组成概率。从效度的定义来看，需要认识到效度是对测量结果的考虑，比较这个结果是否是构念在观察中的真实呈现，效度由此来看并非是测量本身，而是测量结果的效度，也就是测量的结果中构念得到的方差占构念全部方差的比值。

正如前文所讨论的，长期以来科学哲学存在争论，假设是否可以自我验证还是只能依靠相关的理论来加以验证（Gerbner,1979）。这种论述对于测量的质量来说提示我们交叉的论证是必要的：单独观察本身受损于可能的案例误差，正如以前讨论的任何量表的条目无非是概念或者概念的维度的所有表征意义的样本，或者是概率样本也就是能够有效代表概念意义的个体选择，也就是特殊的例证。然而例证的一个显著特点是它的随机性，也就是无法预测它在什么情况下会接近或者远离概念的真正意义。虽然我们可以估计这种误差的大小，但是它的发生本身却是随机的，高误差的案例如果实际发生就会引起预测和估计的高误差，也会引起其他相关的概念的估计高误差。假设实例的错误可能完全是由于证据中使用的其他假设的错误造成的，通过两个或者更多的错误补偿，我们可以更加自信地确认假设的正确性，前提是其他用来作为联合验证的假设已经被提前验证则会更好（Gerbner,1979）。

效度的逻辑来源于逻辑实证主义，该范式的科学哲学认为理论可以完全被实证证实或者证伪。按照逻辑实证主义的定义，科学发现只来源于直接观察或者是基于观察所得的逻辑推论，在这两个之外发现的意义是可疑的。多数的涉及心理的概念，缺乏可接触的物质的具身，来精确地替代概念潜在的全部意义。当概念不能被直接观察时，推论就成为另外的选择。这种推论通常是将概念放在理论的框架里，通过其他概念的关系来间接印证需要测量的变量所包含的内容信息。从这一点来看，每一个使用测量的研究同时是一个对于该测量效度的测量，每一个新的测试，都在对于理论增加或者减少新的信息，随着研究的增多，测量的效度也在增加，因此效度测试总是处于进行的过程中，而不是最终的结果（Strauss & Smith,2009）。但是这种过程并不是无限的（Strauss & Smith,2009）：即使测量的量表并不完美，人们通常在很长的一段时间内，会接受使用相对比较成熟的测量，有时候这种测量在某些情境下，不能帮助研究者获得理论或文献所预测的期望关系，但这是科学哲学的基本论述所接受的思维。相对于传播学者经常独立设计量表，心理学领域更加重视对于既有量表的审视和借鉴，如果这种测量被众多研究使用后效果难以达到预期，心理学研究对于新测量的探索也会在既有测量上进行。当然传播学也在逐渐重视对于量表的借鉴与优化，这种趋势尤其适用于涉及到与心理学有关的概念挖掘方面。在这个效度确认的过程中，遵从理论是最重要的原则，因为仅仅依靠概念之间在数据上的强烈关系，通常并不能确认我们对于目标概念的测量是科学的。效度从不同角度可以有多种分类。包括内在效度与外在效度两种，内在效度指研究叙述的正确性与真实性，外在效度则指研究推论的正确性。内在效度是外在效度的基础：在微观上确认了测量的准确性后，如果需要该测量的发现被验证于更大的群体时，进一步来观察外在效度的指标才有意义。内在效度与外在效度的关系，可以类比为样本观察与人群推论的关系，只有样本是具有代表性的情况下，预测的人群参数才有意义：高内在效度值的测量，未必会获得高的外在效度值，但是在内在效度值低的情况下，外在效度甚至无讨论的必要。由此研究通常更加关注于内在效度，考量测量本身的质量而不是测量后所得结果在人群中的扩展性，也就是意义的广泛性。按照测量对于构念的表征维度不同，效度通常又被分为内容效度、效标关联效度、建构效度三种独立、可替代的类型。Messick（1995）对该分类方式提出质疑，认为这种分类是零散的和不完整的，因为它既没有考虑到作为行为基础的得分意义对价值影响的证据，又没有考虑得分使用的社会后果；他因此提出关于建构效度的新概念，从内容、实质性、结构性、可概括性、外部性和后果性六个方面来考察建构效度，主张使用建构效度将关于内容、标准和结果的考虑整合到一个构建框架中。

测量构念的效度与测量构念本身一样，通常不能被直接观察到，而是需要其他的关系或者间接验证方法来观察，例如使用统计来展示与其他构念间的关系来预测效度。我们之所以关注测量，是因为概念或者构念或变量通常是不能被直接观察的，这为间接观察也为测量的误差留出了可能空间；而对于考量间接观察的工具，我们也没有有效过程来直接判断其质量，这又为测量误差被接受提供了第二层可能，由此在逻辑上考量效度要比考量信度复杂的多。不过，世界是广泛联系的，当不能直接观察某事物时，我们可以通过观察该事物与其他事物的联系，或者通过关系的变化趋势，来间接观察该事物，这种观察所得是另外一种表征，关系的表征可以被用来勾连关系两端概念的意义。这种观察其中之一是通过考虑核心测量所测得的数值，与其他已经被证实是有效测量的数值之间的关系来显示其科学性。例如 GRE 考试被认为是进入美国大学研究生院的能力考试，该考试设计逻辑是考量发现候选人在未来的研究生阶段学习中的发展潜力；如果 GRE 测试是有效度的，那么我们应该发现某个样本 GRE 测试所得的数值，与该样本在以后的研究生阶段的能力是正相关的，如果这个关系在统计上成立，我们认为 GRE 考试具有标准关联效度（criterion-related validity），也就是该测量与某种标准的测量值是相关的。这种标准可能是现在的，也可能是未来的行为的测量，当设计的测量获取数值与同时间的标准进行相关性检验时，则为测量并发效度（concurrent validity）；当量表获取的数据与未来测量的标准进行相关性检验时，也就是预测理论上未来的应该出现的行为测量数值时，则获得预测效度（predictive validity），总之效度基于社会行为广泛联系的假设，如果测量反映这种关系，那么被观察的变量的测量可能是正确的；相关如果概念间测量数值没有确认假设的关系，则很可能某个变量的测量存在效度问题。

Borsboom 等（2004）认为，为了成为可能的测量对象，构念应该指的是现实中的结构，而且指的是在决定测试数值的个体差异中起因果作用的结构。构念有时被等同于潜在变量，因为它们在逻辑上，通常都不能被直接观察而必须通过指标来间接呈现，但是构念在涵义上更加丰富，它在涵盖了存在着相互关联的活动的潜在变量之外，有时构念也包含对于事实的归纳性的概括,这种概括在理论上处在类可观察之间。构念与潜在变量不同的是,后者是独立的、不需要相互关联而存在,虽然对于它的测量可能需要通过与其他变量的关系来反映出来,或者该测量的效度也必须通过其他变量的关系验证来确认,这种测量并不是潜在变量本身,潜在变量是不需要影响关系,也就不需要通过建立变量的关系系统来展现。

我们也要认识到,广泛联系首先需要科学逻辑的联系,也就是完全建构于理论上的联系,缺乏理论的联系同样陷于唯心主义;只有在理论的前提下,提出概念间的关系并验证了这种关系,这样的关系才能确认变量的测量确实是有效的,因为无效的测量无法验证理论所确认的关系。另外,联系在统计上也可以轻易的获得,一个显然的路径是通过样本数量的增加,样本的增加减少了误差,可能使得原本看起来无关的两个事物,达到显著相关的结果,但这种显著的关联与变量的效度测量无关。

使用相关性检验的统计可以按照数据的特征来做标准关联效度,其中 Pearson 相关性检验经常被用于考虑同时效度、标准关联效度以及建构效度,回归分析可以用来测量预测信度,而这些观察都基于多元分析。例如,在 Dwyer 等(2004)的研究中,使用四个问题条目来分别与教室联系气候(Connected Classroom Climate Inventory)指标来做 Pearson 相关检验,因为四个相关系数都在 0.001 水平上显著,所以 18 个条目组成的该量表就得到比较高的标准关联效度,这是同时效度的一种统计,检测与现时的行为相关的程度。再如我们测量"快乐度"这个概念,如果测量是科学的,该测量所得到的数值应该与其他变量如微笑频率是正相关的,因为微笑通常是一种快乐所导致的外在身体表征,虽然我们难以直接观察到快乐这一潜在构念，该构念与微笑频率的关系可以从侧面验证快乐的测量是否具有效度。而 GRE 考试的逻辑则是预测效度的一种，测量 GRE 成绩与未来的效度标准的相关程度来显示 GRE 作为一种测量所具有的效度。

因为许多变量的不可直接测量性，效度的缺失成为了可能。而且概念越抽象，对于其核心意义的定义就越复杂，其所包含的意义维度也越难以界定，由此测量的效度也越难以确认。实际上概念因为是建构而产生的，由此并不存在唯一正确的定义，其含义通常需要研究者在进行观察以前首先加以厘定。由于概念在定义上的这种不稳定或者不确定性，对于如何考虑测量在反映概念意义的全面性上就产生疑问。效度值缺乏参照的标准，也就是缺乏清晰的概念意义，对于效度的测量本身就存在效度的问题。但是这并不是说效度是虚无和难以验证的，恰恰相反，正因为效度测量难以验证其与概念之间的反映程度，才更需要在定义阶段对其意义做出清晰的界定，这样效度才可能以此定义为基础，观察其是否印证了这些意义内容。也就是说，效度是考虑测量工具在多少程度上解释了定义中的意义，也就是在多少程度上减少了我们对于概念间接观察时产生的系统误差。

我们确定测量的工具验证概念，需要真实而全面地覆盖概念的所有意义，否则假设的验证也可能成为似是而非的过程，其基本的逻辑论证，也将因为脱离科学的轨道而变得飘忽不定。获得验证的结果越确定，发现的概念间的关系越强烈，对于理论的损害或许也就越大。按照"科学之轮"的理念，对于这种理论的使用将形成循环效应，未来的研究会以前置的理论为出发点来设定设计，如果这些数据与该理论的预测产生矛盾，或许人们会对该理论的价值和以前的观察过程产生怀疑，甚至会以新的理论来替代原理论。相反，如果后续的研究频繁确认该理论，我们会逐渐将该理论范式化，如此未来的研究目的将是对于该理论的丰富，而非试图推翻该理论的基本论述（Kuhn, 1962）。这种对于范式化的理论，包括建立该理论的观察本身，对于科学发现有长期的损害：科学限制了人们来怀疑理论，而要求我们按照既有理论来重新关注新的社会现象；除非有新的危机出现，缺乏效度的测量带来的理论难以经历严苛的审视和重新验证，因为仅仅重复以前的研究设计往往是不被鼓励的（Editorial, 2016）。例如直到2010年之后，*Scientific Data* 等杂志才开始接受重复研究和相反结果的研究（Editorial, 2016）。也就是说，测量结果和基于测量结果的发现一经确定，通常就很难被推翻，这就需要测量在一开始就保证严格的审查以避免谬误的发生。

对于社会科学构念的测量需要依照理论来验证它与其他构念的关系以验证该构念测量的效度。构念信度被认为是综合形式的信度，综合了内容效度和标准效度：该效度融合了所有能够支持对于一个概念测量的线索以及基于该解释的其他行为。效度的最初一级是表面效度，被定义为测量的接受者或者设计者在多少程度上判定测量条目对于所测量的构念和测量目标是适合的（Anastasi, 1988），这个效度是人们普通判断的测量指标的可接受程度，也就是它一般回答"该测量是在测量那个概念吗？"，至于判断的标准通常是基于表面意义的考虑而未对测量进行系统化分析。但是从其基本含义来看，表面效度是内容效度的构成部分（Haynes et al., 1995），因为其定义的基本因素是一致的，都是有关于测量工具反映构念的程度，表面信度是内容效度的初级阶段，是原始状态的内容效度。而内容效度是建构效度的一类，它指的是测量构件中的要素在多大程度上与所需要测量的构念有关并且是构念的代表（Haynes et al.，1995）。

在测量上，内容效度要求量表包括了能够反映构念的条目域中的所有代表条目。这一方面说量表的设计应该覆盖到构念的每个维度，同时要使用代表性的条目来最大限度，而且有效率地表征这些维度。例如在测量医疗失信这一构念时，我们可以使用十个条目，如"我的医疗记录被当成隐私被保护"（Rose et al.，2004）；这十个条目具有高的内部一致性，但是如果加上第十一个问题条目"我担心医生可能不会将我们之间谈论的信息完全当成隐私加以保护"，则在内容上超出了对于医疗系统的认知，该条目被认为是"医生失信"的测量条目之一（Rose et al.，2004），而对于测量"医疗失信"则缺乏内容效度。内容效度是一种判读艺术而非统计分析，它成立的前提，是人们能否观察出测量反映了构念的基本构成因素。

为了使得测量具有内容效度，概念定义与按照该定义来建立符合调教的量表群体也是必要的，就是依照内容来选择符合内容的量表条目。Emmert 与 Barker（1989）提出一套有效的体系来验证某测量概念的定义，根据定义设定的操控定义以及内容效度的核心构件，其中包括足够、精确和清晰三个标准。足够是说测量是否能够涵盖概念的所有内容（Mazer & Graham, 2015）。为了保证量表在涵盖概念的全面性，问卷需要在初期测量时首先构建量表库，然后通过测量和检验来消减和优化。这种量表的内容可以从以下资源里获得：（1）以前发表的量表；（2）通过研究者基于理论的演绎；（3）文献和理论；（4）专家抽样方法；（5）人群抽样方法。虽然内容效度相对于建构效度，在研究中被正式提供的概率要少的多，但是这种效度是其后统计正确的前置条件，内容效度得到广泛接受，显示量表的文本在理论上符合概念的基本定义，在质量上满足了我们对于量表的基本要求。虽然在确定内容效度阶段，我们现在还不能通过量化的方法来验证这些内容对于概念的构成效率，内容效度却是更加严格的测量建构效度的前提。

我们以"教室关系气候"为例，Dwyer 等（2004）将这个概念定义为在教室中的学生与学生间感知到的支持和合作的沟通环境。按照该定义这个概念包含"感知到学生与学生的沟通"以及"该沟通是支持和合作的"（Johnson, 2009），以此定为基础测量该构念的原始量表包含了二十个 5 分制问题，如"我在班级中感觉安全""我与班里的同学有强的关系""在我班里的同学尊重其他人"等（Dwyer et al., 2004）。Johnson（2009）认为这个量表包含了能够反映原定义的代表性条目。这些条目不但比较完整地涵盖了该构念的意义，其在内容上还有富余，例如"在我班里的同学不会评判对方"，与支持和合作在意义上有差异，虽然被测量的构念可能影响这个指标，但该指标未必是具有内容效度的测量。另外，虽然内容效度要求测量指标需要包含且仅包含构念的代表性指标域，其重要性很大程度上依赖于构念定义的准确性，以及在多少程度上"专家"认同构念的维度和构面（Haynes et al., 1995）。正因为内容效度判断存在的主观性，其缺陷之一在于并没有人们认可的统计来帮助判定测量在多少程度上达到标准，而仅仅声明测量拥有了内容效度对于测量效度显然是不够的。

对于同一个概念，不同的研究可能有完全不同的定义，由此也会获得差异很大的测量，也就是说，夫妻同一测量可能有不同的测量效度，这可以说是社会科学存在的问题之一。例如，直觉价值可以被定义为人们感知到的获得的服务受益与自己所付出成本的差值，但是对于利益的意义，不同的研究有不同的定义，Sweeney 与 Soutar（2001）认为该利益包含了服务质量功能性、情感性、价格和社会性共四个构面，并为每个构面各设定了多个测量题项。但是 Yang 和 Peterson（2004）虽然依然将直觉价值定义为利益估差，却在实际操控中忽视了其所含的构面，而仅仅使用五个问题来集中测量在价格和总体上的收益。实际上，许多研究在测量本概念时虽然界定了构面，但在测量时却可能与定义的意义相隔离，如"与其他替代公司相比，这家公司为我提供了更多免费服务"（Yang & Peterson, 2004），其在实际意义上并没有体现"付出"与"获得"的服务价格"差异"。

　　提升内容效度的过程，是确认测量的具体文本，是否真正表征了构念内容的验证过程，也就是为了提升测量的有效性所使用的规程。对于测量的内容效度化过程，以往不同的研究从不同的角度出发，提出许多建议，这些建议可能适用于不同的情境的研究方法。应当注意的是，任何研究方法，不论是质化还是量化的研究范式，虽然其具体的实施手段与所使用的方法构件存在不同，只要所研究的数据需要实证来获得，都需要有测量的过程。工具需要具有内容效度，所使用的测量需要与核心概念的意义域最大可能达到重合。虽然不同的研究方法所需要的工具不同，其背后的逻辑关系在许多方面是一致的。在整合了多个研究的理论的基础上，Haynes 等（1995）认为通过以下规程可以有效地提高研究测量的内容效度：(1) 对于构念进行认真的定义，限定构念所包含的域与维度，并且在正式建构测量以前检视其内容效度，这是最重要也是最难的一个步骤，量表的失败很多就在于在开始就没有将构念的精确意义，以及该构念与其他构念的实证差异设定清晰，由此造成在对测量的量表进行质量评估时找不到参照的标准。(2) 将测量所有的要素都进行效度化检测。对于问卷调查研究方法来说，包括问卷以及问卷实施的流程都需要在内容效度标准上加以认真审视，以使得测量真正可以测量出研究核心概念的数据。具体到问卷、问卷里的文字、问卷长度、宽度、格式等所有可能对于数据产生影响的因素，也就是所有可能产生系统误差和随机误差的因素都需要经过理论加以考虑。(3) 使用人群和专家抽样来生成测量的条目以及其他要素。对相关专业人士和目标人群的开放式访问，可以增加所生成的问卷题项对于所测量的构念的维度的代表性和适宜度。(4) 使用多种判定内容信度的指标，使用标准的量表方法来对测试工具的各个因素进行量化分析。

Haynes 等 (1995) 推荐使用 5 分或 7 分的评估量表，并将测量工具的各维度包括代表性、适宜性、具体程度清晰程度等分别进行分析。考虑到测量质量，具体条目的内容效度指数比整个量表层面的内容效度指数更加重要，因为量表由具体的条目组成，每个具体条目质量的提升必然带来量表质量的提升，当然量表并不是条目的无机组合，需要每个条目按照系统要求，有效率地完成对于构念测量域的代表性表征，由此需要分别提供条目和量表层面的内容信度指标。(5) 用于内容效度测试的测量条目需要根据研究的具体需求，来验证是否为平行分布，或者是加权分布，是否反映构念的各维度。(6) 在研究论文中对于新的测量指标，需要报告内容效度测量过程的理论定义的验证过程。(7) 使用其他后续的测量再来验证测量的效度，并且据此对量表等做出调整。

Rossiter (2002) 认为内容效度不能通过相关性来考量，而是经由专家评估意见获得，但是这种观点引起很大争议。

对于量表的效度并没有大家所共同接受的指标，我们也很难确定哪些是应该测量的构念特征，如果知道了这些特质，以及哪个值完全测量了这些特征，我们实际上已经找到了这个完美的测量。例如构念"自我效能"的定义是人们对于自己有能力完成某项任务的信心值，基于具体任务的差异，我们通常使用多个问题来测量该构念的各维度，如"你在多大程度上相信自己知道如何防止感染猪流感"（Wei et al., 2007）。随着使用的条目的增多，在理论上该构念被解释的方差越来越多，显示该量表有强的解释力或强的效价，这样该量表也就被确认具有高的效度，使用它们可以观察到潜在变量的多数变化。但是这种测量的逻辑存在着难以论证的关系：首先我们是假设这些条目是构成测量的充分而且必要的，充分有时可以通过残差值来直观表现，残差的减少通常意味着条目在统计意义上是比较充分的；但是这些条目构成测量该构念的科学工具，统计可能会告诉我们错误的信息，统计只是对数据间的相关性高点做检测，这种相关性仅仅是在数据上的，而数据上的相关与反应或者影响关系完全不同，即数据上相关的两个事物之间可能存在解释关系，但也可能完全无关，或者不是直接关系。使用验证性因子分析来发现测量某构念的最佳量表，也只是在统计上满足了构念与其可能影响的量表间在数学意义上的协变关系，并没有解决这种协变关系是因逻辑上成立，还是随机造成。

再之，在测量该构念时，如何确认这些量表不是在测量另一个构念？这是更加困难的，例如，如果没有长期的关注和好奇心，加上一点运气，许多科学发现就可能被当成偶然而忽视，而谬误反而可能因为更加显而易见而被当成真理。在缺乏足够的文献或理论的情况下，尤其需要敏锐的洞察力才能思考到替代的解释。由此，我们很容易认为量表在测量某一概念，却很难主动去怀疑这种测量是缺乏逻辑的，更难将该测量与其他看似无关的概念联系起来。为了便于人们及时发现量表是否错过了测量对象，科学研究首先应当将概念做出清晰的限定特征范围的定义，例如自我效能、整体自我效能、代理人效能在意义上都有清晰的差异，这为对它们的测量也同时限定了边界。有的概念缺乏大家都共同认可的意义边界，例如有些看似相对简单的概念，如游戏参与、每天玩游戏的时间、玩的游戏种类、玩游戏过程中对于游戏场景的浸入程度等，都与人们参与游戏的广度和强度有关，在逻辑上必然存在关系，反映在统计上就是每个条目间的高相关性，有时这种相关性在进行验证性因子分析时，并不能区分载荷差异，也就很难对这些概念的测量的效度，做出清晰的判断。研究可能将其错误的测量工具，用作测量某变量的有效核心量表，而在理论上这些量表之间存在很大的不同。这也在一定限度上确认了虽然我们希望测量有高的效度，但是在适用效度的指标上我们缺乏共识：在一个理论上的高指标并不等于在另一理论下的有效关系或决定，当两种理论难以达到共识，研究就违反了测量的原则——量表最大限度反映且只反映某构念（MacKenzie，2003）。所以在研究中，我们特别要强调对于概念定义的讨论和区分，因为定义的越清晰，测量也就可能越准确些。

　　传统的效度检测有时可能并不能真实反映该测量是否测量了概念的内涵。例如使用学习缺失量表来测量认知性学习（Hess et al.，2001），这个量表更多反映了有关对于学习的喜欢程度、动机以及快速反应度，至少从内容效度来看并没有验证学习什么的构成内容。这种测量条目在内容上，与观察到的实际学习过程等产生分歧，但同样可能使用这些量表检测出的构念观察值,与其他概念间存在很高的相关性(Mazer & Graham,2015),也就是说这些测量在统计意义上具有高效度值。这提示我们在使用统计的同时,需要注意到这些测量是否在内容上精确地表征了概念,仅仅依赖于统计可能会做出错误的判断。在这里我们可以以一个类比来解释这种一致性:例如我们想测量某家餐馆菜的质量,如果使用问卷来询问顾客对于菜的数量、味道、价格、色泽等方面的评价,得出的数据可能与顾客满意度是正相关的,也就是这个测量至少在统计上拥有高的效度值。但在实际上评价的态度在内容上是与菜的质量有差异的,对于菜的质量的态度与喜好程度,并不是菜的质量本身,这就是测量与实际的概念内容的不一致,缺乏了内容效度所要求的精确性。Sitzmann 等(2010)认为这种效度数据与现实评估之间的不一致,在心理学、教育学、商学各种学科测量中都存在,但在传播学研究中这个问题尤其严重,可以将这种现象定义为对于学术逻辑的冒犯。

表面效度是测量效度的最初始的判断过程,表面效度基于人们主观上认为测量涵盖了它要测量的概念的程度,不同人的主观不同限定了表面效度的价值。但是表面效度是有价值的,特别是在构建量表的最初阶段,判断表面效度可以有效地避免无效的问题条目。能够有助于"主观"判断测量质量的方法都可以被用于测试表面效度。例如,Mazer 和 Graham(2015)认为清晰度代表表面效度(face validity)。当测量量表涵盖了构念的所有层面和维度以及核心构成要素后,还需要清晰的操作定义和文本来呈现这些测量。清晰还意味着测量是动态的改善过程,当构念的内涵与外延进化以后,测量也需要随之进行优化。Haynes 等(1995)将这种动态的测量建构理论总结为四个含义:(1)内容效度指标不是恒定不变的;(2)心理学的测量量表效度需要定期检验；（3）心理学测量指标需要随着概念的修正而作必要优化；（4）已经修正概念的推论发现可能因为没有被修正的测量指标而产生错误。

从概念间的关系出发来验证效度的方法存在多种，内容效度与表面效度等仅仅基于主观判断来观察测量的效能，构念的核心意义通常游离于人们的表层认知之外，如何完全有效地发现这种深藏的核心意义，或者考量观察本身的有效性，而不仅仅是满足于通过表层意义来观察构念，从而避免将概念意义假象当成真象，就是效度检验必须探索的。建构效度立足于概念间的广泛联系来观察测量本身，最完整地反映了效度的基本意涵：在多少程度上解释了期望测量的构念的所有方差。

建构效度的定义也有不同，有些与广泛使用的内容效度的定义类似。内容效度在通常意义上就是建构效度，或者说是通俗意义上的或者未经严格验证的建构效度，是"前科学"的建构效度，因为测量的内容是构念的具体构成，它在广义上是测量工具的各个构成要素在多少程度上与所测量的构念相关并代表这个构念（Haynes et al.，1995），广义是指测量工具的所有构成要素都需要围绕着构念展演，这些构成要素在问卷中包含问题条目、选项、介绍以及测量的一些视觉元素，如字体、字号，以及排版格式等，这些要素都可能影响测量反映构念的准确意义。在狭义上说，内容效度是测量在多少程度上该测量反映了核心构念的理论域，这个反映的域有两方面含义：表明测量条目多大程度上涵盖了潜在变量的全部特征，同时这个测量需要没有涉及其他与核心构念无关的特征。

建构效度测量应该测量的构念的内涵包含了两重内容：测量涵盖了构念的所有意义，但同时测量也不会将非构念的意义加以测量从而代入到概念的关系中来。与这个理念相适应，建构效度又分成收敛效度（convergent validity）和区别效度（discriminant validity）。收敛效度的建立逻辑是，如果构念具有某种特征，使用不同的方法进行测量时，其最终的结果应该是相同的，不同的测量无非是构念的定义域的样本，这些样本虽然在数值是存在差异，或者说存在一定的误差，但是这些误差可以随着样本的增加而得到相互抵消，最终可以表征不能被直接观察的构念的实际数值。在问卷调查中这个关系就反映在，不同的条目间如果都在测量同一个变量，就会有很强的相关性。当收敛效度观察问卷的条目是否存在高相关度时，区别效度需要测量每个条目确实存在不同，而不是仅仅为其他测量条目的简单重复，因此收敛效度与区别效度是既表现出强的相互依存同时在解释构念上又是相互独立的。正如构建房屋的立柱，具有相似的对于房屋的支撑作用，但又独立地分担了房屋的部分重量，如果在功能上存在显著差异则不是某房屋的立柱，但是同时如果某立柱是非必要的，可以被去除的，则该立柱失去了与替代其功能的立柱的差异，在解释支撑房屋的因素中是无意义的。

在实际测量建构效度的验证性因子分析中，收敛效度和区别效度本身并没有被测量，而是通过测量收敛测量和构念间差异测量来获得对于测量效度的观察（Voorhees et al., 2016）。收敛效度被验证的证据是测量同一变量的所有条目间存在强的内部相关性，显示这些条目聚合在一起。而构念间差异的验证则显示在测量不同构念的条目集群与条目集群间的相关性，远远低于群内的相关性（Bagozzi, 1981）。在讨论概念时，人们往往重视概念的核心意义，而可能忽视这个概念与其他概念在意义上的差异，也就是忽视概念意义的外延范围。我们在验证概念的测量质量时，也经常忽视测试"外延"的范围特征，区别效度存在的问题首先是对于这个测试指标的缺失：在营销研究中20%的问卷调查研究设计和80%的非问卷调查设计没有提供关于区别效度的数据。

在逻辑上，一个具有建构效度的测量需要满足如下特征：(1) 独立的研究者确认测量的内容遵守研究对于此概念的定义；(2) 如果理论认为待测的概念与其他概念存在正向或负向的关系，对于该概念所作的测量获得的数据应该印证这种关系，包括方向；同时 (3) 如果理论没有提出概念间存在关系，这些测量获得的用于测量某构念的数据不应该与其他构念同变 (covary) (Zapolski et al., 2012)。第一个证据首先确认内容效度是建构效度的前提，从表面看来该测量包括了概念的所用构成要件。在此以外需要测量设计完全按照理论的指引，与理论涉及的其他概念产生相关关系，同时这种关系设立了清晰的边界，应该是与理论外的概念无任何相关性：有关系且只是和理论提供的概念有关系是建构效度的基本逻辑。这是对于建构效度的最低要求，也就是对于同一研究的学术群体首先要对于某测量有原始的一致性，人们共同接受某测量在表面看来是可接受的。

建构效度（construct validity）作为社会科学最多使用的效度分析方法，相对于内容效度在定义和判定标准上的游离，其直接对应了所测量的构念，是更加规范和系统地应对测量质量的统计概念。建构效度从语义上看，可以完整反映一个构念或测量的有效度。有学者认为建构效度概括了其他效度验证类型，它以建构有理论支持的逻辑为基础，同时又根据实际所得的资料来检验理论的正确性，因此是一种相当严谨的效度检验方法（Messick, 1995; Schotte et al., 1997）。建构效度重点是探求社会问题概念,即构念被测量的值,能在多大程度上真正解释该概念在现实情境中的反应。我们构建测量并且验证这些测量与理论指引的其他测量的关系,来验证假设,这些过程对于关系反复确认,一方面增加我们对于理论的认可度,同时也确认了测量的科学稳定性,相反如果这种关系不能被数据确认,理论和测量本身都值得怀疑。

建构效度验证测量确实在测量它们被期望测量的内容(Peter,1981,p.134)。所以从意义上来说内容效度是建构效度的核心,内容效度的定义要求测量必须涵盖构念的全部域的内容,同时又不超出这个域的内容,这两方面的内容在建构效度中被收敛效度和区别效度所表述。建构效度反映了测量既要有广度,即涵盖构念的全部内容,又需要有集中度来仅仅呈现围绕构念的核心意义。这种集中度可以通过测量同一构念的各条目之间的高的相关性来展示。Churchill(1979)认为收敛效度的证据是测量在多少程度上与其他测量同一构念的测量具有相关性。反映在因子分析中,如果构成测量域的各个条目的因子载荷越大,则越具备收敛效度;也就是说对同一概念用不同的方法去测量,能够产生相似的结果;相反,因子载荷量越小,则越具备区别效度,测量不同概念的测量条目会有低的相关性,这种低的相关性也部分证明不同的因子都在统计上确实存在差异,在测量上是新颖的,而不是因子之间相互的重复(Churchill,1979),符合人们对于测量的差异和变量的预期。

建构效度最重要是要准确测量构念的核心意义,这里的准确如概念定义的准确一样,是指包含且仅包含所定义的含义。收敛效度用来测量理论上应该关联的两个概念或度量的实际相关程度;它反映了测量对于构念方差的总体解释力,如果所使用的测量工具在加权总和解释了100%的构念方差,那么这些测量是完美表征了构念，也是最完美的测量。由此，我们可以用各个量表条目对于核心构念做直线回归分析，通过各条目的回归系数和模型的回归决定系数，来考虑所使用的测量是否具有效度。当然，形成型测量模型下，如果不能将测量模型植入结构方程模型中，并测量与至少一个其他构念的关系，则不能估计该形成型模型的母体参数（Bollen & Lennox 1991）。

区别效度是指测量的不同构念的指标之间能够相互区别的程度，这些指标之间应呈低相关，区别效度测量不应该相关的概念或度量无关的程度。使用区别效度的原因是需要从侧面发现构念的内容：由于构念在定义上不可直接接触的，研究者需要提供有关这些构念不同的证据（Voorhees et.，2016）。区别效度是做潜在变量分析的重要步骤，因为如果不能测定区别效度，那么我们无法确定被验证的结构路径是真的存在还是因为统计不一致造成。

测量区别效度可以从两个层面进行：在构念层面不同的构念都互相不同，反映在统计上则是构念间存在低相关；而在指标层面，则显示指标只是表征所要测量的构念，而与其他构念没有关系（Voorhees et.，2016）。区别效度意味着核心标量能够更多解释测量它的条目的方差，这个解释力远远大于核心构念解释误差、方差或者是测量其他变量的条目的方差（Fornell & Larcker,1981），也就是说如果潜在构念与测量它的条目具有高的相关性，由此减少系统误差或者随机误差，而不能减少其他条目的未解释误差，这些测量条目就具有区别效度。常用的检验区别效度的方法有三种：第一，相关系数区间估计法，即如果两个构念之间相关系数的95%的置信区间涵盖1，则表明构念测量缺乏区分效度。第二，构念间相关系数与平均方差提取量比较法，即通过比较各构念的平均方差提取量（AVE）是否大于该构念与其他构念的相关系数,如果 AVE 值的平方根大于两个构念之间的相关系数,则表明构念具有较好的区分效度(Fornell & larcker,1981)。第三,竞争模型比较法,即构建两个相互竞争的 CFA 模型,其中一个 CFA 模型令两个构念之间自由估计,而另一个 CFA 模型则令构念间完全相关,如果前者拟合程度明显优于后者,则代表构念间具有区分效度。根据区别效度检验结果,如果潜在构念因素的 AVE 平方根均大于该因素与其他因素的相关系数,各个潜在构念因素之间则具有较好的区别效度。

Hair 等(1998)提出区别效度的判断,可以用两个不同构面间的相关系数小于每一构面的平均解释变异量(AVE)的平方根为依据:对不同的两个构面分别进行测量,然后将两个构面的测量进行相关性分析,若其相关程度皆很低,小于其 AVE 值的平方根则可认为其具有区别效度。与此基本逻辑一致,现在的统计一般使用 AVE(Average Variance Extracted)平均抽取方差量作为收敛效度的指数,AVE 作为指数所解释的是用来测量某构念的条目对于核心构念的平均载荷,构念的平均变异抽取量 AVE 是量表中各条目对与构念的平均方差解释力,代表观察条目的总方差有多少是来自于构念的方差。其公式为 AVE $= \Sigma\lambda i^2 / (\Sigma\lambda i^2 + \Sigma Ei)$,其中 λi 为测量核心构念的某条目对于构念的标准化载荷,λi^2 是构念与测量条目之间的共享方差,如果我们将核心构念和某测量条目都看作自变量,那么共享方差对于某因变量共享解释力;$\Sigma\lambda i^2$ 则是核心构念对于测量它的所有条目的解释力总和。而 Ei 为测量条目未被构念所解释的方差,也就是共享方差之外的条目自己的独有方差,因为 $Ei = 1 - \lambda i^2$,由此该公式可以简化为 AVE $= \Sigma\lambda i^2 / k$,其中 k 为测量核心构念的量表的条目数量,也可以理解为 k 个测量条目的总方差，因为每个测量条目的总方差的标准数是 1，因此 k 个测量条目的总方差也为 k。在 AVE 的计算中，通常使用验证性因子分析获得的相关性矩阵，该矩阵将测量残差考虑其中，当相关矩阵引入误差后，变量间的相关系数通常会增大（Grewal et al.，2004），由此 AVE 值也会增大。

对于 AVE 临界值的认识与其他统计值一样，同样没有绝对的理论上的信度"合格"标准，总的原则当然是越接近于 1，则越显示测量接近于核心构念定义中的意义。从 AVE 的公式中可以看出，该收敛效度指数主要受因子载荷和测量条目的数量两个因素影响，其中主要因素是每个测量条目对于构念的解释力。增加条目对于 AVE 产生何种影响，则受制于受测量条目在被测核心构念的载荷值。如果提升测量质量，增加的测量条目可以相应增加平均萃取方差量，相反如果测量质量低于其他条目的均值，增加该质量低的测量条目反而会拉低测量的效度。一般来说，Fornell 和 Larcker（1981）建议 AVE 应该大于 0.5，这对于因子载荷的要求是均值至少需要大于 0.7，因为解释的方差是该因子载荷的平方。如果考虑到在探索性因子分析中，因子载荷值超过 0.5 则被认为是可以接受的，0.7 的载荷值是比较高的要求。现在这种标准又有所降低：有研究对影响因子最高的 3 本西班牙心理学杂志中使用探索性因子分析的 117 篇论文加以分析，发现从 0.3 到 0.5 的载荷值都被用来作为删除测量条目的标准（Izquierdo et al.，2014）。

如果进一步讨论，与显著性检验的标准值一样，我们并不能说有效载荷小的变量就不是测量某构念的有效条目，如果理论认为该条目可以表征该构念，那么该变量应该被认为是合理的观察变量，选择测量变量的标准应该是反映该构念的完成度，而不是两个变量之间通过相关性来反映的关系值：理论所显示的关系比统计所反映的关系对于因子分析更重要。即使对于载荷值低于 0.3 的变量，如果理论清晰而肯定地预测其是有效的测量，就应该被保留作因子的构成维度。在此我们可以水果作为模拟：如果果园实验地里收获了各种水果，有苹果、西瓜、菠萝等，需要通过各种指标来对其进行分类，例如使用重量、甜度、含水量等指标，如果这些指标是合理的，同一种水果在这些指标上应该都有相似的载荷，通过这些指标可以将水果进行分类。如果现在有新的苹果品种，在重量和甜度上与其他苹果有显著不同，例如该品种苹果的平均重量达到 2000 克，该苹果新品种与其他苹果的关系就减弱了，却可能与其他通常重量比较高的水果如西瓜的相关性增加。但是我们依然不能将这种新的水果品种称为西瓜，因为它拥有苹果的核心特征，在理论分类上应该是苹果的一种。相反即使有其他水果与其在质量上非常接近，却不能被认为是判断苹果的标准，不能被归类为苹果。如果将苹果比拟为因子，将水果重量比拟为测量因子的指标，或者是观察变量，那么因子对于观察变量的有效载荷低，不能成为去除该观察变量的原因。也就是说，有效载荷低的指标依然是测量概念的有效变量，载荷低的产生有很多原因，例如该指标随机变化值比较高、不如其他指标稳定、以及该指标不是构成构念的表征变量，只是造成载荷低可能的因素之一。

表征收敛效度的主要指标是建构信度（construct reliability），或者是组合信度（composite reliability，CR）。建构信度和组合信度都是衡量量表或测量的内部一致性的工具，但它们在计算这种一致性的方法上有所不同。建构信度是指量表上的项目一致地测量相同的基本结构的程度，通常使用 Cronbach's α 系数进行评估，该系数计算量表上所有可能的项目对之间的平均相关性。组合信度是一种更符合逻辑的评估内部一致性的统计方法,它同时考虑了项目级别和测量误差方差,通常使用结构方程模型(SEM)来估计构念的总方差中有多少可归因于构念的方差与测量误差。相对于建构信度,组合信度被使用的更加广泛。

组合信度计算逻辑与内部一致性(internal consistency reliability)类似,是用来测量某构念的全部条目所解释的构念的总方差,占构念的测量的总方差的比率,或者是能够解释核心构念的真实方差占所有指标的总方差的比率。作为收敛效度的主要指标,Fornell 和 Larcker(1981)认为 CR 指标是被观察潜在变量的测量指标的共享方差,该指标反映在公式上则是 $CR = \frac{(\sum \lambda_i)^2}{(\sum \lambda_i)^2 + \sum E_i}$,CR 与其他反应效度的通常指标一样介于 0 与 1 之间,数值越高则代表真实方差占全部方差的比例越高,也就是测量同一构念的各指标的内部一致性越高。从公式也可以看出,在测量构念的指标相同的情况下,CR 值通常比 AVE 值偏高。Fornell 和 Larcker(1981)建议组合信度 CR 值为 0.6 以上,而也有研究则认为 0.7 以上才是可以接受的(e.g.,Baier-Fuentes et al.,2023)。根据 Fornell 和 Larcker(1981)评估收敛效度的标准,其中所有的标准化因素负荷(λ)估计值要大于 0.5,且 t 值须达到显著水平。当衡量题项的因素负荷大于 0.5 以上,且达到显著水平时,即可断定其衡量问项达到可接受的收敛效度;若大于 0.7 以上,则表示衡量问项具有良好的收敛效度。Fornell 和 Larcker(1981)则建议平均解释变异量(AVE)须大于 0.5 以上的标准,若达此标准则表示各个问项均可显著地被因素所解释,也就是各问项收敛于该因素,表示测量问项均收敛于相对应的构面。

对于 CR 的合理值的争议，在一定程度上是由于测量指标数量对于组合信度的影响，随着指标数目的增加，所呈现的核心构念指标的内部一致性也会增大，在逻辑上这与 Cronbach's α 的变化趋势是一致的。相对于 AVE 和 CR 的内在意义，反映信度和效度的阈值，在理论或者逻辑上同样并没有得到验证。对于概念的测量如果是有效的，那么其 AVE 和 CR 值通常是高的；但是高的 AVE 和 CR 值，却未必显示测量真正表征了概念的意义。必须在理论已经预测这些值是意义的前提下，AVE 和 CR 值的大小才有实际的显示测量质量的价值。也就是说，研究首先只能声明这些值的提升，如果理论在测量前已经预测这些测量反映了概念，这些提升的 AVE 和 CR 值才显示测量更加接近于概念的本源意义。

实际上组合信度就是为了更加精确地反映测量条目间一致性，用来部分替代 Cronbach's α 而使用的。长期以来，Cronbach's α 在被引入社会科学以后（Cronbach，1951），改变了我们对于测量信度的定义和评估的方式（Peterson & Kim，2013）。但尽管该统计是验证测量信度所广泛使用的方法，相关研究也发现该指标存在许多问题，其中最显著缺陷是该指标对于实际的信度通常是低估的（Sijtsma，2009）。为了更加精确地反映测量的真实信度，基于结构方程模型的组合信度被反复分析。因为经典测试理论可以被表述为 $\delta_x^2 = \delta_T^2 + \delta_E^2$，真实的测量信度则可以被表述为 δ_T^2/δ_x^2。在实际研究中对于人群的方差无法获得，这个比值也就不能被直接计算，因此信度只能基于样本来进行估计（Raykov，1997）。Cronbach's α 计算中载荷和权重被限制为相同，而结构方程模型的信度测量中载荷和权重被允许变化，所以组合信度可以得出更加"好"也就是获得更大的测量信度估计值（Peterson & Kim，2013）。然而研究也发现如果测量误差之间有共享方差，Cronbach's α 值可能大于建构信度值，元分析也发现在同时提供 Cronbach's α 值和建构信度值的研究中，59% 研究为 CR 值大于 Cronbach's α，27% 为 CR 值无显著差异，观察中还有 15% 是 Cronbach's α 大于建构信度 CR 值（Peterson & Kim,2013）。

相对于组合信度测量的思维是所有测量条目集中围绕概念意义的集中程度，也就是向心趋势值，区别效度（区隔效度）测量的思维，则是这些测量与其他测量的差异度，也就是测量能在多大程度上构建出概念意义的边界。如果测量缺乏区别效度，测量不同构念的条目可能在测量同一构念，或者同一维度。如果通过其他检查发现该现象发生，例如理论或者相关文献认为某构念的测量在研究中产生交叉，也就是原先设计的测量具有很高的内部一致性，那么需要将这些条目都倾覆成为同一条目。Fornell 和 Larcker（1981）认为对于任何两个构念 A 和 B，A 的 AVE 和 B 的 AVE 都需要比共享方差（相关性平方）大，这样推演而来任何一个构念的 AVE 都必须比该构念与其他构念的共享方差大，这样才能证实参与研究的各构念的测量，获得了区别效度。

我们可以从一项关于媒介接触与第三人效果的研究（Liu et al.,2021），来看信度与效度的指标的基本意义，以及其对于研究的重要性。该研究在借鉴前人研究的基础上，使用了媒介接触（meida exposure）、社会现实（social realism）、代理效能（proxy efficacy）以及对他人或自己的影响（media influence on others/self）等概念，来观察产生第三人效果的内在心理机制。为了提升对于这些变量测量的量表质量，研究尽量保留参考文献所使用的量表的原始文本。因为该研究是基于中国民众的样本，所以对于量表问题条目依据具体情境做了必要的修改，以符合受访者的自我概念解释或者习惯。为了验证这些构念测量的建构效度，验证性因子分析被引入来测试这些潜在构念和相关的测试条目间的关系。首先该验证性因子分析获得了满意的模型适配度，获得的数据显示该因子分析模型，有效反映了各因素之间关系实际存在：其中的重要指标 $X^2/df < 3$，CFI 大于 .95，RMSEA 指标小于 .06（Hu & Bentler, 1999），比较适配度指标 CFI = .98，规范适配度指标 NFI = .97，非规范适配度指标 TLI = .97，这些指标都显示比较好的适配度（Bentler & Bonett, 1980），而渐进残差均方和平方根 RMSEA = .052小于 .08，也进一步确认了这种判断（Browne & Cudeck, 1993）。该研究大多数测量问题条目的因子载荷大于 .70，而媒介接触中的问题因子载荷处于比较低的水平，显示媒介接触对于这些量表条目的解释力较弱。

因子载荷统计基于相关性，而对于构念的测量的逻辑来源是理论，而非统计发现。如果理论认为某因子是另一因子的有效解释，则用来解释构念的该因子应该被认为是有效的测量指标，即使载荷处在相对低值。由此从这一点上来看，单纯基于 CITC 值而对于测量条目进行增减，以求得更加令人满意的信度值，在逻辑正确性上是值得探讨的。对于构念测量的收敛效度，前述研究所测量的概念的组合信度（CR）都取得了令人满意的值，例如社会现实为 α = .92，区别效度指标的平均方差抽取量（AVE）除了媒介接触意外都大于 .5，显示每个测量条目所平均解释的潜在变量的方差大于 .5 的标准（Fornell & Larcker, 1981）。由此可见，研究对于各构念的测量取得了比较客观有效的数值，进而可以更深入地观察各变量间的关系机制。在进行建构效度的测量中，我们希望有固定的标尺或者标准，或者是"原教旨"意义的理论，来验证某些概念的测量的准确度。这种理论应该是被广泛接受的演绎理论，其他任何概念或者假设在此系统中，可以通过比较来验证真伪，当理论的内容变化时，对于理论的解释不发生变化。但是这种解释性因素并不存在：先验的科学解释概念同样处在变化之中，不能确定这种解释是否如所谓神性一样，不存在产生的本源。这些论述对于测量的暗示，是测量不能被先验所背书，并不存在文献或者数据能够被直接借鉴，来作为观察和比较以判断测量质量的合法解释。效度检验需要通过其他的工具，也就是系列测量的数据本身来加以相互印证。对于构念的测量其内部的条目间如果达到高度的确认，以至于与其他变量同样达到高度关系一致时，那么这种测量可能是有效的，但也仅仅是可能。

最后，我们可能更要认识到，在认识理论或者概念的时候，不同的认识论哲学语境下的方法论，可能对于同一概念会有截然不同的认识。"雾失楼台，月迷津渡"，在不同的语境下人们的情感和行为表征也会被做不同的解析。我们在上面所谈论的内容，都是基于科学现实主义（scientific realism）的预设，这种预设界定知识唯一的来源是基于理论引申的预测所进行的客观观察的结果，或者是基于这种观察的直接演绎，除此以外都非知识。对于问卷测量而言，这意味着我们在理论上将所观察的表征，与被观察的概念本身等同起来，该观察就是现实存在（reality）也就是概念本身，在这个过程中我们使用概念来预测观察。不可否认，在哲学意义上实证主义本身不能预测观察的所有知识在逻辑上都是实时的，而是仅限定于所观察的事物而不是其他，这种时间和空间上的不可预测和不可扩展的特点，是实证主义在定义中的既有之义。由此测量过程中无论是表征或者是被表征，在逻辑上都不能被直接验证，或者说都不能被充分直接验证。但在实际的测量中，我们恰恰是直接假设测量条目是概念所预测的，这种测量路径也是规范科学所要求的（Kuhn,1962）。为了从根本上消解实证主义本身不可解决的预测的矛盾，我们实际上应该像统计中的假设检验那样，使用虚无理论来建立虚无命题，然后由此命题展开去演绎具体观察，如果我们观察到的事物或现象，与该虚无命题所预设的结果不一致，甚至产生冲突，我们则可以判定原来命题是正确的，也就是我们的测量是正确的。这种基于后实证主义的替代测量选择，其逻辑也同样适用于信度和效度的检验过程，但是这种研究思维在实现机制上，尚有待于更多的理论探索和观察验证。

参考文献

Achenbach, T. M. , & Craig, E. (1987). *The manual for the youth self-report and profile.* Burlington: University of Vermont.

Albers, S. (2010). PLS and success factors studies in marketing. In V. E. Vinzi, et al. (Eds.), *Handbook of partial least squares: concepts, methods and applications* (pp. 409 – 425). Berlin: Springer.

Amabile, T. M. (1993). Motivational synergy: Toward new conceptualizations of intrinsic and extrinsic motivation in the workplace. *Human Resource Management Review*, 3, 185 – 201.

Anastasi, A. (1988). *Psychological testing* (6th edition). New York: Macmillan.

Aquilino, W. , & LoSciuto, L. (1990). Effect of interview mode on self-reported drug use. *Public Opinion Quarterly*, 54, 362 – 395.

Arce-Ferrer, A. J. (2006). An investigation into the factors influencing extreme-response style. *Educational and Psychological Measurement*, 66(3), 374 – 392.

Armstrong, J. S. , Denniston, W. B. , & Gordon, M. M. (1975). The use of the decomposition principle in making judgments. *Organizational Behavior and Human Performance*, 14(3), 257 – 263.

Bagozzi, R. P. (1981). Evaluating structural equation models with unobservable variables and measurement error: a comment. *Journal of Marketing Research*, 18(3), 375-381.

Bagozzi, R. P., & Phillips, L. W. (1982). Representing and testing organizational theories: A holistic construal. *Administrative Science Quarterly*, 27, 459-489.

Baier-Fuentes, H., Andrade-Valbuena, N. A., Gonzalez-Serrano, M. H., & Gaviria-Marin, M. (2023). Bricolage as an effective tool for the survival of owner-managed SMEs during crises. *Joural of Business Research*, 157, 1-15.

Bandura, A. (1994). Self-efficacy. In V. S. Ramachaudran (Ed.), *Encyclopedia of human behavior*, 4, (pp. 71-81). New York: Academic Press.

Baron, J. (2000). *Thinking and deciding* (3rd edition). New York: Cambridge University Press.

Baruch, Y., & Holtom, B. C. (2008). Survey response rate levels and trends in organizational research. *Human Relations*, 61(8), 1139-1160.

Bassili, J. N., & Scott, B. S. (1996). Response Latency as a Signal to Question Problems in Survey Research. *Public Opinion Quarterly*, 60(3), 390-399.

Baumgartner, H., Weijters, B., & Pieters, R. (2018). Misresponse to survey questions: A conceptual framework and empirical test for the effects of reversals, negations, and polar opposite core concepts. *Journal of Marketing Research*, 55(6), 869-883.

Baumgartner, H., & Steenkamp, J. B., E. M. (2001). Response styles in marketing research: A cross-national investigation. *Journal of Marketing Research*, 38(2), 143-156.

Beebe, T. J., Stoner, S. M., Anderson, K. J., & Williams, A. R. (2007). Selected questionnaire size and color combinations were significantly related to mailed survey response rates. *Journal of Clinical Epidemiology*, 60, 1184 – 1189.

Belkin, M., & Lieberman, S. (1967). Effect of question wording on response distribution. *Journal of Marketing Research*, IV, 312 – 313.

Belli, R. F., Moore, S. E., & VanHoewyk, J. (2006). An experimental comparison of question forms used to reduce vote overreporting. *Electoral Studies*, 25, 751 – 759.

Bentler, P. M., & Bonett, D. G. (1980). Significance tests and goodness of fit in the analysis of covariance structures. *Psychological bulletin*, 88(3), 588.

Bimer, P. P. (2010). Total survey error: Design, implememtation and evaluation. *Public Opinion Quarterly*, 74, 817 – 848.

Blaikie, N. (2003). *Analysing quantitative data*. London: Sage.

Blalock, Jr. H. M. (1964). *Causal inferences in nonexperimental research*. Chapel Hill: The University of North Carolina Press.

Boghossian, P. A. (2006). *Fear of Knowledge: Against Relativism and Constructivism*. Oxford: Oxford University Press.

Bollen, K. (1984). Multiple indicators: Internal consistency or no necessary relationship? *Quality and Quantity*, 18(4), 377 – 385.

Bollen, K. A. (1989). *Structural equations with latent variables*. New York: Wiley.

Bollen, K. A., & Lennox, R. (1991). Conventional wisdom on measurement: A structural equation perspective. *Psychological Bulletin*, 110, 305 – 314.

Bollen, K. A. (2007). Interpretational confounding is due to misspecification, not to type of indicator: Comment on Howell, Breivik, and Wilcox. *Psychological Methods*, 12(2), 219 – 228.

Bollen, K. A., & Bauldry, S. (2011). Three Cs in measurement models: Causal indicators, composite indicators, and covariates. *Psychological Methods*, 16(3), 265 – 284.

Bolton, R. N. (1993). Pretesting questionnaires: Content analyses of respondents concurrent verbal protocols. *Marketing Science*, 12(3), 280 – 303.

Borsboom, D. (2005). *Measuring the mind: Conceptual issues in contemporary psychometrics.* Cambridge: Cambridge University Press.

Borsboom, D., Mellenbergh, G. J., & Van Heerden, J. (2004). The concept of validity. *Psychological Review*, 111, 1061 – 1071.

Bradburn, N. M. (1992). What Have We Learned? In N. Schwarz & S. Sudman (Eds.), *Context effects in social and psychological research*, (pp. 315 – 323). New York: Springer-Verlag.

Bradburn, N. M., Sudman, S., & Wansink, B. (2004). Asking questions: the definitive guide to questionnaire design for market research. *Political polls, and social and health questionnaires.* San Francisco: Jossey-Bass.

Brady, H. E. (2000). Contributions of survey research to political science. *Political Science and Politics*, 33(1), 47 – 57.

Bray, S. R., Gyurcsik, N. C., Culos-Reed, S. N., Dawson, K. A., & Martin, K. A. (2001). An exploratory investigation of the relationship between proxy efficacy, self-efficacy, and exercise attendance. *Journal of Health Psychology*, 6, 425 – 434.

Bridgman, P. (1991). The operational character of scientific concepts. In R. Boyd, P. Gasper, & J. D. Trout, *The philosophy of science*, (pp. 57 -69). Boston: MIT Press.

Briggs, S. R., & Cheek, J. M. (1986). The role of factor analysis in the evaluation of personality scales. *Journal of Personality*, 54, 106 -148.

Broweer, C. K. (2018). Too long and too boring: The effects of survey length and interest on careless responding. Unpublished master thesis of Wright State University.

Brown, M. W., & Cudeck, R. (1993). Alternative ways of assessing model fit. In Bollen, K. A., & Long, J. S. (Eds.), *Testing structural equation models* (pp. 136 -162). Newbury Park, CA: Sage.

Bruner, G. C. II., & Hensel, P. J. (1992). *Marketing scales handbook: A compilation of multi-item measures.* Chicago: American Marketing Association.

Burden, B. C. (2008). The social roots of the partisan gender gap. *Public Opinion Quarterly*, 72(1), 55 -75.

Burton, S., & Blair, E. (1991). Task conditions, response formulation processes, and Rresponse accuracy for behavioral frequency questions in surveys. *Public Opinion Quarterly*, 55: 50 -79.

Champlain, A. F. D. (2010). A primer on classical test theory and item response theory for assessments in medical education. *Medical Education*, 44, 109 -117.

Chang, W., Franke, G. R., & Lee, N. (2016). Comparing reflective and formative measures: New insights from relevant simulations. *Journal of Business Research*, 69, 3177 -3185.

Chen, G., Gully, S. M., & Eden, D. (2001). Validation of a new general self-efficacy scale. *Organizational Research Methods*, 4, 62 -83.

Chessa, A. G., & Holleman, B. C. (2007). Answering attitudinal questions: Modelling the response process underlying contrastive questions. *Applied Cognitive Psychology*, 21(2), 203 – 225.

Chiari, G., & Nuzzo, M. L. (1996a). Personal construct theory within psychological constructivism: Precursor or Avant-garde? In B. M. Walker & J. Costigan & L. L. Viney & B. Warren (Eds.), *Personal construct theory: A psychology for the future* (pp. 25 – 54). Melbourne: Australian Psychological Society Imprint Series.

Christophersen, T., & Konradt, U. (2012). Development and validation of a formative and a reflective measure for the assessment of online store usability. *Behaviour & Information Technology*, 31 (9), 839 – 857.

Churchill, G. A. Jr. (1979). A paradigm for developing better measures of marketing constructs. *Journal of Marketing Research*, 16 (1), 64 – 73.

Cialdini, R. B., Demaine, L. J., Sagarin, B. J., Barrett, D. W., Rhoads, K., & Winter, P. L. (2006). Managing social norms for persuasive impact. *Social Influence*, 1, 3 – 15.

Clark, H. H., & Schober, M. F. (1992). Asking questions and influencing answers. In J. M. Tanur (Ed.), *Questions about questions: inquiries into the cognitive bases of surveys* (pp. 15 – 48). New York: Russell Sage.

Clausner, T. C., & William, C. (1999). Domains and image schemas. *Cognitive Linguistics*, 10(1), 1 – 31.

Cohen, J. (2001). Defining identification: A theoretical look at the identification of audiences with media characters. *Mass Communication & Society*, 4, 245 – 264.

Coltman, T., Devinney, T. M., Midgley, D. F., & Veniak, S. (2008).

Formative versus reflective measurement models: Two applications of formative measurement. *Journal of Business Research*, 61(12), 1250 – 1262.

Conover, P. J., & Feldman, S. (1981). The origins and meaning of liberal and conservative self-identifications. *American Journal of Political Science*, 25, 617 – 645.

Conrad, F., & Blair, J. (2004). Data quality in cognitive interviews. In S. Preser, J. M. Rothgeb, M. P. Couper, et al. (Eds.), *Methods for testing and evaluating survey questionnaires*. New York: Wiley.

Cook, M. (1987). Descartes alleged representationalism. *History of Philosophy Quarterly*, 4(2): 179 – 95.

Costa, A. S., Fimm, B., Friesen, P., Soundjock, H., Rottschy, C., Gross, T., Eitner, F., Reich, A., Schulz, J. B., Nasreddine, Z. S., & Reetz, K. (2012). Alternate-form reliability of the Montreal cognitive assessment Screening Test in a clinical setting. *Dementia and Geriatric Cognitive Disorders*, 33(6), 379 – 384.

Couper, M. P. (1997). Survey introductions and data quality. *Public Opinion Quarterly*, 317 – 338.

Cox, E. P. (1980). The optimal number of response alternatives for a scale: A review. *Journal of Marketing Research*, 17, 407 – 422.

Cramer, M. E., Atwood, J. R., & Stoner, J. A. (2006). Measuring community coalition effectiveness using the ICE instrument. *Public Health Nursing*, 23(1), 74 – 87.

Cronbach, L. J. (1951). Coefficient alpha and the internal structure of tests. *Psychometrika*, 16, 297 – 334

Cummins, R. A., & Gullone, E. (2000). Why we should not use 5-point Likert scales: The case for subjective quality-of-life measurement. In

Proceedings of the second international conference on quality of Life in Cities (pp. 74 – 93). Kent Ridge, Singapore: National University of Singapore.

Curran, P. G. (2016). Methods for the detection of carelessly invalid responses in survey data. *Journal of Experimental Social Psychology*, 66(1), 4 – 19.

Davison, W. P. (1983). The third-person effect in communication. *Public Opinion Quarterly*, 47(1), 1 – 15.

De Bruijne, M. & Wijnant, A. (2014). Improving response rates and questionnaire design for mobile web surveys. *Public Opinion Quarterly*, 78(4), 951 – 962.

De Jong, M. G., Steenkamp, J. B., Fox, J. P., & Baumgartner, H. (2008). Using item response theory to measure extreme response style in marketing research: A global investigation. *Journal of Marketing Research*, 45, 105 – 115.

DeJong, M. G., Pieters, R., & Stremersch, S. (2012). Analysis of sensitive questions across cultures: An application of multigroup item randomized response theory to sexual attitudes and behavior. *Journal of Personality and Social Psychology*, 103(3), 543 – 564.

Delplanque S., Grandjean D., Chrea C., Aymard L., Cayeux I., Le Calvé B., et al. (2008). Emotional processing of odours: Evidence for a non-linear relation between pleasantness and familiarity evaluations. *Chem. Senses* 33, 469 – 479.

Demers, D. P. (1995). Autonomy, satisfaction high among corporate news staffs. *Newspaper Research Journal*, 16(2), 91 – 111.

DeSimone, J. A., Harms, P. D., & DeSimone, A. J. (2015). Best practice recommendations for data screening. *Journal of Organiza-*

tional Behavior, 36(2), 171 – 181.

DeVellis, R. F. (2016). Scale development: Theory and applications. Newbury Park, CA: Sage.

Diamantopoulos, A., Sarstedt, M., Fuchs, C., Wilczynski, P., & Kaiser, S. (2012). Guidelines for choosing between multi-item and single-item scales for construct measurement: A predictive validity perspective. *Journal of the Academy of Marketing Science*, 40, 434 – 449.

Diamantopoulos, A., & Winklhofer, H. M. (2001). Index construction with formative indicators: An alternative to scale development. *Journal of Marketing Research*, 38(2), 269 – 277.

Dillman, D. A. (1991). The design and administration of mail surveys. *Annual Review of Sociology*, 17, 225 – 249.

Dillman, D. A. (2007). Mail and internet surveys: The tailored design method: 2007 with new Internet, visual and mixed-mode guide (2nd Edition). Hoboken: Wiley.

Dillman, D. A., Sinclair, M. D., & Clark, J. R. (1993). Effects of questionnaire length, respondent-friendly design, and a difficult question on response rates for occupant-addressed census mail surveys. *Public Opinion Quarterly*, 57, 289 – 304.

Dodd, D. K., & Markwiese, B. J. (1987). Survey response rate as a function of personalized signature on cover letter. *The Journal of Social Psychology*, 127(1), 97 – 98.

Dooley, D. (1984). *Social research methods*. Englewood, NJ: Prentice-Hall.

Downs, C. W., DeWine, S., & Greenbaum, H. H. (2001). Measures of organizational communication. In R. B. Rubin, P. Palmgreen, &

H. E. Sypher (Eds.),*Communication research measures:A sourcebook* (pp. 57 - 78). New York:Tuilford Press.

Dwyer, K. K., Bingham, S. G., Carlson, R. E., Prisbell, M., Cruz, A. M., & Fus, D. A. (2004). Communication and connectedness in the classroom:Development of the connected classroom climate inventory. *Communication Research Reports*, 21:3, 264 - 272.

Editorial. (2016). Go forth and replicate! *Nature*, 536, 373.

Edwards, J. R. (2001). Multidimensional constructs in organizational behavior research:An integrative analytical framework. *Organizational Research Methods*, 4(2), 144 - 192.

Edwards, J. R., & Bagozzi, R. (2000). On the nature and direction of relationships between constructs and measures. *Psychological Methods*, 5(2), 155 - 174.

Eisinga, R., Grotenhuis, M., & Pelzer, B. (2013). The reliability of a two-item scale:Pearson, Cronbach, or Spearman-Brown? *International journal of public health*, 58(4), 637 - 642.

Emmert, P., & Barker, L. L. (1989). *Measurement of communication behavior*. New York, NY:Longman.

Enghagen, L. K., & Hott, D. D. (1991). Students perceptions of ethical issues in the hospitality and tourism industry. *Hospitality Research Journal*, 15(2), 41 - 50.

Ericsson, A., & Simon, H. (1993). *Protocol analysis:verbal reports as data* (2nd edition). Cambridge, MA:MIT Press.

Etter, J. F., Cucherat, M., & Perneger, T. V. (2002). Questionnaire color and response rates to mailed surveys. A randomized trial and a meta-analysis. *Evaluation & the Health Professions*, 25(2), 185 - 199.

Fang, X., Singh, S., & Ahluwalia, R. (2007). An examination of different explanations for the mere exposure effect. *Journal of Consumer Research*, 34 (June),97 – 103.

Feldman, J. M. , & Lynch Jr. J. G. (1988). Self-generated validity and other effects of measurement on belief, attitude, intention, and behavior. *Journal of Applied Psychology*,73(3),421 – 435.

Fenton, K. A. , Johnson, A. M. , McManus, S. , & Erens, B. (2001). Measuring sexual behaviour: Methodological challenges in survey research. *Sexually Transmited Infections*,77(2),84 – 92.

Fernandez-Fontelo, A. , Kieslich, P. J. , Henninger, F. , Dreuter, F. , & Greven, S. (2023). Predicting question difficulty in web surveys: A machine learning approach based on mouse movement features. *Social Science Computer Review*,41 (1),141 – 162.

Fisher, B. S. (2009). The effects of survey question wording on rape estimates: Evidence from a quasi-experimental design. *Violence Against Woman*,15(2):133 – 147.

Fisher, B. S. , & Cullen, F. T. (2000). Measuring the sexual victimization of women: Evolution, current controversies, and future research, In D. Duffee (Ed.),*Measurement and analysis of crime and justice: Criminal justice* 2000 (Vol. 4, pp. 317 – 390). Washington DC: U. S. Department of Justice.

Fletcher, C. V. , Nakazawa, M. , Chen, Y. W. , Oetzel, J. G. , Ting-Toomey, S. , Chang, S. – J. , & Zhang, Q. (2014). Establishing cross-cultural measurement with face-negotiation theory: A critical issue in cross-cultural comparisons. *Journal of International and Intercultural Communication*,7(2),148 – 169.

Forker, D. (2016). Conceptualization in current approaches of language typology. *ACTA Linguistica Hafniensia*, 48(1),70 – 84.

Fornell, C. , & Bookstein, F. L. (1982). A comparative analysis of two structural equation models: LISREL and PLS applied to market data. In C. Fornell (Ed.), *A second generation of multivariate analysis* (Vol. 1, pp. 289 – 324). New York: Praeger.

Fornell, C. , & Larcker, D. F. (1981). Evaluating structural equation models with unobservable variables and measurement error. *Journal of marketing research*, 18(1), 39 – 50.

Fosnot, C. T. , & Perry, R. S. (2005). Constructivism: A psychology theory of learning. In C. T. Fosnot (Ed.), *Constructivism: theory, perspectives, and practice* (p. 8 – 38). New York: Teachers College Press.

Fowler, Jr. F. J. (1992). How unclear terms affect survey data. *Public Opinion Quarterly*, 56, 218 – 231.

Fowler, Jr. F. J. (1995). *Improving survey questions: design and evaluation*. Thousand Oaks, CA: Sage.

Fowler, Jr. F. J. , & Cosenza, C. (2008). Writing effective questions. In E. D. Leeuw, J. J. Hox & D. A. Dillman (Eds.), *International handbook of survey methodology* (pp. 136 – 159). New York: Taylor & Francis Group.

Fox, R. (2001). Constructivism Examined. *Oxford Review of Education*, 27(1), 23 – 35.

Fraley, R. C. , Waller, N. G. , & Brennan, K. A. (2000). An item response theory analysis of self-report measures of adult attachment. *Journal of Personality and Social Psychology*, 78 (2), 350 – 365.

Furr, R. M. (2011). *Scale Construction and Psychometrics for Social and Personality Psychology*. New Delhi, IN: Sage Publications.

Ganassali, S. (2008). The influence of the design of web survey questionnaires on the quality of responses. *Survey Research Methods*, 2, 21 – 32.

Gardenfors, P., & Lohndorf, S. (2013). What is a domain? Dimensional structures versus meronomic relations. *Cognitive Linguistics*, 24(3), 437 – 456.

Gardner, M. R. (1979). Realism and instrumentalism in 19th-Century atomism. *Philosophy of Science*, 46(1), 1 – 34.

Gilbert, E. E. (2015). A comparison of branched versus unbranched rating scales for the measurement of attitudes in surveys. *Public Opinion Quarterly*, 79(2), 443 – 470.

Glaser, B. (1978). *Theoretical sensitivity*. Mill Valley, CA: Sociological Press.

Goodall, C. E. (2011). An overview of implicit measure of attitudes: Methods, mechanisms, strengths and limitations. *Communication Methods and Measures*, 5(3), 203 – 222.

Grace, J. B., & Bollen, K. A. (2008). Representing general theoretical concepts in structural equation models: The role of composite variables. *Environmental and Ecological Statistics*, 15(2), 191 – 213.

Grant, A. M. (2008). The significance of task significance: Job performance effects, relational mechanisms, and boundary conditions. *Journal of Applied Psychology*, 93(1), 108 – 124.

Greenberg, B. G., Abul-Ela, A. - L. A., Simmons, W. R., & Horvitz, D. G. (1969). The unrelated question randomized response model: Theoretical framework. *Journal of the American Statistical Association*, 64, 520 – 539.

Grewal. R., Cote. J. A., & Baumgartner, H. (2004). Multicollinearity and measurement error in structural equation models: Implications for theory testing. *Marketing Science*, 23(4), 519 – 529.

Groves, R. M. (2011). Three eras of survey research. *Public Opinion Quarterly*, 75(5), 861 – 871.

Groves, R. M., Fowler, F. J., Lepksowki, M. P., Lepkowski, J. M., Singer, E., & Tourangeau, R. (2009). *Survey Methodology*, 2nd edition. Hoboken, NJ: John A. Wiley.

Guba, E. G., & Lincoln, Y. S. (1989). Fourth generation evaluation. Newbury Park, CA: Sage.

Ha, L., Hu, X., Fang, L., Henize, S., Park, S., Stana, A., & Zhang, X. (2015). Use of survey research in top mass communication journals 2001 – 2010 and the total survey error paradigm. *The Review of Communication*, 15(1), 39 – 59.

Hair, J. F, Anderson, R. E., Tatham, R. L., & Black, W. C. (1998). *Multivariate data analysis* (5th ed.). Englewood Cliffs, NJ: Prentice-Hall.

Hall, M. A., Dugan, E., Zheng, B. & Mishra, A. K. (2001). Trust in physicians and medical institutions: What is it, can it be measured, and does it matter? *Milbank Quarterly*, 79 (4), 613 – 39.

Hambleton, P. K., & Jodoin, M. (2003). Item response theory: Models and features. In R. Fernández-Ballesteros (Ed.), *Encyclopedia of psychological assessment* (pp. 509 – 514). London: Sage.

Hambleton, R. K., & Swaminathan, H. (1991). *Item response theory: Principles and applications*. New York: Springer.

Hambleton, R. K., Swaminathan, H., & Rogers, H. J. (1991). Fundamentals of item response theory. New York: Sage.

Hardy, G. H. (1940). *A mathematician's apology*. London: Cambridge University Press.

Haynes, S. N. , Richard, D. C. S. , & Kubany, E. S. (1995). Content validity in psychological assessment: A functional approach to concepts and methods. *Psychological Assessment*, 7(3), 238 - 247.

Henson, R. K. (2001). Understanding Internal consistency reliability estimates: A conceptual primer on coefficient alpha. *Measurement and Evaluation in Counseling and Development*, 34(3), 177 - 189.

Herdman, M. , Fox - Rushby, J. , & Badia, X. (1997). "Equivalence" and the translation and adaption of health-related quality of life questionnaires. *Quality of Life Research*, 6(3), 237 - 247.

Hess, J. A. , Smythe, M. J. , & Communication 451. (2001). Is teacher immediacy actually related to student cognitive learning? *Communication Studies*, 52, 197 - 219.

Holbrook, A. L. , Anand, S. , Johnson, T. P. , Cho, Y. I. , Shavitt, S. , Chavez, N. , & Weiner, S. (2014). Response heaping in interviewer-administered surveys: Is it really a form of satisficing? *Public Opinion Quarterly*, 78(3), 591 - 633.

Holleman, B. (1999). Wording effects in survey research using meta-analysis to explain the forbid/allow asymmetry. *Journal of Quantitative Linguistics*, 6(1), 29 - 40.

Holman, L. , & McKeever, R. (2017). The Andrea Yates effect: Priming mental illness stereotypes through exemplification of postpartum disorders. *Health Communication*, 32(10), 1294 - 1296.

Houston, M. J. , & Nevin, J. R. (1977). The effects of source and appeals on mail survey response patterns. *Journal of Marketing Research*, 14, 374 - 378.

Howell, R. D. , Breivik, E. , & Wilcox, J. B. (2007). Reconsidering formative measurement. *Psychological Methods*, 12(2), 205-218.

Hu, L. T., & Bentler, P. M. (1999). Cutoff criteria for fit indexes in covariance structure analysis: Conventional criteria versus new alternatives. *Structural Equation Modeling: A Multidisciplinary Journal*, 6(1), 1-55.

Huang, J. L., Curran, P. G., Keeney, J., Poposki, E. M., & DeShon, R. P. (2012). Detecting and deterring insufficient effort responding to surveys. *Journal of Business and Psychology*, 27(1), 99-114.

Huckfeldt, R., Johnson, P. E., & Sprague, J. (2002). Political environments, political dynamics, and the survival of disagreement. *The Journal of Politics*, 64, 1-21.

Huddy, L., & Khatib, N. (2007). American patriotism, national identity, and political involvement. *American Journal of Political Science*, 51(1), 63-77.

Huesmann, L. R., Moise, J. F., & Podolski, C.-L. (1997). The effects of media violence on the development of antisocial behavior. In D. M. Stoff, J. Breiling, & J. D. Maser (Eds.), *Handbook of antisocial behavior* (pp. 181-193). New York: Wiley.

Hulin, C., Netemeyer, R., & Cudeck, R. (2001). Can a reliability coefficient be too high? *Journal of Consumer Psychology*, 10(1/2), 55-58.

Izquierdo, I., Olea, J., & Abad, F. J. (2014). Exploratory factor analysis in validation studies: Uses and recommendations. *Psicothema*, 26(3), 395-400.

Jacoby, J. (1978). Consumer research: A state of the art review. *Journal of Marketing*, 42, 87-96.

Jacoby, J., & Matell, M. S. (1971). Three-point Likert scales are good enough. *Journal of Marketing Research*, VIII, 495 – 500.

Jamieson, S. (2004). Likert scales: How to (ab) use them. *Medical Education*, 38, 1212 – 1218.

Jarvis, C. B., MacKenzie, S. B., & Podsakoff, P. M. (2003). A critical review of construct indicators and measurement model misspecification in marketing and consumer research. *Journal of Consumer Research*, 30(2), 199 – 218.

Jensen, K. B. (2013). Definitive and sensitizing conceptualizations of mediatization. *Communication Theory*, 23(3), 203 – 222.

Jobe, J., & Mingay, D. J. (1991). Cognition and survey measurement: History and overview. *Applied Cognitive Psychology*, 5, 175 – 192.

Jobe, J., Tourangeau, R., & Smith, A. F. (1993). Contributions of survey research to the understanding of memory. *Applied Cognitive Psychology* ("Special Issue: Practical Aspects of Memory: The 1994 Conference and Beyond"), 7, 567 – 584.

Johnson, T. J., & Kaye, B. K. (2009). In blog we trust? Deciphering credibility of components of the internet among politically interested internet users. *Computers in Human Behavior*, 25(1), 175 – 182.

Jones, E. E., & Goethals, G. R. (1972). Order effects in impression formation: Attribution context and the nature of the entity. In E. E. Jones, D. E. Kanouse, H. H. Kelly, R. E. Nisbett, S. Valins, & B. Weiner (Eds.), *Attribution: Perceiving the causes of behavior* (pp. 27 – 46). Morristown, NJ: General Learning Press.

Kamoen, N., Holleman, B., & Bergh, H. V. D. (2013). Positive, negative, and bipolar questions: The effect of question polarity on rating of text readability. *Survey Research Methods*, 7(3),

181 - 189.

Kamoen, N. , Holleman, B. , Mak, P. , & Bergh, H. V. D. (2017). Why are negative questions difficult to answer? On the processing of linguistic contrasts in surveys. *Public Opinion Quarterly*, 81 (3), 613 - 635.

Kaplan, R. W. , & Saccuzzo, D. P. (1982). *Psycho logical test: Principles, applications, and issues.* Monterey, CA: Brooks/Cole.

Kleiser, S. B. , & Mantel, S. P. (1999). Expertise: Consumer expertise. In *Handbook of marketing scales: Multi-item measures for marketing and consumer behavior research.* 2nd ed. , 71 - 72. Thousand Oaks, CA: Sage.

Kobayashi, S. (1985). Effects of priority instructions on processing of more detailed picture items. *Perceptual and Motor Skills.* 61, 835 - 840.

Krosnick, J. A. (1991). Response strategies for coping with the cognitive demands of attitude measures in surveys. *Applied Cognitive Psychology*, 5: 213 - 36.

Krosnick, J. A. , & Alwin, D. F. (1987). An evaluation of a cognitive theory of response-order effects in survey measurement. *Public Opinion Quarterly*, 51, 201 - 219.

Krosnick, J. A. , & Berent, M. K. (1993). Comparisons of party identification and policy preferences: The impact of survey question format. *American Journal of Political Science*, 37(3): 941 - 964.

Kubany, E. S. , Haynes, S. N. , Abueg, F. R. , Manke, F. P. , Brennan, J. M. , & Stahura, C. (1996). Development and validation of the trauma-related guilt inventory (TRGI). *Psychological Assessment*, 8(4), 428 - 444.

Kuhn, T. S. (1962). The structure of scientific revolutions. Chicago: The University of Chicago Press.

Kunda, Z. , Fong, G. T. , Sanitioso, T. , & Reber, E. (1993). Directional questions direct self-conceptions. *Journal of Experimental Social Psychology*, 29 (1), 63 – 86.

Laczniak, R. N. (2015). The Journal of Adveretising and the development of advertising theory: Reflections and directions for future research. *Journal of Advertising*, 44(4), 429 – 433.

Lang, A. (2006). Using the limited capacity model of motivated mediated message processing to design effective cancer communication messages. *Journal of Communication*, 56(S1), S57 – 80.

Lang, A. (2013). Discipline in crisis? The shifting paradigm of mass communication research. *Communication Theory*, 23, 10 – 24.

Langacker, R. W. (1986). An introduction to cognitive grammar. *Cognitive Science*, 10, 1 – 40.

Langacker, R. W. (1987). Foundation of cognitive grammar (Vol. 1). Theoretical prerequisites. Stanford: Stanford Stanford University Press.

Lee, C. , & Bobko, P. (1994). Self-efficacy beliefs: Comparison of five measures. *Journal of Applied Psychology*, 79, 364 – 369.

Lee, F. L. F. (2005). The impact of ordinary political conversation on public opinion expression: Is existence of discord necessary? *Journalism & Mass Communication Quarterly*, 82(4), 891 – 909.

Lee, N. , & Cadogan, J. W. (2013). Problems with formative and higher-order reflective variables, *Journal of Business Research*, 66, 242 – 247.

Lensvelt-Mulders, G. J. L. M. , Hox, J. J. , van der Heijden,

P. G. M. , & Maas, C. J. M. (2005). Meta-analysis of randomized response research: Thirty-five years of validation. *Sociological Methods and Research*, 33, 319 – 348.

Leung, S. – O. (2011). A comparison of psychometric properties and normality in 4-, 5-, 6-, and 11-point Likert scales. *Journal of Social Service Research*, 37(4), 412 – 421.

Levin-Aspenson, H. F. , & Watson, D. (2018). Mode of administration effects in psychopathology assessment: Analyses of gender, age, and education differences in self-rated versus interview-based depression. *Psychological Assessment*, 30(3), 287 – 295.

Levine, T. R. , Bresnahan, M. J. , Park, H. S. , Lapinski, M. K. , Wittenbaum, G. M. , & Shearman, S. M. (2003). Self-construal scales lack validity. *Human Communication Research*, 29, 210 – 252.

Likert, R. (1932). A technique for the measurement of attitudes. *Archives of Psychology*, 140, 5 – 53.

Liu, X. , & Lo, V. H. (2014). Media exposure, perceived personal impact, and third-person effect. *Media Psychology*, 17(4), 378 – 396.

Liu, X. , Lo, V. H. , Wei, R. , Li, X. , Pang, S. , & Zhang, R. (2021). Media exposure and third- person perception: The mediating role of social realism and proxy efficacy. *International Journal of Communication*. 4338 – 4359.

Liu, X. , Pang, S. , & Li, X. (2022). The effects of journalists' job perceptions on job satisfactionand organizational commitment moderated by altruism. *Journalism Practice*.

Loken, E. , & Gelman, A. (2017). Measurement error and the replication crisis. *Science*, 355(6325), 584 – 585.

Lombard, M. , & Ditton, T. (1997). At the heart of all: The concept of presence. *Journal of Computer-mediated communication*, 3(2).

Lombard, M., Ditton, T. B., & Weinstein, L. (2013). Measuring presence: The Temple presence inventory. http://matthewlom bard. com/research/p2_ab. html.

Loo, R. (2002). A cavet on using single-item versus multiple-item scales. *Journal of Managerial Psychology*, 17(1), 68 - 75.

Loo, R. & Thorpe, K. (2014). Confirmatory factor analysis of the full and short version of the Marlowe-Crowne social desirability scale. *The Journal of Social Psychology*, 140(5), 628 - 635.

Looy, J, V., Courtois, C., De Vocht, M., & De Marez, L. (2012). Player identification in online games: Validation of a scale for measuring identification in MMOGs. *Media Psychology*, 15, 197 - 221.

Lozar, M. K., Batagelj, Z., & Vehovar, V. (2002). Design of web survey questionnaires: Three basic experiments. *Journal of Computer-Mediated Communication*, 7(3).

Luszczynska, A., Gutierrez-Dona, B., & Schwarzer, R. (2005). General self-efficacy in various domains of human functioning: Evidence from five countries. *International Journal of Psychology*, 40(2), 80 - 89.

MacCallum, R. C., Widaman, K. F., Preacher, K. J., & Hong, S. (2001). Sample size in factor analysis: The role of model error. *Multivariate Behavioral Research*, 36, 611 - 637.

MacKenzie, S. B. (2003). The dangers of poor construct conceptualization. *Journal of the Academy of Marketing Science*, 31(3), 323 - 326.

MacKenzie, S. B., Podsakoff, P. M., & Jarvis, C. B. (2005). The problem of measurement model misspecificaiton in behavioral and organizational research and some recommended solutions. *Journal of Applied Psychology*, 90(4), 710 – 730.

Malhotra, N., Krosnick, J. A., & Thomas, R. K. (2009). Optimal design of branching questions to measure bipolar constructs. *Public Opinion Quarterly*, 73(2), 304 – 324.

Mattessich, R. (1980). *Instrumental Reasoning and Systems Methodology: An Epistemology of the Applied and Social Sciences*. New York: Kluwer Academic Publishers Group.

Maturana, H. R., & Poerksen, B. (2004). *From being to doing: the origins of the biology of cognition*. Wolfram Karl Koeck and Alison Rosemary Koeck (Trans.), Heidelberg: Carl Auer.

Maurer, T. J., & Pierce, H. R. (1998). A comparison of Likert scale and traditional measure of self-efficacy. *Journal of Applied Psychology*, 83(2), 324 – 329.

Mazer, J. P., & Graham, E. E. (2015). Measurement in instructional communication research: A decade in review. *Communication Education*, 64(2), 208 – 240.

McBride, B., & Cantor, D. (2010). Factors in errors of omission on a self-administered paper questionnaire. *Journal of Health Communication*, 15, 102 – 116.

McDonald, R. I., & Crandall, C. S. (2015). Social norms and social influence. *Current Opinion in Behavioral Sciences*, 3, 147 – 151.

McDonald, R. P. (2003). Behavior domains in theory and in practice. *The Alberta Journal of Education Research*, 49(3), 212 – 230.

McGrath, R. E., Mitchell, M., Kim, B. H., & Hough, L. (2010). Evidence for response bias as a source of error variance in applied assessment. *Psychological bulletin*, 136(3), 450 – 470.

McLeod, J. M., & Pan, Z. (2004). Concept explication and theory construction. In S. Dunwoody, L. B. Becker, D. M. McCleod, & G. M. Kosicki (Eds.), *The evolution of key mass communication concepts honoring Jack M. McLeod* (pp. 13 – 76). Cresskill, NJ: Hampton.

Meade, A. W., & Craig, S. B. (2012). Identifying careless responses in survey data. *Psychological methods*, 17(3), 437 – 455.

Melara, R. D. (1992). The concept of perceptual similarity: From psychophysics to cognitive psychology. In D. Algom (Ed.) *Psychophysical approaches to cognition* (pp303 – pp388). Elsevier Science Publishers B. V.

Messick, S. (1995). Validity of psychological assessment: Validation of inferences from persons´responses and performances as scientific inquiry into score meaning. *American psychologist*, 50(9), 741.

Meyer, J. P., & Allen, N. J. (1991). A three-component conceptualization of organizational commitment. *Human Resource Management Review*, 1, 61 – 89.

Mikulic, J., & Ryan, C. (2018). Reflective versus formative confusion in SEM based tourism research: A critical comment. *Tourism Management*, 68, 465 – 469.

Mingay, D. J., & Greenwell, M. T. (1989). Memory bias and response-order effects. *Journal of Official Statistics*, 5(3), 253 – 263.

Moore, K. A., Halle, T. G., Vandivere, S., & Mariner, C. L. (2002). Scaling back survey scales: How short is too short? *Sociological Methods & Research*, 30(4), 530 – 567.

Morey, A. C., & Eveland, W. P. Jr. (2016). Measures of political talk frequency: Assessing reliability and meaning. *Communication Methods and Measures*, 10(1), 51 – 68.

Nagel, E. (1961). *The Structure of Science.* New York: Harcourt, Brace, and World.

Nah, S., & Armstrong, C. L. (2011). Structural pluralism in journalism and media studies: A concept explication and theory construction. *Mass Communication and Society*, 14, 857 – 878.

Nakash, R. A., Hutton, J. L., Jorstad-Stein, E. C., Gates, S., & Lamb, S. E. (2006). Maximising response to postal questionnaires – a systematic review of randomised trials in health research. *BMC Medical Research Methodology*, 6(1):5 – 14.

Neuman, W. R., & Guggenheim, L. (2011). The evolution of media effects theory: A six-stage model of cumulative research. *Communication Theory*, 21, 169 – 196.

Nguyen, T. H., Paasche-Orlow, M. K., Kim, M. T., Han, H. – R., & Chan, K. S. (2015). Modern measurement approaches to health literacy scale development and refinement: Overview, current uses, and next steps. *Journal of Health Communication*, 20, 112 – 115.

Nielsen, J. J., & Budiu, R. (2013). *Mobile Usability.* Berkeley, CA: New Riders.

Nosofsky, R. M. (1992). Similarity scaling and cognitive process models. *Annual Review of Psychology*, 43, 25 – 53.

Nunnally, J. C., & Bernstein, I. (1994). *Psychometric Theory* (3rd ed.). New York: McGraw-Hill.

Osburn, H. G. (2000). Coefficient alpha and related internal consistency reliability coefficients. *Psychological Methods*, 5, 343 – 355.

Orth, U. R., Nickel, K., Bohm, R., & Rowe, K. (2020). Agreement by design: The effect of visual harmony on responses to surveys. *Journal of Consumer Behavior*, 19, 196 – 207.

Paulhus, D. L. (1991). Measurement and control of response bias. In J. P. Robinson, P. Shaver, & L. Wright (Eds.), *Measures of personality and social psychological attitudes* (pp. 17 – 59). Cambridge, Massachusetts: Academic Press.

Paulhus, D. L. (2002). Socially desirable responding: The evolution of a construct. In H. I. Braun, D. N. Jackson, & D. E. Wiley (Eds.), *The role of constructs in psychological and educational measurement* (pp. 49 – 69). Mahwah, NJ: Erlbaum.

Perloff, R. M. (2013). Progress, paradigm, and a discipline engaged: A response to Lang and reflections on media effects research. *Communication Theory*, 23, 317 – 333.

Peter, J. P. (1981). Construct validity: A review of psychometric basics and recent marketing practices. *Journal of Marketing Research*, 18, 133 – 145.

Peter, J., & Valkenburg, P. M. (2011). The impact of "forgiving" introductions on the reporting of sensitive behavior in surveys: The role of social desirability response style and developmental status. *Public Opinion Quarterly*, 75(4), 779 – 787.

Peterson, R. A. (1994). A meta-analysis of Cronbach's coefficient alpha. *Journal of Consumer Research*, 21(2), 381 – 391.

Peterson, R. A. (2000). A meta-analysis of variance accounted for and factor loadings in exploratory factor analysis. *Marketing Letters*, 11(3), 261 – 275.

Peterson, R. A., & Kim, Y. (2013). On the relationship between coefficient alpha and composite reliability. *Journal of Applied Psychology*, 1, 194 – 198.

Petty, R. E., Tormala, Z. L., Hawkins, C., & Wegener, D. T.

(2001). Motivation to think and order effects in persuasion: The moderating role of chunking. *Personality and Social Psychology Bulletin*, 27(3), 332–344.

Pfeifer, J., & Sarkar, S. (2006). Social Sciences. In S. Sarkar & J. Pfeifer (Eds), *The Philosophy of science: An encyclopedia*. New York: Routledge.

Piliavin, J. A., & Charng, H. W. (1990). Altruism: A review of recent theory and research. *Annual Review of Sociology*, 16, 27–65.

Preisendorfer, P., & Wolter, F. (2014). Who is telling the truth? A validation study on determinants of response behavior in survey. *Public Opinion Quarterly*, 78(1), 126–146.

Presser, S., Blair, J., & Triplett, T. (1992). Survey sponsorship, response rates, and response effects. *Social Science Quarterly*, 73(3), 699–702.

Presser, S., Couper, M. P., Lessler, J. T., Martin, E., Martin, J., Rothgeb, J. M., & Singer, E. (2004). Methods for testing and evaluating survey questions. *Public Opinion Quarterly*, 68(1), 109–130.

Preston, C. C., & Colman, A. M. (2000). Optimal number of response categories in rating scales: reliability, validity, discriminating power, and respondent preferences. *Acta Psychologica*, 104(1), 1–15.

Prior, M. (2012). Who watches presidential debates? Measurement problems in campaign effects research. *Public Opinion Quarterly*, 76(2), 350–363.

Purpura, J. E., Brown, J. D., & Schoonen, R. (2015). Improving the validity of quantitative measures in applied linguistics research. *Language Learning*, 65(Suppl1), 35–75.

Raykov, T. (1997). Estimation of composite reliability for congeneric measures. *Applied Psychological Measurement*, 21(2), 173 – 184.

Reeve, B. B. (2011). Item response theory. In Paul J. Lavrakas (Ed.), *Encyclopedia of survey research methods* (pp. 399 – 402). Thousands Oaks: Sage.

Regenwetter, M., Hsu, Y. – F., & Kuklinski, J. H. (2019). Toward meaningful inferences from attitudinal thermometer ratings. *Decision*, 1 – 19.

Reisberg, D., & Hertel, P. (2004). *Memory and emotion*. New York, NY: Oxford University Press.

Revelle, W., & Condon, D. (2019). Reliability from α to ω: A tutorial. *Psychological Assessment*, 31(12), 1395 – 1411.

Revilla, M. A., Saris, W. E., & Krosnick, J. A. (2013). Choosing the number of categories in agree-disagree scales. *Sociological Methods & Research*, 43, 73 – 97.

Rockmore, T. (2005). *On Constructivist Epistemology*. New York, NY: Rowman and Littlefield Publishers, Inc.

Rose, A., Peters, N., Shea, J. A., & Armstrong, K. (2004). Development and testing of the health care system distrust scale. *Journal of General Internal Medicine*, 19, 57 – 63.

Rosenberg, M. (1968). *The logic of survey analysis*. New York: Basic Books.

Rossiter, J. R. (2002). The C-OAR-SE procedure for scale development in marketing. *International Journal of Research in Marketing*, 19, 305 – 335.

Roth, P. L., & BeVier, C. A. (1998). Response rates in HRM/OB survey research: Norms and correlates, 1990 – 1994. *Journal of Management*, 24, 97 – 117.

Rugg, D. (1941). Experiments in wording questions: II. *Public Opinion Quarterly*, 5, 91 – 92.

Sainfort, F., & Booske, B. C. (2000). Measuring post-decision satisfaction. *Medical Decision Making*, 20(1), 51 – 61.

Schaeffer, N. C. (1982). A general social survey experiment in generic words. *Public Opinion Quarterly*, 46, 572 – 581.

Scheier, M. F., Carver, C. S., & Bridges, M. W. (1994). Distinguishing optimism from neuroticism (and trait anxiety, self-mastery, and self-esteem): A re-evaluation of the life orientation test. *Journal of Personality and Social Psychology*, 67, 1063 – 1078.

Schmittmann, V. D., Cramer, A. O. J., Waldorp, L. J., Epskamp, S., Kievit, R. A., & Borsboom, D. (2013). Deconstructing the construct: A network perspective on psychological phenomena. *New Ideas in Psychology*, 31, 43 – 53.

Schneider, K. C., & Johnson, J. C. (1995). Stimulating response to market survey of business professionals. *Industrial Marketing Management*, 24, 265 – 276.

Schotte, C. K. W., Maes, M., Cluydts, R., De Doncker, D., & Cosyns, P. (1997). Construct validity of the Beck Depression Inventory in a depressive population. *Journal of Affective Disorders*, 46(2), 115 – 125.

Schriesheim, C. A., & Eisenbach, R. J. (1995). An exploratory and confirmatory factor-analytic investigation of item wording effects on the obtained factor structures of survey questionnaire measures. *Journal of Management*, 21(6), 1179 – 1193.

Schuman, H., & Scott, J. (1987). Problems in the use of survey questions to measure public opinion. *Science*, 236, 957 – 959.

Schwab, D. P. (1980). Construct validity in organizational behavior. In L. L. Cummings & B. M. Staw (Eds.), *Research in organizational behavior* (Vol. 2, pp. 3 – 43). Greenwich, CT: JAI Press.

Schwartz, S. H. (1977). Normative influences on altruism. In L. Berkowitz (Ed.), *Advances in experimental social psychology*, Vol. 10 (pp. 221 – 279). New York: Academic Press.

Schwarz, N. (1999). Self-reports: How the questions shape the answers. American Psychologist.

Schwarz, N., & Bless, H. (1992). Assimilation and contrast effects in attitude measurement: An inclusion/exclusion model. *Advances in Consumer Research*, 19, 72 – 77.

Schwarz, N., & Hippler, H. (1987). What response scales may tell your respondents: Informative functions of response alternatives. In H. Hippler, N. Schwarz, & S. Sudman (Eds.), *Social information processing and survey methodology*. New York: Springer-Verlag.

Schwarz, N., Knäuper, B., Hippler, H. -J., Noelle-Neumann, E., & Clark, F. (1991). Rating scales: Numeric values may change the meaning of scale labels. *Public Opinion Quarterly*, 55, 618 – 630.

Selltiz, C., Wrightsman, L. S., & Cook, S. W. (1976). *Research methods in social relations* (3rd ed.). New York: Holt, Rinehart & Winston.

Shen, F. (2004). Chronic accessibility and individual cognitions: Examing the effects of message frames in political advertisements. *Journal of Communication*, 54(3), 123 – 137.

Shepard, R. N. (1987). Toward a universal law of generalization for psychological science. *Science*, 237, 1317 – 1323.

Sherer, M., Maddux, J. E., Mercandante, B., Prentice-Dunn, S., Jacobs, B., & Rogers, R. W. (1982). The self-efficacy scale: construction and validation. *Psychological Reports*, 51, 663 – 671.

Sijtsma, K. (2009). On the use, the misuse, and the very limited usefulness of Cronbach's alpha. *Psychometrika*, 74(1), 107.

Simon, A. F., & Jerit, J. (2007). Toward a theory relating political discourse, media, and public opinion. *Journal of Communication*, 57, 254 – 271.

Singer, L., & Couper, M. K. (2014). The effect of question wording on attitudes toward prenatal testing and abortion. *Public Opinion Quarterly*, 78(3), 751 – 760.

Sitzmann, T., Ely, K., Brown, K. G., & Bauer, K. N. (2010). Self-assessment of knowledge: A cognitive learning or affective measure? *Academy of Management Learning & Education*, 9, 169 – 191.

Smith, S. W., Smith, S. L., Pieper, K. M., Yoo, J. H., Ferris, A. L., Downs, E., & Bowden, B. (2006). Altruism on American television: Examining the amount of, and context surrounding, acts of helping and sharing. *Journal of Communication*, 56(4), 707 – 727.

Smith, T. W. (1995). Little things matter: A sampler of how differences in questionnaire format can affect survey Rresponses. *Proceedings of the American Statistical Association*, Survey Research Methods Section, pp. 1046 – 1051.

Sobal, J. (1984). The content of survey introductions and the provision of informed consent. *Public Opinion Quarterly*, 48, 788 – 793.

Sober, E. (2002). Instrumentalism, parsimony, and the Akaike framework. *Philosophy of Science*, 69(S3), S112 – S123.

Spearman, C. (1904). General intelligence, objectively determined and measured. *American Journal of Psychology*, 15, 201 – 293.

Spector, P. E. (1994). Using self-report questionnaires in OB research: A comment on the use of a controversial method. *Journal of Organizational Behavior*, 15(5), 385 – 392.

Spector, P. E. (1997). *Job satisfaction: Application, assessment, causes, and consequences*. Thousand Oaks, CA: Sage.

Steiner, D. D., & Rain, J. S. (1989). Immediate and delayed primacy and recency effects in performance evaluation. *Journal of Applied Psychology*, 74(1), 136 – 142.

Steuer, J. (1993). Defining virtual reality: Dimensions determining telepresence. *Journal of Communication*, 4(2), 73 – 93.

Strauss, M. E., & Smith, G. T. (2009). Construct validity: Advances in theory and methodology. *Annual Review of Clinical Psychology*, 27(5), 1 – 25.

Sudman, S. (1983). Applied Sampling. In P. Rossi., J. Wright., & A. Anderson (Eds.), *Handbook of Survey Research* (pp. 145 – 194). New York: Academic Press.

Sun, Y., Shen, L., & Pan, Z. (2008). On the behavioral component of the third-person effect. *Communication Research*, 35(2), 257 – 278.

Swain, S. D., Weathers, D., & Niedrich, R. W. (2008). Assessing three sources of misresponse to reversed Likert items. *Journal of Marketing Research*, XLV, 116 – 131.

Sweeney, J. C., & Soutar, G. N. (2001). Consumer perceived value: The development of a multiple item scale. *Journal of Retailing*, 77(2), 202 – 220.

Taylor-West, P., Fulford, H., Reed, G., Story, V., & Saker, J. (2008). Familiarity, expertise and involvement: Key consumer segmentation factors. *Journal of Consumer Marketing*, 25 (6), 361 – 368.

Taylor-West, P., Saker, J., & Champion, D. (2014). The benefits of using reduced item variable scales in marketing segmentation. *Journal of Marketing Communication*, 20(6), 438–446.

Pett, R. P., & Meyer, J. P. (1993). Job satisfaction, organizational commitment, turnover intention, and turnover: Path analysis based on meta-analytic findings. *Personnel Psychology*, 46, 259–293.

Thom, D. H., Ribisl, K. M., Stewart, A. L., Luke, D. A., et al. (1999). Further validation and reliability testing of the trust in physician scale. *Medical Care*, 37(5), 510–517.

Toepoel, V., Das, M., & Van Soest, A. (2009). Design of web questionnaires: The effects of the number of Items per screen. *Field Methods*, 21(2), 200–213.

Toepoel, V., & Couper, M. P. (2011). Can verbal instructions counteract visual context effects in web surveys? *Public Opinion Quarterly*, 75(1), 1–18.

Tourangeau, R., Presser, S., & Sun, H. (2014). The impact of partisan sponsorship on political surveys. *Public Opinion Quarterly*, 78(2), 510–522.

Tourangeau, R., Rips, L. J., & Rasinski, K. (2000). *The psychology of survey response*. NY: Cambridge University Press.

Tourangeau, R., & Rasinski, K. (1988). Cognitive processes underlying context effects in attitude measurement. *Psychological Bulletin*, 103, 299–314.

Tourangeau, R., & Smith, T. W. (1996). Asking sensitive questions: The impact of data collection mode, question format, and question context. *Public Opinion Quarterly*, 60, 275–304.

Tourangeau, R., & Yan, T. (2007). Sensitive Questions in Sur-

vey. Psychological Bulletin, 133(5), 859 - 883.

Triandis, H. C. (1996). The psychological measurement of cultural syndromes. *American Psychologist*, 51(4), 407 - 415.

Triandis, H. C. (2001). Individualism-collectivism and personality. *Journal of Personality*, 69(6), 907 - 923.

Tryon, R. C. (1957). Reliability and behavior domain validity: Reformulation and historical critique. *Psychological Bulletin*, 54, 229 - 249.

Ulrich, R., Schroter, H., Striegel, H., & Simon, P. (2012). Asking sensitive questions: A statistical power analysis of randomized response models. *Psychological Methods*, 17(4), 623 - 641.

Unkelbach, C. (2007). Reversing the truth effect: Learning the interpretation of processing fluency in judgments of truth. *Journal of Experimental Psychology: Learning, Memory and Cognition*, 33 (January), 219 - 230.

Van Fraasen, B. (1980). *The Scientific Image*. Oxford: Clarendon Press.

Verhoef, P. C. (2003). Understanding the effect of customer relationship management efforts on customer retention and customer share development. *Journal of marketing*, 67(4), 30 - 45.

Vicente, P., & Reis, E. (2010). Using questionnaire design to fight nonresponse bias in web surveys. *Social Science Computer Review*, 28(2), 251 - 267.

Von Glasersfeld, E. (2005). Introduction: Aspects of Constructivism. In C. T. Tosnot (Ed.) *Constructivism: Theory, Perspectives, and Practice*, 2nd Edition. New York: Teacher College Press.

Voorhees, C. M., Brady, M. K., Calantone, R., & Ramirez, E. (2016). Discriminant validity testing in marketing: an analysis, causes for concern, and proposed remedies. *Journal of the Academ-*

ic *Marketing Science*, 44, 119 - 134.

Voss, K. E., Stem, D. E. Jr & Fotopoulos, S. (2000). A comment on the relationship between coefficient alpha and scale characteristics. *Marketing Letters*, 11, 177 - 191.

Wakita, T., Ueshima, N., & Noguchi, H. (2012). Psychological distance between categories in the Likert scale: Comparing different numbers of options. *Educational and Psychological Measurement*, 72(4), 533 - 546.

Wallschlaeger, C., & Busic-Snyder, C. (1992). *Basic visual concepts and principles for artists, architects, and design*. Dubuque, IA: William C. Brown Publishers.

Walter, N., Cody, M. J., & Ball-Rokeach, S. J. (2018). The ebb and flow of communication research: Seven decades of publication trends and research priorities. *Journal of Communication*, 68, 424 - 440.

Wanous, J. P., & Reichers, A. E. (1996). Estimating the reliability of a single-item measure. *Psychological Reports*, 78, 631 - 634.

Warner, S. L. (1965) Randomized Response: A Survey Technique for Eliminating Evasive Answer Bias. Journal of the American Statistical Association, 60, 63 - 66.

Weaver, P., Choi, J., & Kaufman, T. (1997). Question wording and response bias: Students' perceptions of ethical issues in the hospitality and tourism industry. *Journal of Hospitality & Tourism Education*, 9(2), 21 - 26.

Weber, E. T. (2010). *Raws, dewey and constructivism: on the epistemology of justice*. New York: Continuum International Publishing Group.

Wei, R., & Lo, V. - H. (2007). The third-person effects of political attack ads in the 2004 U. S. presidential election. *Media Psychology*,9,367 – 388.

Weidman,A. C. ,Steckler,C. M. ,& Tracy,J. L. (2017). The jingle and jangle of emotion assessment: Imprecise measurement, casual scale usage, and conceptual fuzziness in emotion research. *Emotion*, 17, 267 – 295.

Weijters,B. , & Baumgartner,H. (2012). Misresponse to reversed and negated items in surveys: A review. *Journal of Marketing Research*,49(5),737 – 747.

Weijters,B. ,Geuens,M. , & Baumgartner,H. (2013). The effect of familiarity with the response category labels on item response to Likert scales. *Journal of Consumer Research*,40,368 – 381.

Weisband,S. ,& Kiesler,S. (1996). *Self-disclosure on computer forms: Meta-analysis and implications*. Tucson:University of Arizona Press.

Weng,L. – J. (2004). Impact of the number of response categories and anchor labels on coefficient alpha and test-retest reliability. *Educational and Psychological Measurement*,64(6),956 – 972.

Weston,T. (1987). Approximate truth. *Journal of Philosophical Logic*,16(2),203 – 227.

Whetten,D. A. (1989). What constitutes a theoretical contribution? *Academy of Management Review*,14(4),490 – 495.

Willis,G. B. ,Royston,P. , & Bercini,D. (1991). The use of verbal report methods in the development and testing of survey questionnaires. *Applied Cognitive Psychology*,6,251 – 267.

Wilson,B. J. ,& Smith,S. (1998). Children's responses to emotional portrayals on television. In P. A. Andersen & L. K. Guerrero (Eds.), *Handbook of communication and emotion* (pp. 533 –

569). San Diego: Academic Press.

Winter, J. C. F. , Dodou, D. , & Wieringa, P. A. (2009). Exploratory factor analysis with small sample sizes. *Multivariate Behavior Research*, 44(2), 147 – 181.

Witte, K. , & Morrison, K. (2000). Examining the influence of trait anxiety/repression/sensitization on individuals' reactions to fear appeals. *Western Journal of Communication*, 64, 1 – 27.

Woese C, Kandler O, Wheelis, M. (1990). Towards a natural system of organisms: Proposal for the domains Archea, Bacteria, and Eucarya. *Proc Natl Acad Sci USA*, 87 (12), 4576 – 4579.

Wolter, F. , & Laier, B. (2014). The effectiveness of the item count techniques in eliciting valid answers to sensitive questions. An evaluation in the context of self-reported delinquency. *Survey Research Methods*, 8(3), 153 – 168.

Woodruff, S. L. , & Cashman, J. F. (1993). Task, domain, and general efficacy: A reexamination of the self-efficacy scale. *Psychological Reports*, 72, 423 – 432.

Worrall, J. (1982). Scientific Realism and scientific change. *The Philosophical Quarterly*, 32(128), 201 – 231.

Wyatt, R. C. , & Meyers, L. S. (1987). Psychometric properties of 4-5-point likert-type response scales. *Educational and Psychological Measurement*, 47, 27 – 35.

Yan, T. & Keusch, K. (2015). The effects of the direction of rating scales on survey responses in a telephone survey. *Public Opinion Quarterly*, 79(1), 145 – 165.

Yang, Z. , & Peterson, R. T. (2004). Customer perceived value, satisfaction, and loyalty: The role of switching costs. *Psychology and*

Marketing, 21(10), 799 – 822.

Ye, S. (2008). Factor structure of general health questionnaire (GHQ-12): The role of wording effects. *Personality and Individual Differences*, 46, 197 – 201.

Yegiyan, N. S. (2014). Conceptualizing visual detail: Message structure as a predictor of preferential processing. *Communication Methods and Measure*, 8, 34 – 51.

Yen, M., & Lo, L. - H. (2002). Examing test-retest reliability: An intra-class correlation approach. *Nursing Research*, 51(1), 59 – 62.

Young S. G., Claypool H. M. (2010). Mere exposure has differential effects on attention allocation to threatening and neutral stimuli. *Journal of Experimental Social Psychology*, 46, 424 – 427.

Zaichkowsky, J. L. (1994). The personal involvement inventory: reduction, revision, and application to advertising. *Journal of Advertising*, 23(4), 59 – 70.

Zajonc R. B. (1968). Attitudinal effects of mere exposure. *Journal of Personality and Social Psychology*, 9 (2), 1 – 27.

Zapolski, T. C. B., Guller, L., & Smith, G. T. (2012). Construct validation theory applied to the study of personality dysfuction. *Journal of Personality*, 80(6), 1507 – 1531.

Zhao, X., & Bleske, G. L. (1995). Measurement effects in comparing voter learning from television news and campaign advertisements. *Journalism & Mass Communication Quarterly*, 72(1), 72 – 83.

Zuidervaart, L. (2003). *Theodor Adorno. The Stanford Encyclopedia of Philosophy*. Palo Alto, CA: Stanford.